DIANZI

KUAIJI DANGANJUAN

企业电子文件归档和电子档案管理试点

——案例集（财务系统卷）

国家档案局经科司◎编

中国文史出版社

图书在版编目（CIP）数据

企业电子文件归档和电子档案管理试点案例集.电子
会计档案卷／国家档案局经科司编.—北京：中国文史
出版社，2019.11

　ISBN 978-7-5205-1941-0

　Ⅰ.①企… Ⅱ.①国… Ⅲ.①企业档案-电子档案-
档案管理-案例-中国②企业档案-会计档案-电子档案
-档案管理-案例-中国 Ⅳ.①G275.7

中国版本图书馆 CIP 数据核字（2019）第 302237 号

责任编辑：戴小璇

出版发行：中国文史出版社

社　　址：北京市海淀区西八里庄路 69 号　　　邮编：100412

电　　话：010-81136606　81136602　81136603（发行部）

传　　真：010-81136655

印　　装：廊坊市海涛印刷有限公司

经　　销：全国新华书店

开　　本：710 毫米×1000 毫米　　　1／16

印　　张：22

字　　数：270 千字

版　　次：2020 年 9 月北京第 1 版

印　　次：2020 年 9 月第 1 次印刷

定　　价：62.00 元

《企业电子文件归档和电子档案管理
试点案例集（财务系统卷）》

编 写 委 员 会

主　任：付　华

副主任：姜延溪

编写组：蔡盈芳　王　强　高　强　吕海民　李春艳

　　　　徐霞军　查凤华　吕俊杰　李　绯　孙玉杰

　　　　张　旋　张晶晶　车昊珈　袁　瑞

编 写 说 明

为落实《国务院关于大力发展电子商务加快培育经济新动力的意见》《全国档案事业发展"十三五"规划纲要》等部署，加快企业档案数字化转型，从 2016 年开始，国家档案局分两批选定了 60 家企业开展电子文件归档和电子档案管理试点，所试点的业务系统几乎涵盖了企业主要的业务系统。试点的目的是通过推进企业业务系统电子文件归档，更好地发挥电子档案在企业优化业务流程、建立电子凭证、实施可信交易等方面的作用，从而加快培育电子商务成为经济新动能，促进国家大数据行动计划、"互联网+"行动计划实施，进一步健全电子商务发展支撑体系、促进国家经济发展。自 2016 年发文确定试点单位以来，国家档案局经科司大力开展业务指导与进度检查，按计划推进试点工作。经过各试点单位的努力，部分试点企业已完成了试点工作，形成了很好的经验。

为了满足各企业在电子会计档案管理和电子发票电子化报销、入账、归档等方面的迫切需求，我们将已经完成试点并通过验收的中国石油天然气集团有限公司、中国石油化工集团有限公司、江苏核电有限公司、航天信息股份有限公司、爱信诺征信有限公司等 5 家企业在电子会计资料归档和电子会计档案管理试点中的经验做法形成案例，编辑成《企业电子文件归档和电子档案管理试点案例集（财务系统卷）》，供大家参考借鉴。这 5 家企业在试点工作中，与业务部门大力协作，大胆创新，所形成的做法具有典型性，也取得了较好的效益，具有较高的推广应用价值。

本案例集共 5 个案例，均为财务会计业务系统电子资料归档和电子会计档案管理。其中有的电子会计凭证还涉及 ERP 中的其他模块和数据，有个别企业归档的业务系统还包括 ERP 中非财务模块。

案例编写采用技术报告形式，力求展示技术细节，并将电子文件归档和电子档案管理中的关键点进行详细叙述，以方便大家参考借鉴。在内容上，对章节进行统一的同时，保留了各试点单位在具体内容和技术细节上的特色及个性做法。本案例集由国家档案局经科司组织编写，案例形成单位有关人员参与编写。在编写过程中得到了有关试点企业的领导及档案部门、信息技术部门、财务部门等的大力支持，在此表示感谢！

由于时间仓促，加上水平所限，本案例集中错漏之处在所难免，恳请提出宝贵的意见和建议。

目　　录

第一章 中国石油天然气集团有限公司 电子会计档案管理试点案例

● 案例导读

中国石油天然气集团有限公司（以下简称中国石油）围绕建设世界一流综合性国际能源公司目标，按照信息技术总体规划建设集中集成信息系统的工作模式，推进信息化实现从分散到集中、从集中到集成的两次阶段性跨越，正在迈向共享服务及数据分析应用新阶段。"十三五"期间，中国石油围绕建设"共享中国石油、数字中国石油"目标，以数字化转型作为战略举措，不断打造集团新的业态模式。《会计档案管理办法》印发后，中国石油率先开展了财务管理系统和电子档案管理系统集成工作，实现电子会计档案的全过程管理，并在全集团推广实施。截止 2019 年 12 月底，通过在线方式完成 6834 万卷电子会计档案的单套制归档工作，数据量达 3306GB，日均在线归档量达 120 万卷。

中国石油以构建与财务和档案信息化发展相匹配的电子会计档案管理体系为目标，充分发挥电子档案管理系统和财务管理系统统一建设、数据集中的优势，采取"归档标准、归档接口、归档模块"前置的集成方式，实现电子会计档案的全过程管理。一是将归档业务及技术标准固化于电子会计档案产生及管理的全过程，确保了整体业务运转的规范性，实现了电子会计档案"四性"要求在重点业务环节的全覆盖。二是完成了电子会计档案前端业务系统（如 ERP、司库系统、集中报销系统等）与财务管理系统、财务管理系统与电子档案管理系统的两次集成和数据整合，确保了业务全过程运转的顺畅，降低了电子业务单据的整理难度和在线归档操作难度。三是将电子档案管理系统的归档模块前置于财务管理系统中，在财务管理系统完成格式转换、组卷整理等工作后，集成到电子档案管理系统，确保了归档数据的及时性、完整性和关联性。电子档案管理系统对集成后的电子会计档案进行档案整理、长久保存和提供利用。

电子会计档案全过程管理实施效果明显，一是变革与创新了传统会计档案管理模式，通过集成优化了财务业务流程、简化了归档环节、提高了数据质量，减少了约70%的纸质档案，经济效益和管理效率提升明显。二是建立了电子会计档案规范化管理机制和安全保管机制，在归档范围、归档整理、归档格式、"四性检测"、元数据管理、归档集成方面形成系列标准规范，保障了电子会计档案的真实、完整、系统、完全。三是为集团财务共享管理体制创新提供了有力支撑，并实现了电子会计档案资源的集中共享，为大数据分析利用奠定了坚实基础。

一、试点背景

（一）企业战略发展的迫切需求

中国石油天然气集团有限公司（以下简称中国石油）是1998年7月在原中国石油天然气总公司基础上组建的特大型石油石化企业集团，2017年12月完成公司制改制，中国石油是国有独资公司，是产、炼、运销、储、贸一体化的综合性国际能源公司，主要经营包括国内外石油天然气勘探开发、炼油化工、油气销售、管道运输、国际贸易、工程技术服务、工程建设、装备制造、金融服务、新能源开发共十大业务。

近些年来，中国石油党组把创新摆在发展全局的核心位置、纳入公司总体战略，2016年4月专门召开科技与信息化创新大会，对实施创新战略作出全面部署，明确提出"资源、市场、国际化、创新"的企业战略和"业务主导、自主创新、强化激励、开放共享"的企业发展要求。集团办公室作为档案业务管理的归口部门，始终坚持档案工作依法管理、走向开放、走向现代化，深化两办《意见》落实，健全档案管理机制，深入推进档案资源体系、利用体系和安全体系建设。中国石油电子会计集成归档管理工作的开展是对财政部、国家档案局联合发布的《会计档案管理办法》的坚定落实和积极响应，不但是强化中国石油电子文件管理战略实施的创新工作，也是中国石油数字档案馆电子档案数字资源体系建设的重要组成部分。

（二）企业数字转型的必然要求

"十三五"以来，在以"共享中国石油"为目标的中国石油信息化建设工作大力推进和发展基础上，各统建业务系统以电子文件为主要形式的数据资源迅速增加，其对企业发展、经营决策、创新利用产生的作用和影响力越来越大。随着近年来中国石油经营规模和业务范围的扩大以及经营管理对会计核算多维信息需求的增加，业务前端产生需要归档的电子会计资料大量增加，企业信息化水平和精细化管理也不断提升，越来越多的凭证、账簿、报表等会计信息以电子形式产生和传递。

中国石油高度重视企业电子会计资料归档及会计档案管理，特别是电子会计档案在内外部审计监察工作中维护中国石油权益发挥的重要作用。在财务数据不断提升数字化的基础上，传统的会计档案管理工作面临全新挑战，迫切需要对会计档案管理方式进行变革，主要体现在四个方面：一是迫切需要减少会计档案打印、装订而耗费的能源、人工、储存空间等支出，节省企业资源，减少会计档案的装订、整理时间，提高工作效率；二是建立纸质与电子档案的"同生共存、同步归集、同步管理"的科学管理体系，从业务源头保证纸质与电子文件的生成、整理、移交方式，保障纸质档案与电子档案间的内在联系；三是建立健全电子化环境下的会计档案管理制度、管理标准、技术规范，实现会计档案业务源头规范，使档案数据客观反映业务原貌；四是建立"数据真实性校验、数据可靠性校验、数据完整性校验、数据可用性校验"的电子文件四性保障措施，建立健全电子会计档案的安全保障体系。

（三）加强会计档案管理的重要举措

为了顺应会计核算的信息化以及会计档案信息形式的多样化趋势，对全国会计档案管理工作进行规范化、现代化改造，提高会计档案管理质量，财政部、国家档案局联合发布新的《会计档案管理办法》（以下简称《办法》），于2016年1月1日起施行。新《办法》将电子会计档案纳入会计档案范围，重点增加了对电子会计档案的管理规范，完善了会计档案的定义及范围，增加了会计档案移交的管理要求，对会计档案的销毁程序以及保管期限等都做出了相应的调整，并创新性的明确提出满足一定条件，单位从外部获得或内部形成的属于归档范围的电子会计资料，可仅以电子形式归档保存，形成电子会计档案。进一步承认了电子会计档案的法律地位，为开展电子会计档案的在线归档提供政策依据。

多年来，中国石油积极推进"一全面、三集中"财务管理模式，在管理制度、业务流程、标准化、信息系统等方面取得了很好成效，位于国内大型企业前列。在此基础上，公司财务深刻分析内外部经营环境的深刻变化对财务工作提出的新要求，在继承"一全面、三集中"财务管理模式基础上，按照共享、授权的思想，提出构建"一全面、三集中、两平台、六转型"为核心的新型财务管理模式，采用先进的信息技术，集成内外部系统，实现服务运营的影像化、电子化、专业化、智能化，提高服务运营的效率和质量，极大促进了中国石油财务业务的发展，使得电子会计数据信息更加丰富、详实，为开展电子会计档案全过程管理奠定了数据基础。中国石油在贯彻新《办法》的基础上，将会计资料仅以电子形式保存的前置条件为突破点，以"全范围覆盖、全过程贯通、全数据安全"为核心，通过构建财务管理系统归档模块，将电子会计档案归档相关要求前置，实现了覆盖结构化和非结构化的企业级档案信息的电子会计档案管理体系，大力提升了会计档案信息操作效率、数据质量和信息化管理水平，实现了企业降本增效。

二、试点目标

（一）总体目标

构建与公司发展战略、财务信息化档案发展相匹配的电子会计档案管理创新模式，实现电子会计档案的全过程管理，在归档范围、归档整理、归档格式、"四性检测"、元数据管理、档案利用等方面取得成效，为在中国石油全面推广做出示范。

（二）具体目标

1. 业务层面。实现电子会计资料形成、办理、归档的全过程管理；实现记账凭证、会计账簿、会计报表及部分其他会计资料的电子归档，逐步取消纸质归档。

2. 技术层面。完善财务管理系统电子会计资料归档功能和电子档案管理系统电子档案管理功能，开发集成接口，实现在线归档；建立真实性和完整性保障机制。

3. 规范层面。完善会计业务与档案业务流程，制定统一的电子会计档案归档管理、元数据管理、接口管理标准。

相关工作围绕前期成册的电子会计档案，向业务的前后两端进行延伸，即向前端延伸提高 ERP、集中报销系统、司库平台与财务管理系统数据集成交互程度；向后端延伸完成电子会计信息向电子档案管理系统的数据移交。试点过程中，不断梳理和完善电子文件归档的范围、过程，确定各项业务的操作规范，确保电子会计资料和电子会计档案通过"四性检查"（真实性、可靠性、完整性、可用性），同时进行元数据管理、基于大数据的电子档案利用等方面试点配套研究工作，实现电子会计档案的集成归档管理，确保电子会计档案质量符合国家要求，为在全集团推广应用奠定基础。

三、试点系统介绍

中国石油财务信息化历经统一、集中、集成 3 个阶段，建立了具有自主知识产权的财务管理系统，多次荣获国家级及中国石油级奖项。实现了会计一级集中核算，会计账套由 2700 多个集中到 1 个，每年约 5600 万笔凭证集中到总部，3.8 万亿元内部交易实时处理，实现了资金全过程精细化集中管理，每年约 200 多万笔 5700 多亿元对外直联资金支付，实现了报销集中，统一了报销流程、费用标准，每年约 300 万张单据在线处理，实现了与 ERP、加油站等多个业务系统集成，约 80% 会计凭证自动生成，促进了财务与业务协同，见图 1-1：财务信息化图例。

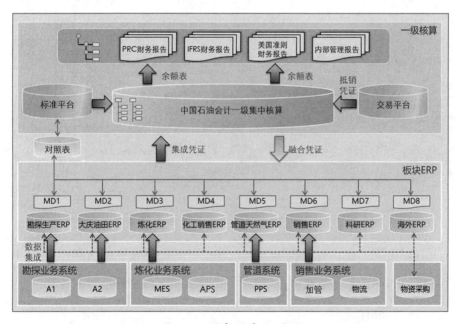

图 1-1　财务信息化图例

档案信息化方面建立了集中统一的电子档案管理系统，实现了中国石油管理类等 11 大类档案的信息化管理，系统包括 9 大模块，64 个子功能，涵盖了档案业务的主要内容，实现了各企事业单位分散、独立档案信息的整合与汇聚，促进了档案信息资源体系集中统一建设，满足了中国石油软硬件资源和数据集中治理要求，摸清了档案馆藏资源总量与档案资源结构，具备电子会计档案管理的条件，见图 1-2：档案信息化图例。

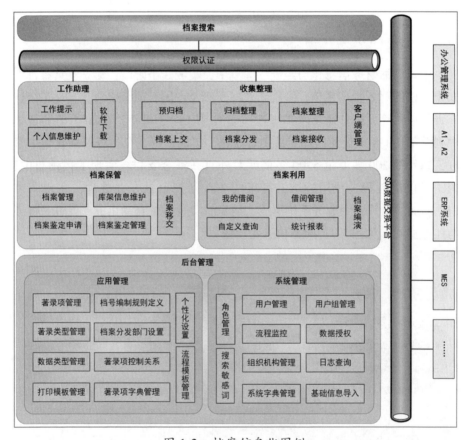

图 1-2　档案信息化图例

（一）系统功能

1. 财务管理系统管理功能

（1）标准管理

标准管理平台实现包括各项会计核算标准编码在内的主数据编码在集团

公司范围内的严格一致与共享，保证财务数据和业务数据的可靠性、规范性、一致性，为数据集中管理、信息系统集成奠定基础。

所有财务管理相关系统设计的主数据统一纳入标准平台进行管理，包括会计核算、资金管理、共享服务等系统；未来新建设的与财务相关系统其主数据一并纳入标准平台统一进行管理。

（2）会计集中核算

建立总部集中核算数据库，实现会计信息的集中与共享。各下级单位的会计凭证通过相应的技术手段实时保存到一级集中核算账套中，形成凭证级别的数据集中模式，形成全集团公司"一本账"。

一级核算账套按照组织机构进行数据管理，明细责任中心的数据自动汇总到上级责任中心，做到分级管理与集中核算的有机结合。系统不仅可以提供总体的、完整的、包含全部会计实体的会计信息资料，又可以区分不同层次法人实体、纳税实体、会计实体提供相应会计信息资料，各个级次的会计信息一目了然，尽收眼底。

（3）交易管理平台

交易平台定位于集团化企业，协同处理内部交易，实现内部往来挂账网上确认、内部购销自动结算，实现集团内部结算非货币化运行，提高会计信息质量，加快内部结算进度，并为合并抵销提供基础数据。

内部交易发生时，发起方通过交易单据在交易平台中进行逐笔录入，接受方对交易进行逐笔确认。确保交易双方入账内容、入账时间、入账金额完全一致，实时完成交易核对。

交易事项经双方确认后，提交财务公司进行封闭结算，保证了内部交易结算的及时性，避免了相互挂账，实现了资金的及时清算。

交易双方业务处理完毕后，依照合并组织架构及合并抵销规则，自动形成抵销凭证，保存到相应的各抵销责任中心。为表抵法向账抵法的转变提供了基础数据。

（4）报表管理

通过会计一级集中核算及交易平台的日常数据准备，在一级集中账套中准备了各口径、各层次的财务数据和抵销数据，为集团多层次、多口径合并报表做好了数据准备；建立统一的合并报表系统，集团公司、分（子）公司、基层企业均可在合并报表系统独立编制本单位和本层级的合并报表；合并报表编制采用"简单汇总"的方案，实际会计核算责任中心与相应的合并抵销责任中心数据简单加总就可形成合并报表，逻辑简单、运行高效；彻底改变报表的层层报送、汇总、抵销的工作模式，减少报告编制及上报等环节、提高财务报告的质量及编报效率。

（5）财务分析

应用数据仓库技术，将各类数据源进行有效整合，将多口径数据以可扩展的多维方式进行标准化建模和存储，形成统一数据集市，以此为基础提供灵活的分析应用，全面支撑企业财务分析工作。

建立综合财务分析体系，全面反映计划、生产、销售、预算、财务等信息，满足总部、专业公司、地区公司分析需求，进而帮助管理者提供真正意义上的决策支持，实现核算会计向管理会计的转变。

（6）系统集成

为企业级业务集成而设计开发的中间件平台。采用 ESB 标准与架构，使用标准的 XML 数据包格式，打通了各个业务系统间的信息孤岛。

为不同的业务系统提供一个无障碍、可定制的业务数据互连互通的平台。它以一个中间件的形式存在于各个业务系统之间，可以把一个业务系统的数据请求，按事先定义好的规则，发往另一个业务系统，并可同步或者异步的得到结果。

2. 电子档案整理

财务管理系统对待归数据进行成册整理后，统一向电子档案管理系统移交电子会计档案，后由财务部门在电子档案管理系统中的归档整理模块进行归档接收，对成册电子会计归档文件在系统中对应建立案卷和卷内件，同时进行归档文件的审核、编目、档号生成等工作，最终由档案部门完成审核后进入档案管理模块。

（二）集成前数据量

中国石油开展电子会计档案全过程管理应用工作前，电子档案管理系统对会计档案的管理方式为目录管理，见表 1-1：继承前电子档案管理系统数据量。

表 1-1　集成前电子档案管理系统数据量

名　称		卷数（册）	管理方式
会计凭证	纸质会计凭证	8432688 册	目录管理
	电子会计凭证	2474 GB	数据存储
会计账簿	纸质账簿	796260 册	目录管理
	电子账簿	1045 GB	数据存储
会计报表	纸质报表	590176 册	目录管理
	电子报表	118 GB	数据存储
其他	纸质	443391 册	目录级
	电子	77 GB	数据存储

（三）文件类型

中国石油开展电子会计档案集成归档管理应用工作前，财务管理系统从前端 ERP 系统、集中报销系统、司库平台、加管系统及资产系统等收集保管的电子文件格式烦杂众多，粗略统计可分为 6 类、36 种，其中还包括相同后缀、同一格式类型，但属于不同时期版本的电子文件格式，会计电子文件管理难度大，不符合档案长久保存的具体要求。集成归档工作启动后，按照中国石油《电子会计档案长期保存格式规范》（试行）的要求统一将电子会计档案长期保存格式规定为 4 类、21 种，见表 1-2：电子会计档案归档格式，其中：

1. 数据库记录电子文件、文字处理系统形成的电子文件根据统计分析需要，采用版式、XML 两种格式同时存储的方式进行，版式存储格式按照 DA/T47 的原则确定，推荐版式电子文件存储格式为 PDF。

2. 图像电子文件的归档存储格式可根据 DA/T 47 的原则和 GB/T 18894 的规定，并参照 DA/T 32 的要求确定，推荐图像电子文件格式为 TIFF。

3. 电子会计档案在形成时确实无法采用档案管理要求的格式，应在归档时转换成符合档案管理要求的格式进行归档。确实无法转换的，应归档相应阅读、显示软件系统及其软件运行需要的专用硬件。

4. 对存在不能持续可读状况的电子会计档案要进行格式迁移，或采用环境虚拟、封装等经过评估的技术延长其可读时间以保证其持续可读。在迁移或引用其他延长可读时间技术手段的过程中应确保电子档案核心信息不丢失，并严格记录迁移过程，确保过程可追溯。原载体和格式电子档案保存不得少于 3 年。

表 1-2　电子会计档案归档格式

文件类型	格　式	格式特征
纯文本文件	TXT 格式	格式简单透明、不含结构信息和加密、不绑定软硬件、能用基本文本编辑工具阅读、数据占用字节数少等。
	XML 格式	遵循 XML 技术规范，格式开放、不绑定软硬件、格式自描述、不包含加密、易于转换等。
格式化文本文件	DOC/XLS/PPT 格式	Office 2003 及以前版本使用的格式，虽然不是国际标准，但覆盖率是最高的。支持数字签名、加密等。
	DOCX/XLSX/PPTX 格式	Office 2007 及以后版本使用的格式，比以前的格式占用空间小，主要内容保存为 XML 格式，然后保存在一个 ZIP 文件。支持数字签名、加密等。
	WPS/ ET / DPS	WPS Office 全面兼容微软 Office97－2010 格式，格式开放、可转换、易存储。
	RTF 格式	格式开放、不绑定软硬件、不包含加密、易于转换等。
版式文件	PDF 格式	遵循 PDF/A 格式标准。支持数字签名、格式开放、不绑定软硬件、格式自包含、格式自描述、固定显示、不包含加密、可向其他文本格式转换等。

续表

文件类型	格　　式	格式特征
版式文件	XPS 格式	符合 OOXML 标准规范。
	OFD	独立于软件、硬件、操作系统、输出设备的版式文档格式
图像文件	TIFF 格式	支持无损压缩、不绑定软硬件、易于转换、聚合能力强等。
	JPEG-2000 格式	遵循 ISO 15444-1:2004，格式透明、支持无损压缩、不绑定软硬件、易于转换等。
	JPEG 格式	遵循相关标准规范，格式透明、不绑定软硬件、易于转换等。
	GIF 格式	支持无损压缩、格式透明、不绑定软硬件、易于转换等。
	PNG 格式	支持无损压缩、格式透明、易于转换等。
	DjVu 格式	格式透明、格式紧凑、具有聚合能力、数据占用字节数少等。

此外电子会计档案在利用时，应对电子文件提供保护。电子档案管理系统能直接提供保护的文件格式和通过格式转换能提供保护的文件格式共 4 类，21 种，具体格式见表 1-3：直接提供保护的文件格式。

表 1-3　直接提供保护的文件格式

文件类型	格　　式	格式特征
纯文本文件	TXT 格式	格式简单透明、不含结构信息和加密、不绑定软硬件、能用基本文本编辑工具阅读、数据占用字节数少等。
	XML 格式	遵循 XML 技术规范，格式开放、不绑定软硬件、格式自描述、不包含加密、易于转换等。

文件类型	格　　式	格式特征
格式化文本文件	DOC/XLS/PPT 格式	Office 2003 及以前版本使用的格式，虽然不是国际标准，但覆盖率是最高的。支持数字签名、加密等。
	DOCX/XLSX/PPTX 格式	Office 2007 及以后版本使用的格式，比以前的格式占用空间小，主要内容保存为 XML 格式，然后保存在一个 ZIP 文件。支持数字签名、加密等。
	WPS/ ET / DPS	WPS Office 全面兼容微软 Office97－2010 格式，格式开放、可转换、易存储。
	RTF 格式	格式开放、不绑定软硬件、不包含加密、易于转换等。
版式文件	PDF 格式	遵循 PDF/A 格式标准。支持数字签名、格式开放、不绑定软硬件、格式自包含、格式自描述、固定显示、不包含加密、可向其他文本格式转换等。
	XPS 格式	符合 OOXML 标准规范。
	OFD	独立于软件、硬件、操作系统、输出设备的版式文档格式
图像文件	TIFF 格式	支持无损压缩、不绑定软硬件、易于转换、聚合能力强等。
	JPEG-2000 格式	遵循 ISO 15444－1:2004，格式透明、支持无损压缩、不绑定软硬件、易于转换等。
	JPEG 格式	遵循相关标准规范，格式透明、不绑定软硬件、易于转换等。
	GIF 格式	支持无损压缩、格式透明、不绑定软硬件、易于转换等。
	PNG 格式	支持无损压缩、格式透明、易于转换等。
	DjVu 格式	格式透明、格式紧凑、具有聚合能力、数据占用字节数少等。

四、试点工作具体步骤

2016 年，按照国家档案局、国家发改委《关于确定企业电子文件归档和电子档案管理第一批试点单位的通知》要求，中国石油建立工作组织，制定实施方案，积极推动试点工作。包括成立工作小组、明确工作职责、制定具体试点工作步骤等。

（一）工作职责分工

1. 总部层面职责

集团办公室和财务部作为中国石油相关业务归口管理部门、信息管理部作为中国石油统建项目归口管理部门，主要负责对电子档案工作的政策指导、监督，协调系统开发项目组配合试点工作实施，并对业务和技术层面相关成果、规范及标准进行审定。

2. 试点测试单位财务管理部门职责

（1）负责电子会计档案的收集、整理及归档工作；

（2）编制电子会计资料归档范围等标准规范；

（3）确认归档流程、归档方式、归档时间等；

（4）对电子会计档案的齐全、准确和形成质量负责；

（5）协调财务管理系统完成接口建设工作，包括需求整理、标准规范及方案的编写，接口测试确认、试运行等工作；

（6）为电子会计档案集成归档应用工作提供业务指导。

3. 试点测试单位档案管理部门职责

（1）负责电子会计档案的检查、接收、保管、统计和提供利用；

（2）指导并配合编制电子会计资料归档范围等标准规范；

（3）指导并配合确认归档流程、归档方式、归档时间等；

（4）确认电子会计档案接收流程、保管策略、利用权限等；

（5）协调档案管理系统完成接口建设工作，包括需求整理、标准规范及方案的编写，接口测试确认、试运行等工作；

（6）确保电子会计档案的长久保存和安全利用。

（二）工作计划

1. 第一阶段（两个月）

（1）编制《电子会计资料归档和电子档案管理方案》；

（2）编制《电子会计资料归档范围与保管期限表》；

（3）编制《电子会计资料归档管理规范》；

（4）编制《电子会计资料元数据规范》；

（5）编制《电子会计档案长期保存格式规范》；

（6）编制《财务管理系统与电子档案管理系统接口规范》；

2. 第二阶段（两个月）

（1）审核有关标准规范；

（2）完成归档接口的设计、开发及测试工作；

（3）试点数据单位开展电子会计资料归档试运行工作；

3. 第三阶段（两个月）

（1）开展年度电子会计资料归档测试工作；

4. 第四阶段（两个月）

（1）完成年度电子会计资料归档工作；

（2）总结成果，完善接口功能，做好推广准备工作。

（三）具体工作

1. 制定归档范围

依据《会计档案管理办法》及中国石油会计档案管理规定，编制《电子会计资料归档范围和电子档案保管期限表》。重点对无相应纸质或无法输出成纸质的电子会计资料的归档范围和其保管期限进行划分。电子会计资料归档类别包括：会计凭证类、会计账簿类、财务报告类。

2. 明确归档流程、方式、时间

（1）明确归档流程。包括电子会计资料的鉴定、整理编目、移交、归档、销毁和借阅等。

（2）明确归档方式。从管理、技术、风险、成本等多个维度进行分析，确定电子会计资料归档方式。

（3）明确归档时间。根据中国石油会计业务的特点、电子会计资料的数量和相关联电子文件的形成时间确定归档时间。

3. 制定元数据及格式规范、归档接口标准

（1）编制《电子会计资料元数据规范》，描述电子会计资料的内容、背景、结构及其管理过程信息，确保归档内容的真实性。

（2）编制《电子会计档案长期保存格式规范》，明确归档电子文件的长久保存格式。

（3）编制《财务管理系统与电子档案管理系统接口规范》，包括归档接口的技术要求、接口方式、数据格式、数据质量、使用流程、数据安全等内容。

4. 接口开发

按照同设计、同开发、同测试和同实施的原则进行接口开发。

（1）财务管理系统归档接口功能：①对待归档的电子会计资料及其元数据的真实性、可靠性、完整性、可用性进行检测，防止存在瑕疵的文件归档；②归档前将待归档电子文件及其元数据按指定格式封装成归档数据包；③将封装好的归档数据包传输至指定的位置，传输过程中归档数据包信息不丢失、不被非法更改；④接收归档数据包接收方的反馈消息，包括归档成功消息与失败消息；⑤对归档成功的电子文件进行已归档标记以防止重复归档，并能取消标记，在人工干预下重新归档。

（2）电子档案管理系统接口功能：①向财务管理系统发送归档数据包存储位置信息；②接收财务管理系统传递来的数据包；③对归档数据包进行正确解析，并将解析后的电子文件及其元数据存储在指定位置；④向财务管理系统发送电子文件归档成功或失败消息；⑤在归档数据包接收、解析和数据存储等过程中，信息不丢失、不被非法更改。

5. 电子文件归档

会计档案电子归档首先由财务管理系统的电子档案管理模块（归档模块）针对各业务系统传输的电子文件进行整理成册（组卷）后，通过集成接口以在线归档方式向档案管理系统进行移交，同时在档案管理系统中进行相关归档整理操作，整体可分为两个部分：

一是财务管理系统中的整理（归档移交）。包括在财务管理系统中对各业务系统（ERP、司库、影像等系统）收集到的电子文件进行整理，以时间和财务类型分类进行电子会计成册工作，完成相关电子化绘制、审核以及移交工作。

二是档案管理系统中的整理（归档接收）。对财务管理系统推送的成册

电子会计归档文件，在系统中对应建立案卷和卷内件，同时进行归档文件的审核、编目、档号生成等工作，最终由档案部门完成审核后，进入档案管理。

示例：按照时间，2016 年辽宁销售公司本部 11 月份电子凭证应集中成 1 册，但由于本月电子凭证存在首位编码为 1801（省公司-机关手工记账凭证）开头和 1851（省公司-机关集成记账凭证）开头的两类凭证，所以分别形成两个电子卷；2016 年 11 月辽宁销售公司纸质凭证按照实际装订 60 册，针对 60 册纸质实体在档案管理系统中对应形成 60 卷条目及相关信息。其中记账凭证与 ERP、司库、集中报销系统单据的关联关系如下：财务管理系统凭证编号对应 ERP 公司代码 ERP 单据号、财务管理系统凭证编号对应司库付款单 ID、财务管理系统凭证编号对应集中报销系统报销单号。

通过自动归档接口获取电子会计档案、元数据及两者的对应关系，元数据和对应关系保存在数据库系统中，电子档案保存在文件系统中，纸质档案归档继续通过库房进行实体管理，进一步统一了档号编制规则，规范了会计档案档号管理。

电子会计档案移交到档案管理部门之后，借阅按照集团公司档案管理系统借阅流程进行办理，完成借阅手续办理后，根据借阅目的和借阅方式开展档案利用。电子会计档案借阅具体涉及借阅人所在部门负责人审核、财务部门负责人审核及档案部门负责人审核，借阅的电子档案到期后自动归还，并提供下载水印保护。纸质会计档案通过线上系统借阅办理后，完成实体借出办理，借阅到期后正常归还。

五、关键解决方案

（一）管理流程

1. 电子会计资料归档

（1）电子会计档案成册与移交时间

电子会计凭证每月月底前完成电子会计成册输出 PDF；会计账簿每年上半年完成上年会计账簿的电子成册输出 PDF；财务报告每月月底前完成上月电子财务报告成册输出 PDF。

电子会计档案和纸质会计档案仍然按照档案移交时间要求，由财务部门暂保管一年后第一季度末移交归档。

（2）电子会计档案成册及归档要求

需归档的电子会计资料由财务部门归档人员利用财务管理系统通过接口移交至电子档案管理系统中，电子会计资料格式统一为 PDF 格式，归档部门移交时应保证电子会计档案准确性、完整性、可用性、安全性检验，符合要求档案部门才能接收，见图 1-3：电子会计档案归档流程。

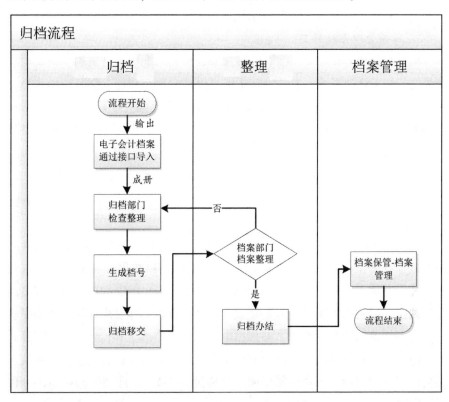

图 1-3　电子会计档案归档流程

2. 财务管理系统整理

（1）电子会计凭证整理：对一个月内连续凭证编号的凭证组成电子账册，账册中包含账册封皮、账册目录、会计凭证、原始凭证。

如果存在原始纸质凭证，对纸质凭证按照原来的整理方式线下装订整理，系统中按照纸质载体进行管理。

（2）会计账簿整理：每年年度终了，财务部门需要按照国家统一会计制度、中国石油的规定和会计业务的需要设置打印会计账簿并形成电子账册，会计账簿由封面、账簿启用、账页三部分组成。会计账簿包括总账、日记账、明细账和其他辅助性账簿。

会计账簿统一由原来的纸质实体管理改为电子会计账簿管理。

（3）财务报告整理：对各单位所形成的财务报告数据提供电子整理，财务报告分为月度、季度、年度财务报告，包括财务报表、附表、附注及文字说明等。

财务报告中仅对年报进行输出纸质保管，系统中按照纸质进行管理。

3. 财务管理系统移交

按照会计档案管理要求，财务管理系统形成的电子会计资料，应及时移交给电子档案管理系统。财务管理系统提供档案移交功能，财务归档人员每月可以通过"移交申请"功能发起移交申请，将已经完成成册的会计凭证、会计账簿或者财务报告信息移给电子档案管理系统，移交申请通过相应领导审批完成后，财务管理系统自动调取电子档案管理系统接口，发送移交请求，电子档案管理系统根据移交请求，通过接口检测并获取至电子档案管理系统。

（二）归档范围

按照 2015 年 12 月 11 日颁布的《会计档案管理办法》（中华人民共和国财政部、国家档案局令第 79 号），在全面梳理和细化试点工作会计资料归档范围基础上，以《会计档案管理办法》第八条中形成电子会计档案的六项规定，以及第九条关于外部接收电子会计资料具体要求作为确定电子会计资料归档范围的基本原则，并根据电子会计资料产生和传递、会计核算系统、电子档案管理系统各个环节对电子会计档案的真实性、完整性来确定电子会计档案的归档范围和保管期限。具体见表 1-4：会计档案归档范围和保管期限表。

表 1-4　会计档案归档范围和保管期限表

序号	文件材料名称	保管期限	来源	归档形式
一	会计凭证			
1	原始凭证	30 年		
1.1	增值税专用发票抵扣联(纸质附件)	30 年	外部单位	纸质归档
1.2	运输发票抵扣联(纸质附件)	30 年	外部单位	纸质归档

续表

序号	文件材料名称	保管期限	来源	归档形式
2	记账凭证	30 年		
2.1	出库单(集成附件)	30 年	ERP 系统	电子归档
2.2	入库单(集成附件)	30 年	ERP 系统	电子归档
2.3	付款单(纸质附件)	30 年	司库平台	纸质归档
2.4	收款单(纸质附件)	30 年	司库平台	纸质归档
2.5	转款单(纸质附件)	30 年	司库平台	纸质归档
2.6	银行电子回单(纸质附件)	30 年	司库平台	纸质归档
2.7	报销单(纸质附件+电子扫描件)	30 年	共享业务服务平台	纸质+电子归档
二	**会计账簿**			
1	总账	30 年	财务管理系统	电子归档
2	三栏帐(明细账)	30 年	财务管理系统	电子归档
2.1	科目三栏账	30 年	财务管理系统	电子归档
2.2	往来单位三栏账	30 年	财务管理系统	电子归档
2.3	个人往来三栏账	30 年	财务管理系统	电子归档
2.4	产品核算三栏账	30 年	财务管理系统	电子归档
2.5	其他业务项目三栏账	30 年	财务管理系统	电子归档
2.6	其他辅助核算三栏账	30 年	财务管理系统	电子归档
3	日记账	30 年	财务管理系统	电子归档
3.1	现金日记账	30 年	财务管理系统	电子归档
3.2	银行日记账	30 年	财务管理系统	电子归档
3.3	其他货币资金	30 年	财务管理系统	电子归档
3.4	内部存款	30 年	财务管理系统	电子归档
4	固定资产卡片	报废清理后保管 5 年	资产系统(建设中)	电子归档(明细表)
三	**财务会计报告**			
1	月度、季度、半年度财务会计报告	10 年	财务管理系统	电子归档
2	年度财务会计报告	永久	财务管理系统	纸质+电子归档

序号	文件材料名称	保管期限	来源	归档形式
四	**其他会计资料**			
1	银行存款余额调节表(纸质附件)	10年	财务管理系统	纸质归档
2	核对相符分录对应明细表(纸质附件)	10年	财务管理系统	纸质归档
3	银行对账单	10年	外部单位	纸质归档
4	纳税申报表	10年	外部单位	纸质归档
5	系统增值税进项税额和销项税额统计表	10年	外部单位	纸质归档
6	机关职工健康疗养审批表	10年	内部单位	纸质归档
7	库存现金盘点表	10年	内部单位	纸质归档
8	银行承兑汇票盘点表	10年	内部单位	纸质归档
9	商业承兑汇票盘点表	10年	内部单位	纸质归档
10	企业所得税汇算清缴报表	10年	内部单位	纸质归档
11	资产清查报告	10年	内部单位	纸质归档
12	企业资产损失税前扣除申请表	10年	内部单位	纸质归档
13	会计档案移交清册	30年	电子档案管理系统	纸质+电子归档
14	会计档案保管清册	永久	电子档案管理系统	纸质+电子归档
15	会计档案销毁清册	永久	电子档案管理系统	纸质+电子归档
16	会计档案鉴定意见书	永久	电子档案管理系统	纸质+电子归档
17	固定资产调拨单	10年	资产系统	纸质归档
18	资产折旧(摊销)业务处理申请单	10年	内部单位	纸质归档
19	资产减值准备检查表	10年	内部单位	纸质归档
20	增值税申报表	10年	外部单位	纸质归档
21	所得税预缴申报表	10年	外部单位	纸质归档

注：纸质+电子归档代表纸质和电子文件一并归档；纸质/电子代表纸质或电子文件归档。

电子会计档案作为会计档案的一个组成部分，归档范围目前仅限于能在财务管理系统自动生成的电子文件，主要包括记账凭证、会计账簿、财务报告和部分能够集成的系统内原始凭证（如 ERP 单据）。所有的外制原始凭证（包含已经扫描并上传系统的凭证）和其他会计资料均需要以纸质形式存档。

（三）电子会计档案接口方案

中国石油电子会计全过程管理实现方式，首先是在财务管理系统中建设电子会计资料归档模块，实现与关联系统（ERP 系统、司库系统、集中报销系统）的集成，具备会计凭证、会计账簿、财务报表的组卷与归档移交功能；其次是完善电子档案管理系统中会计档案管理模块，具备档案审核、档案管理、档案检索利用等功能；最终完成财务管理系统与电子档案管理系统的接口开发，实现数据的在线归档；建立数字签名和电子文件校验等机制，确保归档数据的真实性、完整性、可靠性和可用性。

根据接口涉及的相关技术环境和应用系统的特点，系统接口采用基于 TCP/IP 网络的 HTTP、SOAP、FTP、SMTP 等标准协议，基于 HTML、XML、Web Services 或文件传输等技术路线，实现应用系统之间的数据交换。

电子档案管理系统与财务管理系统的数据报送接口采用 Web Service 技术实现，基于 SOAP over HTTP 协议，见图 1-4：SOAP over HTTP 协议。

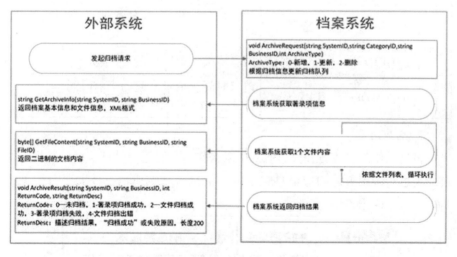

图 1-4　SOAP over HTTP 协议

根据归档业务特点，归档接口以财务管理系统为触发方，发起归档请求。电子档案管理系统基于消息队列维护归档请求，并根据电子档案管理系统系统负载情况，从财务管理系统异步拉取档案属性数据和电子文件。

电子档案管理系统接收基于消息队列进行排队异步归档处理。

1. 请求消息

会计档案数据交换 Web Service 接口中，所有报送操作的发起方通过向指定服务端点发送请求消息，向数据报送接收方提交数据报送操作。请求消息包括请求消息头和请求消息体两部分，见图 1-5：请求消息图例。

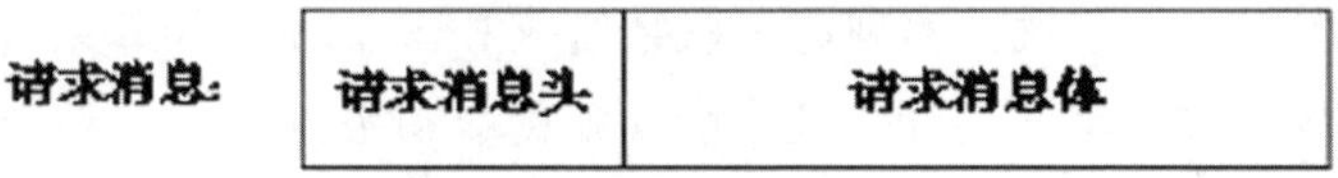

图 1-5　请求消息图例

其中，请求消息头包括请求消息序号、规范版本号、连接用户名、请求时间；请求消息体包的数据条数、用协议指定方式生成的校验码等，见表 1-5：请求消息字段。

表 1-5　请求消息字段

序号	字段名	类型	说明
1	Form	整型	请求来源。数据归档发起方，财务管理系统的识别号，由电子档案管理系统指定。
2	To	整型	请求目的。电子档案管理系统固定识别号。
3	GUID	唯一识别号	消息体唯一识别号。
4	RequestTime	14 位串	请求时间。请求发起的当前时间格式：YYYYMMDDhhmmss

2. 响应消息

报送操作的接收方在完整收到请求操作后及时进行处理，并反馈规定的响应消息给调用方。响应消息包括响应消息头和响应消息体两部分，见图 1-6：响应消息图例。

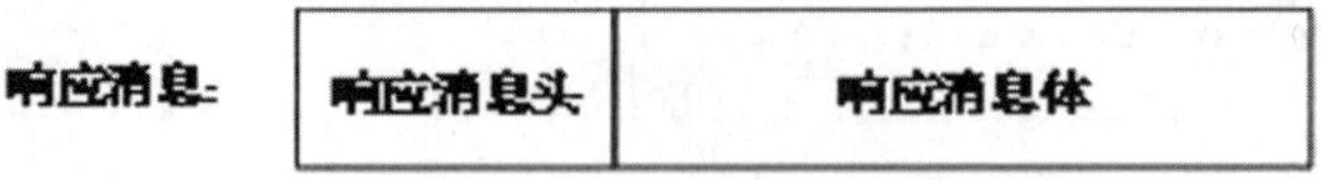

图 1-6　响应消息图例

其中，响应消息头包括响应消息序号、协议版本号、请求消息序号、响应时间、成功失败码、请求消息体包含的数据条数；响应消息体包括的数据条数、用协议指定方式生成的校验码等，见表1-6：响应消息字段。

表 1-6　响应消息字段

序号	字段名	类型	说　　明
1	RespRecId	整型	响应序号。在同一会话中每次响应序号不同，随时间增长
2	Version	4 位串	规范版本号。服务支持的规范版本号，固定为 0100
3	ReqRecId	整型	请求序号。复制请求序号，用于标识对应请求
4	ResponseTime	14 位串	响应时间。响应发起的当前时间格式：YYYYMMDDhhmmss
5	Flag	整型	成功失败码。0 = 成功　正数 = 警告　负数 = 失败
6	RequestRecordCount	整型	请求数据条数。对应请求消息体内包含的数据条数，0~999
7	ResponseRecordCount	整型	响应数据条数。当前响应消息体内包含的数据条数，0~999
8	VerifyCode	字符串	校验码。按指定校验算法提供请求消息（含消息头和消息体，不包括校验码本身）的校验码
9	ResponsMsg	字符串	返回处理消息
10	Pageno	整型	当前页码
11	TotalpageCount	整型	总页数

3. 接口内容和协议（格式）

（1）归档请求（ArchiveRequest）

本协议归档，财务管理系统在发送归档电子文件数据前，需要向电子档案管理系统报送一次归档请求，用于确定归档请求方的唯一合法身份。在确认后，电子档案管理系统将归档请求归入归档请求队列，由后台服务发起后续的操作，具体见表 1-7：请求消息体。

表 1-7　请求消息体

序号	字段名称	标签名称	数据格式	说　　明
1	外部系统 ID	strTransID	String	归档的外部系统在电子档案管理系统内预定义的系统编号，详见"预定义"
2	业务 ID	strBusinessID	String	要归档的档案在外部系统中的唯一业务 ID
3	归档信息	strArchInfo	String	归档业务信息的摘要格式如以下示例所示

归档消息：strArchInfo 格式示例：

```
<? xml version="1.0" encoding="utf-16"? >
<ArchInfo xmlns:xsi="http://www.w3.org/2001/XMLSchema-instance" xmlns:xsd="http://www.w3.org/2001/XMLSchema">
    <TransID>8bd86fa3-0218-43c7-a3b1-0056bf759fc4</RequestID>
    <BusinessID>ee6b9681-0945-4d99-83c2-eb64c4afe508</BusinessID>
    <ArchTime>2016-10-27T15:14:38.3927629+08:00</ArchTime> 归档时间
    <Title>xx 凭证</Title>
    <ArchiveOUName>2016-10-26</ArchiveOUName>
</ArchInfo>
```

详见表 1-8：响应消息体。

表 1-8　响应消息体

序号	字段名称	标签名称	数据格式	说　　明
1	状态值	Status	Int	返回处理结果状态值，0-成功，1-异常
2	消息	Message	String	如果处理成功，则内容为空，如果出现异常则返回错误信息

（2）归档请求（GetArchiveInfo）

外部系统提供，提供档案管理系统自动归档服务用于调用读取档案基础信息和需挂接的电子文件列表。请求消息体如下表：

表 1-9　请求消息体

序号	字段名称	标签名称	数据格式	说　　明
1	外部系统 ID	System ID	String	归档的外部系统在档案管理系统内预定义的系统编号
2	业务 ID	Business ID	String	要归档的档案在外部系统中的唯一业务 ID

响应消息体如下表：

表 1-10　响应消息体

序号	字段名称	标签名称	数据格式	说　　明
1	归档请求来源服务地址	SAS Web Serivce Addess	String	预定义在档案管理系统，外接服务白名单中的服务地址
2	财务管理系统中记录标示 ID	Business ID	String	用于检查确定记录归档状态的标示 ID
3	发送时间	Send Time	Datetime	归档请求时间
4	是否包含文件内容	Is Included File Content Package	Bool	是否包含文件内容
5	归档数据基本信息	ERMS Business	Soap	包含归档条目基本信息的子元素

ERMS Business 格式（示例）：

<ERMSBusiness xmlns="http://《财务管理系统 Webservice》/ERMSMessage">

　<DocContentPackages>

　　<FileContentPackage FileName="" FileID="财务管理系统中归档文件唯一标示" 卷或卷内件的文件的存储位置,名称要传一下,比如封皮,汇总表,或期间+凭证编号/>

　　</DocContentPackages>

<SetLevel>集合层次,传输 1 或 3,1:案卷;3:卷内件;</SetLevel>

```
<BusinessID>传输成册单据 GUID,或者唯一索引</BusinessID>
<CategoryNo>传输类别编号</CategoryNo>
<CarrierNo>全部传输 WST</CarrierNo>
<AccountCateory>卷内文件且是会计凭证类别时传输</AccountCateory>
<RetentionPeriod>传输编号</RetentionPeriod>
<ArchvieOUID>传输档案管理机构编号和全称(错误提示用,如果找不到归档单
位提示用户维护对照表)</ArchvieOUID>
<ArchiveOUName>传输档案管理机构编号和全称(错误提示用,如果找不到归
档单位提示用户维护对照表)</ArchiveOUName>
<FilingOUID>传输档案管理机构编号和全称(错误提示用,如果找不到归档单
位提示用户维护对照表)</FilingOUID>
<Author>传用户姓名</Author>
<Title>年月,成册名称,财务人员也知道。(2014 年第四季度 12 月份会计报
表)</Title>
<Year>成册期间的前四位</Year>
<Date>YYYY-MM-DD</Date>
<StartAndEndDate>
<StartDate>所有账册都需要,或者计算,或者默认</StartDate>
<EndDate>所有账册都需要,或者计算,或者默认</EndDate>
</StartAndEndDate>
<ArchiveDate>移交的日期,YYYY-MM-DD</ArchiveDate>
<RecordCount>现在有卷内件了,就是卷内件的数量</RecordCount>
<OriginalCount>默认为 1</OriginalCount>
<CopyCount>默认为 0</CopyCount>
<Pages>卷的总页数,封皮,凭证 PDF 的总页数</Pages>
<PageNo>卷内件时,页数的起止范围,1-3,4-6</PageNo>
<StartAndEndAccountNo>
<StartAccountNo>卷时,凭证时输入</StartAccountNo>
<EndAccountNo>卷时,凭证时输入</EndAccountNo>
</StartAndEndAccountNo>
<Remark>提交不全,原件损失,做档案说明</Remark>
<Limit>
<SecurityLevel>传输编号</SecurityLevel>
<SecurityPeriod>传输编号</SecurityPeriod>
</Limit>
```

<DocEnvironment>

<ArchiveSystem>默认"财务管理系统"</ArchiveSystem>

<Source>有数据来源 F_SJLY 列的用数据来源值,没有的统一默认为财务管理系统</Source>

</DocEnvironment>

<BusinessEntityMetadata>

<MetadataSequence BusinessStatus = "默认"计划任务"" BusinessBehavior = "默认"审核"" BusinessTime = "审核日期" BusinessBasis = ""用户确认"">

</MetadataSequence>

<MetadataSequence BusinessStatus = "" BusinessBehavior = "" BusinessTime = "" BusinessBasis = "">

</MetadataSequence>

</BusinessEntityMetadata>

<EntityRelationshipMetadata>

<MetadataSequence RelationID = "如果是卷,此处为空;如果为件,此处为卷的GUID" RelationType = "如果是卷,此处为空;如果为件,默认"文件—案卷"" Relation = "如果是卷,此处为空;如果为件,默认'被隶属/隶属'">

</MetadataSequence>

<MetadataSequence RelationID = "" RelationType = "" Relation = "">

</MetadataSequence>

</EntityRelationshipMetadata>

</ERMSBusiness>

（3）请求电子文件（GetFileContent）

由财务管理系统提供，提供给档案管理系统的自动归档服务用于调用读取档案挂接的电子文件。请求消息体如下：

表 1-11　请求消息体

序号	字段名称	标签名称	数据格式	说　　明
1	外部系统 ID	System ID	String	财务管理系统在档案管理系统内预定义的系统编号
2	业务 ID	Business ID	String	要归档的档案在财务管理系统中的唯一业务 ID
3	文件 ID	FileID	String	要读取的电子文件 ID

响应消息体如下：

表 1-12　响应消息体

序号	字段名称	标签名称	数据格式	说　　明
1	文件内容	Content	Byte［］	要读取的电子文件二进制内容

（4）归档结果（ArchiveResult）

档案管理系统提供，供财务管理系统在归档过程中更新档案归档状态，请求消息体如下：

表 1-13　请求消息体

序号	字段名称	标签名称	数据格式	说　　明
1	系统 ID	System ID	String	财务管理系统在档案管理系统内预定义的系统编号
2	业务 ID	Business ID	String	要归档的档案在财务管理系统中的唯一业务 ID
3	归档状态编码	Return Code	Int	要更新的归档状态编码，0－未归档，1－著录项归档成功，2－文件归档成功，3－著录项归档失败，4－文件归档出错
4	消息	Return Desc	String	描述归档结果，如果著录项归档失败或者文件归档出错，返回出错信息，其他情况下返回"归档成功"

响应消息体如下：

表 1-14　响应消息体

序号	字段名称	标签名称	数据格式	说　　明
1	状态值	Status	Int	返回处理结果状态值，0－成功，1－异常
2	消息	Message	String	如果处理成功，则内容为空，如果出现异常则返回错误信息

（四）元数据项及捕获节点

元数据是电子会计档案管理的重要内容，结合系统实际，制定了《电子会计元数据管理规范》，规定了归档电子会计档案元数据的元素、结构、表述方法和表述，并给出了有关封装格式的定义。适用于总部及其所属各企事业单位财务管理系统、ERP 等会计专用软件和会计档案电子化数据的归档，保证了中国石油长期保存的电子会计档案的完整性，提高电子文件利用的有效性。

电子档案管理系统开发时对元数据捕获节点进行规划，明确财务管理系统、电子档案管理系统需捕获的元数据项及捕获方式。

1. 电子会计文件元数据捕获节点规则如下：

——下列元数据在财务管理系统捕获：

集合层次、类别号、载体代号、类别、凭证类别、保管期限、归档单位、立卷单位、责任者、题名、年度、日期、起日期、止日期、载体类型、件数、正本数量、副本数量、页数、页号、起凭证号、止凭证号、电子凭证附件数量、凭证号、集成归档时间、密级、保密期限、电子签名、签名标识符、签名格式描述、签名日期、签名人、签名结果、证书块、证书、证书参考、签名算法标识、电子文件数量、计算机文件属性、计算机文件类别、计算机文件格式（电子文件格式）、计算机文件大小（电子文件大小）、源计算机文件名、权限管理、文档创建环境、信息来源、扩展信息、文件实体标识符、输出文件、文件 ID、文件名称、格式版本、版次、文件格式、会计软件、会计软件名称、会计软件版本、会计软件开发商、数据输出人信息、用户编码、用户名称、业务状态、业务行为、行为时间、行为依据、行为描述、实体标识符、关系类型、关系、关系描述。

——下列元数据在电子档案管理系统生成或捕获：

档号、全宗号、保管号、卷内顺序号、全宗、附件题名、主题词、存放位置、摘要、备注、来源、归档日期。

2. 文件实体元数据可在电子档案管理系统进行修改，也可由财务管理系统修改后重新推送至电子档案管理系统，具体根据实际业务情况进行处理。

3. 对于元数据中规定的公共必著项，在具体管理过程中必须形成和捕获。

针对《电子会计元数据管理规范》规范的 86 项元数据，主要来源于财务管理系统和电子档案管理系统，分为文件实体元数据（包括文件本身属性内容）、业务实体元数据（处理文件过程中的业务状态、行为）和实体关系元数据（实体关系类型、关系及表述等）三大类，其中文件实体元数据76 项，业务实体元数据 6 项，实体关系元数据 4 项，元数据标准模式见表 1-15：元数据标准模式表。

表 1-15　元数据标准模式表

元素属性	元 素 表 述	
编号	按表 1 至表 3 规定的编号排列	
中文名称	元数据元素的中文标识	
英文名称	元数据元素的英文标识	
定义	元数据元素含义的表述	
目的	表述该元数据元素必要性和作用	
约束性	说明采用该元数据元素的强制性程度，分"必选"、"条件选"和"可选"。"必选"表示必须采用；"条件选"表示满足某一特定条件，则必须采用；"可选"指根据用户需要选用或不选用	
可重复性	元数据元素是否可以重复出现	
元素类型	元数据元素所属的分类。本标准元素分为容器型、简单型和复合型	
数据类型	为表达元数据元素值而规定的值集合的表述符。本标准数据类型包括字符型、数值型、日期时间型。容器型元素没有数据类型	
编码修饰体系	对该元数据元素信息的表述应遵循的编码规则	
	标识	名称
值域	可以分配给元数据元素的值	
缺省值	该元数据元素的默认值	
子元素	该元数据元素具有的下属元素	
信息来源	元数据元素值的来源	
相关元素	与该元素有密切联系的元素	
注释	对元素的进一步说明	

(五) 电子会计档案的整理

1. 整理原则

电子会计档案的整理按照分类管理原则由财务管理系统分类装订成册。如凭证分为记账凭证和原始凭证两类，根据记账凭证所附原始凭证形式，在财务管理系统中又将记账凭证分为：记账凭证（财务管理系统中录入的记账凭证并附纸质原始凭证）、集成记账凭证（ERP系统中集成记账凭证并附纸质原始凭证）、集成电子凭证（财务管理系统中录入或ERP系统中集成记账凭证无原始凭证，或原始凭证全部电子化）；报表分为月报、季报、半年报、年报等；账簿分为总账、明细账、日记账等，按照不同的分类，确定不同的归档形式。

仅以电子形式归档：凭证为集成电子凭证；账簿为总账、明细账、日记账；报表为月度、季度、半年度财务会计报表。

仅以纸质形式归档：凭证为原始凭证；其他会计资料包括企业年度报告、固定资产卡片及其他辅助性账簿；银行存款余额调节表、银行对账单、发票存根联、纳税申报表、会计档案移交清册、会计档案保管清册、会计档案销毁清册、会计档案鉴定意见书及其他具有保存价值的会计资料。

既以电子形式又以纸质形式归档的：凭证为记账凭证、集成记账凭证；报表为年度报表。

2. 归档整理

（1）凭证的整理

①电子凭证的整理要求

会计凭证按月在线转换为PDF格式，系统按凭证号顺序排列，电子化打印过程中，ERP、司库、集中报销系统相关附件通过系统接口，与电子会计档案形成关联，作为记账凭证存档。具体关联关系如下：财务管理系统凭证编号对应ERP单据号；财务管理系统凭证编号对应司库付款单ID；财务管理系统凭证编号对应集中报销系统报销单号等。

每月电子会计凭证按照凭证首位码生成一册（凭证首位编码不同分别生成不同的册）；凭证装订后，通过系统审批，在封面自动加盖装订人、财务负责人、总会计师电子签名。

电子凭证的整理是在财务管理系统中分别对电子会计凭证和纸质会计凭证按月分卷进行成册操作。

②电子会计凭证成册

财务管理系统档案管理模块中提供会计凭证成册功能，用以记录会计凭证成册的凭证类型、会计期间、凭证范围、装订成册的描述信息等内容；每个月财务管理系统业务处理完成后，各单位财务人员使用【会计档案】→【档案管理】→【成册】→【电子会计凭证成册】功能完成会计凭证的电子存档和成册。

电子会计凭证成册的作用是对一个月内连续凭证编号的凭证装订成电子账册，账册中包含账册封皮、账册目录、会计凭证、原始凭证。凭证记账完成或者期间关闭后，可以启动成册申请流程。电子会计凭证成册前，需要先将凭证电子化打印并推送到 FileNet，查看电子化是否正确。一般情况下，相同期间、相同首位编号，只需要成册一册即可。电子会计凭证成册要求会计记账凭证连续完整，所有记账凭证都必须电子化。原始凭证是否完全电子化暂不做要求。

举例说明：新疆油田公司财务处，期间为 201707，首位编号（凭证类型）1801，一共有 1700 张凭证。在进行电子会计凭证成册时，无需按照以往纸质档案成册的厚度限制，可将全部电子会计凭证统一成为一册。

操作流程：档案成册申请→档案成册审批→结束。

操作步骤：

a 会计档案→档案管理→成册→电子会计凭证成册。

选择该功能后，系统界面见图 1-7：电子会计凭证图例。

图 1-7　电子会计凭证图例

本界面主要选择账册封皮的内容，选择要成册的凭证范围。

档案机构：根据当前登录的责任中心和档案机构对应责任中心推导。如果推导不出需要手工选择，档案机构必须是明细。

会计期间：要进行成册的凭证所在的会计期间。

凭证类型：要进行成册的凭证的凭证类型。

账册编号：手工输入。

账册名称：手工输入。

起凭证号：帮助出凭证账册的起凭证编号。已经电子会计凭证成册的凭证不能再次成册，保存时会提示错误。

止凭证号：帮助出凭证账册的止凭证编号。

【新单】：保存或提交后可以点击，单击后可以再次新建一个会计凭证账册，方便连续对多个凭证类型的凭证进行成册。

【编辑】：保存且未提交时可以点击，编辑后可修改单据。

【保存】：保存成册单据。保存时检查凭证范围内的凭证是否已经成册，已经成册的凭证不能再次成册。使用"档案机构对应责任中心"字典，检查起凭证编号和止凭证编号的制证单位与档案机构是否维护对应关系。

【打印】：使用此功能，系统界面见图 1-8：打印功能图例。[①]

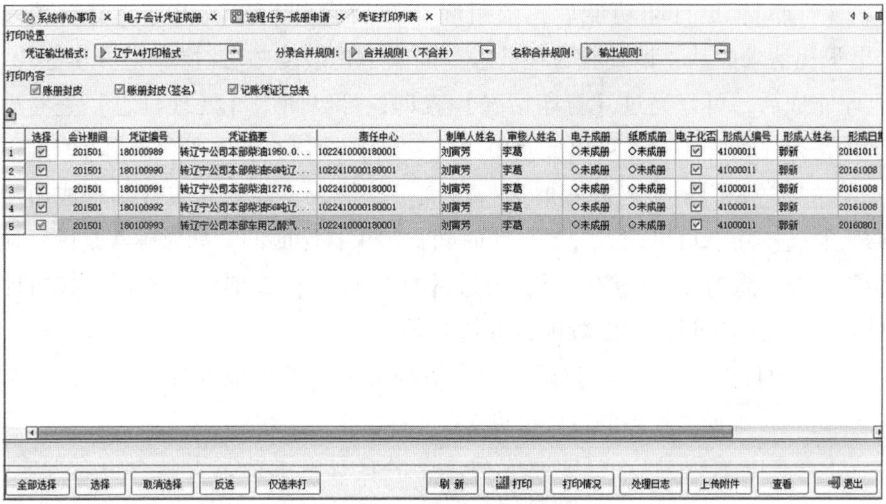

图 1-8　打印功能图例

---

① 系统中提到的打印为电子打印，非纸质打印。后文多次出现，不再重复解释。

该界面管理电子档案的打印、上传、查看等操作。可以打印封皮、目录、会计凭证、原始凭证、账簿和报表；可以上传原始凭证；可以查看会计凭证、原始凭证、报表的电子档案。

【凭证输出格式】：必须选择一个凭证打印格式。意义同"凭证打印"功能中的凭证输出格式。

【分录合并规则】：选择一个分录合并规则。意义同"凭证打印"功能中的分录合并规则。

【名称合并规则】：选择一个名称合并规则。意义同"凭证打印"功能中的名称合并规则。

【全部选择】：选择全部数据，不管是否电子化。

【取消选择】：全部取消选择。

【反选】：反向选择数据。

【仅选未打】：仅选择电子化否为0，即未电子化的凭证。

【仅选已打】：仅选择电子化否为1，即已电子化的凭证。主要用于重新打印已经修改的凭证。

【刷新】：使用打印功能后，系统开启线程打印并上传，上传完成后才会更新"电子化否"，点击刷新后可查看更新后的电子化状态。

【打印】：点打印功能后，调用服务器后台开始生成PDF。前台提示"电子化请求成功，请查看处理日志查询电子化进度"。此操作是异步操作，打印完成后，可以通过【打印情况】查询；可以使用【处理日志】查看电子化是否在正常进行；可以反复使用【刷新】按钮查看电子化到哪个凭证。

【打印情况】：对当前账册进行加锁，其他人不能修改或打印本成册单据。通过本功能可以查看开始打印时间，结束打印时间。如果确实是因为应用等问题导致打印无法继续时，通过【处理日志】查询已经不再生成打印日志了，可以通过此功能解锁，重新电子化。

【处理日志】：【打印】请求后，系统会不断的生成处理日志，记录封皮、凭证、账页、报表的打印进度。

【查看电子档案】：打印完成后，点击查看电子档案看是否符合要求。电子档案的非结构化信息都存储在FileNet中。查看时，实时从FileNet读取并显示。左侧第一个页签显示账册封皮和任意科目汇总表，系统界面见图1-9：凭证封面图例图和1-10：记账凭证汇总表图例。

图 1-9　凭证封面图例

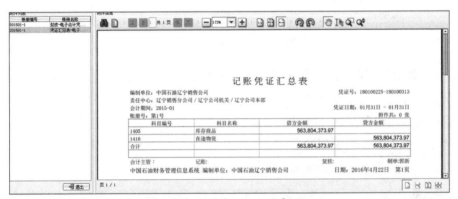

图 1-10　记账凭证汇总表图例

左侧第二个页签显示凭证列表，系统界面见图 1-11：凭证列表图例。

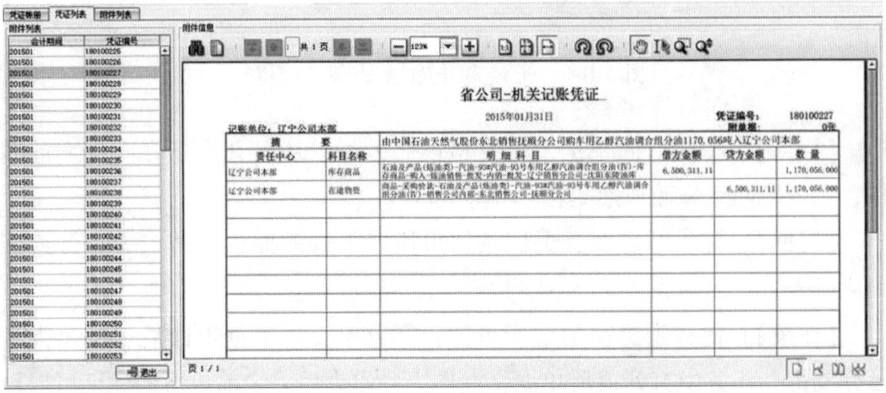

图 1-11　凭证列表图例

左侧第三个页签显示记账凭证对应的原始凭证，系统界面见图1-12：原始凭证图例。

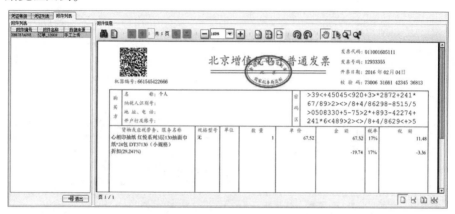

图1-12　原始凭证图例

【提交】：保存成册单据后，且账册封皮，账册目录，会计凭证，原始凭证全部电子化后可以提交给领导审核。同时更新凭证范围内的所有凭证为已成册。点击提交时，如果出现如图2.7的提示，说明流程节点没有配置指定审批人，需先使用"子流程配置"配置指定审批人。错误提示界面见图1-13：子流程未配置审批人图例。

图1-13　子流程未配置审批人图例

【取回】：提交后的单据发现有错误后，可以从已办中打开已提交的单据，点击取回后修改成册单据。

【退回】：审批节点时，退回按钮可用。不管前面多少节点，直接退回到成册人。

【作废】：保存未提交的成册单据，已经提交的单据退回后、制单人从已办或待办任务中打开成册单据，点作废。作废后，之前成册的凭证可以再次成册。流程审批完成后，如果单据有问题，使用【会计档案】→【档案管理】→【成册】→【账册作废】功能作废。

b 成册人提交后，审核人登录系统，如下图，在待办面板中双击打开成册人提交的单据，查看账册无误后，点击提交审批。没有审批的单据、即流程没有结束的单据，查阅时无法查阅。系统界面见图1-14：审核人审核图例。

图 1-14　审核人审核图例

从待办打开单据后，点击【查看电子档案】按钮可查看成册的档案信息，具体内容同打印后查看效果相同。

注意：如果系统待办事项中没有会计档案待办，如上图，单击工具栏中布局配置，勾选会计档案。

③纸质会计凭证成册

为方便区分查询电子化会计凭证与纸质化会计凭证，财务管理系统档案管理模块中单独提供了纸质化会计凭证成册功能，用以记录纸质化会计凭证成册的凭证类型、会计期间、凭证编号、装订成册的描述信息等内容。每个月财务管理系统业务处理完成后，各单位财务人员使用【会计档案】→【档案管理】→【成册】→【纸质会计凭证成册】功能完成线下纸质会计凭证账册的线上登记操作。

纸质会计凭证成册的作用是对存在纸质原始凭证的会计凭证进行成册，它们可能是不连续的。账册中包含账册封皮、账册目录、会计凭证、原始凭证。凭证记账完成或者期间关闭后，可以启动成册申请流程。纸质会计凭证成册前，需要先打印电子凭证。对于线下已经装订成册的凭证，在财务管理系统中使用"纸质会计凭证成册"功能，录入和线下一样的成册单据（包括册号、册名、年月、起止凭证号、凭证编号范围等），确保财务管理系统成册的纸质会计凭证与实体纸质会计凭证成册内容完全一致。

举例说明：辽宁销售公司财务处，期间为 201601，首位编号（凭证类型）1801，一共有 1 万张凭证，线下装订 1000 册，那么在系统中也录入 1000 个成册单据、月册号、年册号，每个账册的凭证个数同线下装订一样：

纸质凭证账册单据 ZZKJPZ00000001，凭证编号列表：180100001，180100002，180100003，180100004，180100005，180100006，180100007，180100008，180100009，180100010。账册编号：201601-1。

纸质凭证账册单据 ZZKJPZ00000002，凭证编号列表：180100011，180100012，180100013，180100014，180100015，180100016，180100017，180100018，180100019，180100020。账册编号：201601-2。

注：纸质会计凭证成册时，对成册范围内的会计凭证连续完整性不做要求；对于跨责任中心凭证允许多个账册同时成册。

操作流程：档案成册申请→档案成册审批→结束。

操作步骤：会计档案→档案管理→成册→纸质会计凭证成册。

a 选择该功能后，系统界面见图 1-15：纸质会计凭证成册图例。

图 1-15　纸质会计凭证成册图例

本界面主要选择账册封皮的内容，选择要成册的一个或多个凭证。

档案机构：根据当前登录的责任中心和档案机构对应责任中心推导。如果推导不出需要手工选择。档案机构必须是明细。

会计期间：要进行成册的凭证所在的会计期间。

凭证类型：要进行成册的凭证的凭证类型。

账册编号：手工输入。例如：

期间为 201601 第一个单据的账册编号：201601-1。

期间为 201601 第二个单据的账册编号：201601-2。

期间为 201601 第二个单据的账册编号：201601-3。

账册名称：手工输入。

月度总册数：如果能确定当月所有册数可以输入，可以为空。

月册号：当月第几册。

年册号：当年第几册。

➕：增加纸质凭证。

✖：删除纸质凭证。

【新单】：保存或提交后可以点击，单击后可以再次新建一个会计凭证账册，方便连续对多个凭证类型的凭证进行成册。

【编辑】：保存且未提交时可以点击，编辑后可修改单据。

【保存】：保存成册单据。保存时检查选择的凭证是否已经成册，已经成册的凭证不能再次成册。与电子会计凭证成册不冲突，电子会计凭证成册的凭证，可以纸质会计凭证成册。使用"档案机构对应责任中心"字典，检查凭证的制证单位与档案机构是否维护对应关系。

【打印】：点打印按钮，系统界面见图 1-16：打印功能图例。

图 1-16　打印功能图例

该界面管理电子档案的打印、上传、查看等操作。可以打印封皮、目录、会计凭证、原始凭证、账簿和报表；可以上传原始凭证；可以查看会计凭证、原始凭证、报表的电子档案，打印情况和处理日志。

【凭证输出格式】：必须选择一个凭证打印格式。意义同"凭证打印"功能中的凭证输出格式。

【分录合并规则】：选择一个分录合并规则。意义同"凭证打印"功能中的分录合并规则。

【名称合并规则】：选择一个名称合并规则。意义同"凭证打印"功能中的名称合并规则。

【全部选择】：选择全部数据，不管是否电子化。

【取消选择】：全部取消选择。

【反选】：反向选择数据。

【仅选未打】：仅选择电子化否为0，即未电子化的凭证。

【仅选已打】：仅选择电子化否为1，即已电子化的凭证。主要用于重新打印已经修改的凭证。

【刷新】：使用打印功能后，系统开启线程打印并上传，上传完成后才会更新"电子化否"，点击刷新后可查看更新后的电子化状态。

【打印】：点击打印功能后，调用服务器后台开始生成 PDF。前台提示"电子化请求成功，请查看处理日志查询电子化进度"。此操作是异步操作，打印完成后，可以通过【打印情况】查询。可以使用【处理日志】查看电子化是否在正常进行。也可以反复使用【刷新】按钮查看电子化到哪个凭证。

【打印情况】：对当前账册进行加锁，其他人不能修改或打印本成册单据。通过本功能可以查看开始打印时间，结束打印时间。如果确实是因为应用等问题导致打印无法继续时，通过【处理日志】查询已经不再生成打印日志了，可以通过此功能解锁，重新电子化。

【处理日志】：【打印】请求后，系统会不断的生成处理日志，记录封皮、凭证、账页、报表的打印进度。

【查看电子档案】：打印完成后，点击查看电子档案看是否符合要求。电子档案的非结构化信息都存储在 FileNet 中。查看时，实时从 FileNet 读取并显示。左侧第一个页签显示账册封皮、账册目录和任意科目汇总表，系统界面见图 1-17：凭证封面图例、图 1-18：凭证目录图例和图 1-19：记账凭证汇总表图例。

图 1-17　凭证封面图例

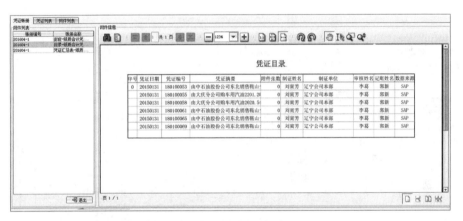

图 1-18　凭证目录图例

图 1-19　记账凭证汇总表图例

左侧第二个页签显示凭证列表，系统界面见图1-20：凭证列表图例。

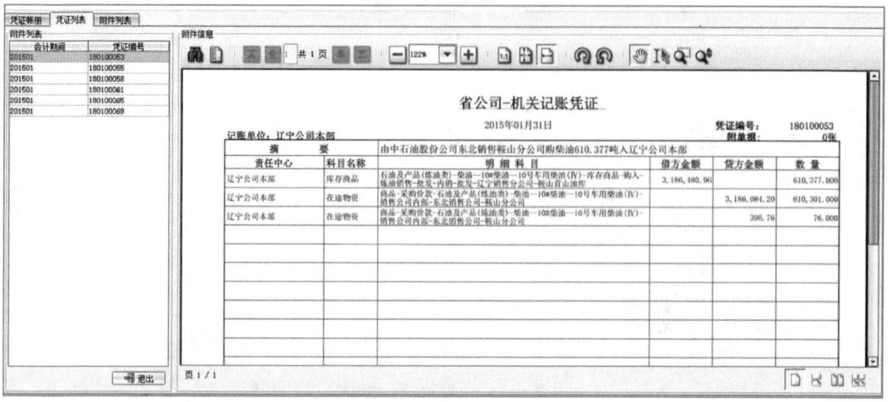

图 1-20　凭证列表图例

左侧第三个页签显示记账凭证对应的原始凭证，系统界面见图1-21：原始凭证图例。

图 1-21　原始凭证图例

【提交】：保存成册单据后，且账册封皮、账册目录、会计凭证、原始凭证全部电子化后可以提交给领导审核。同时更新选择的凭证为已成册。

【取回】：提交后的单据发现有错误后，可以从已办中打开已提交的单据，点击取回后修改成册单据。

【退回】：审批节点时，退回按钮可用。不管前面多少节点，直接退回到成册人。

【作废】：保存未提交的成册单据，已经提交的单据退回后、制单人从已办或待办任务中打开成册单据点作废。点击后，之前成册的凭证可以再次成册。流程审批完成后，如果单据有问题，使用【会计档案】→【档案管理】→【成册】→【账册作废】功能作废。

b 成册人提交后，审核人登录系统，如下图，在待办面板中双击打开成册人提交的单据，查看账册无误后，点击提交审批。没有审批的单据、即流程没有结束的单据，查阅时无法查阅。系统界面见图 1-22：审核人审核图例。

图 1-22　审核人审核图例

从待办打开单据后，点击【查看电子档案】按钮可查看成册的档案信息，具体内容同打印后查看效果一样。

注意：如果系统待办事项中没有会计档案待办，如上图，单击工具栏中布局配置，勾选会计档案。

④组件及件内件排序

即将来自不同系统的记账凭证、报销凭证等组成一件按时间先后进行排列。

⑤成册

电子会计凭证成册：财务管理系统提供两种成册方式：手工成册与自动成册；手工成册由财务人员在系统中填制电子会计成册申请，并完成会计账册中相应范围凭证的电子输出成 PDF 并进行电子化存储，经过相应领导审批后完成电子会计凭证成册；自动成册功能由系统根据各单位设置的成册自动任务时间，在到达任务时间点后，系统自动根据配置的成册方案完成相应会计凭证的在线转换输出一级成册操作。

⑥编号

电子会计凭证成册中，需编写月册号和年册号，月册号指按月度从 1 号起编号，年册号指按该年度 1 月第 1 本起编号，后续月份册号顺排，如：2017 年 1 月共 5 本凭证，2 月共 6 本凭证，2 月第 3 本凭证月册号为 3，年册号为 8。

（2）账簿的整理

①账簿的整理要求

每年年度终了，财务部门需要按照国家统一会计制度、集团公司的规定和会计业务的需要设置打印会计账簿并形成电子账册，会计账簿由封面、账簿启用、账页三部分组成。财务管理系统档案管理模块中提供会计电子账簿成册功能，记录会计账簿成册的单位、时间、会计科目、辅助核算以及成册的描述等信息。一个会计年度结束后，可以启动会计账簿成册申请流程，成册整个会计年度的账簿。财务人员在会计账簿成册时间内，使用"会计账簿成册"功能完成会计账簿成册操作。

会计账簿成册功能主要把当前年度发生的所有业务以账页的形式进行输出，装订成册。功能增加了个性化配置，每个档案机构每个责任中心在每个会计年度可以自己定义要成册哪些会计账簿。在个性化配置的前提下，从系统中查找发生业务的科目或辅助核算生成账页目录，然后进行账页电子化，在电子化的过程中生成成册单据，如果电子档案符合要求，提交给领导审批。

②成册

系统判断各个科目的发生额、余额，筛选账簿打印的科目范围。通过会计账簿中总账、日记账、明细三栏帐等各个类别，在线转换形成最明细级的会计科目账簿，装订时，加具账簿封皮和账簿启用页，系统自动提取相关信息。

操作流程：

会计账簿成册配置→会计账簿生成账页目录→打印电子账页→档案成册审批→结束。

操作步骤：

a 选择该功能后，系统界面见图 1-23：会计账簿成册图例。

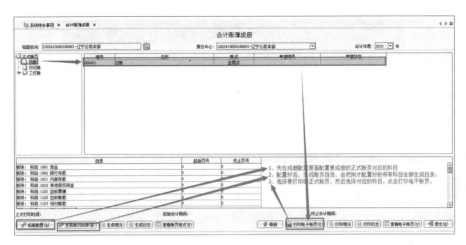

图 1-23 会计账簿成册图例

先在成册配置里面配置要成册的正式账页对应的科目；

生成账页目录，会把刚才配置好的所有科目全部生成目录；

选择要打印的正式账页，选择对应的科目。点击打印电子账页；

本界面完成个性化配置、生成账页目录、账页电子化操作。

【成册配置】：系统界面见图 1-24：会计账簿成册配置图例。

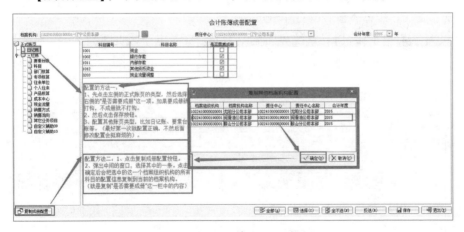

图 1-24 会计账簿成册配置图例

【打印电子账页】：选择账页类型和账页目录后，点【打印电子账页】按钮，系统开始打印封皮、目录和账页并自动生成成册单据。此操作是异步操作，打印完成后，可以通过【打印情况】查询。可以使用【打印日志】查看电子化是否在正常进行，系统提示界面见图 1-25：电子账页打印图例。

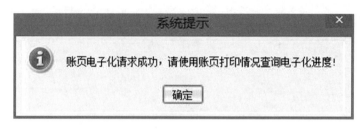

图 1-25　电子账页打印图例

【生成情况】：点击生成账页目录后，会记录生成的开始时间、结束时间、打印电脑的 IP 等信息。如果在生成过程中发生错误，需要重新生成，再次生成时会提示需要在"生成情况"中使用解锁功能进行解锁，所以解锁之后才能重新生成。

【生成日志】：记录生成账页目录过程中产生的日志。

【打印情况】：对当前账册进行加锁，其他人不能修改或打印本成册单据。通过本功能可以查看开始打印时间，结束打印时间。如果确实是因为应用等问题导致打印无法继续时，通过【打印日志】查询已经不再生成打印日志了，可以通过此功能解锁，重新电子化。

【打印日志】：【打印】请求后，系统会不断的生成处理日志，记录封皮、凭证、账页、报表的打印进度。

【查看电子账页】：系统界面见图 1-26：查看电子账页图例。

图 1-26　查看电子账页图例

档案机构：根据当前登录的责任中心和档案机构对应责任中心推导。如果推导不出需要手工选择。档案机构必须是明细。

会计期间：由于账簿成册时一般都比实际业务发生晚一年，因此当前日期的前六位作为会计期间。

账册类型：选择打印的是总账，日记账，还是三栏账。

账册编号：选择打印的格式编号。

账册名称：选择打印的格式名称。

责任中心编号：正式账页是在哪个责任中心下打印的。

责任中心名称：责任中心名称。

开始期间：正式账页打印的开始期间。

结束期间：正式账页打印的结束期间。

账册总页数：一共有多少账页。

【查看电子档案】：打印完成后，点击查看电子档案看是否符合要求。电子档案的非结构化信息都存储在 FileNet 中。查看时，实时从 FileNet 读取并显示。左侧第一个页签显示账簿封皮、账簿启用表和账簿目录，系统界面见图 1-27：会计账簿电子档案查看-账簿封皮图例、图 1-28：会计账簿电子档案查看-账簿启用表图例和图 1-29：会计账簿电子档案查看-账簿目录图例。

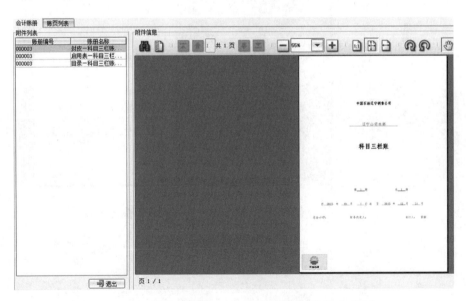

图 1-27　会计账簿电子档案查看-账簿封皮图例

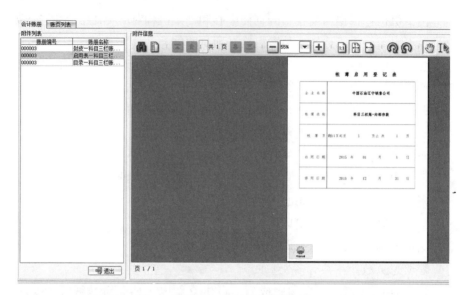

图 1-28   会计账簿电子档案查看–账簿启用表图例

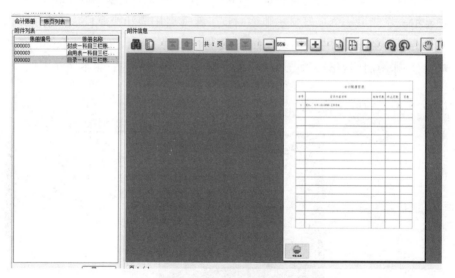

图 1-29   会计账簿电子档案查看–账簿目录图例

左侧第二个页签显示账页，系统界面见图 1-30：电子账页查看图例。

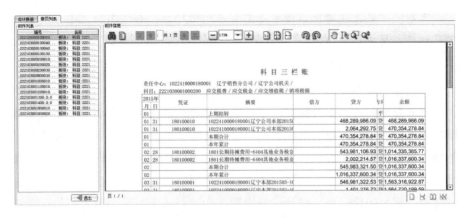

图 1-30 电子账页查看图例

【提交】：保存成册单据后，且账册封皮、账册目录、账页全部电子化后可以提交给领导审核。

【取回】：提交后的单据发现有错误后，可以从已办中打开已提交的单据，点击取回后修改成册单据。

【退回】：审批节点时，退回按钮可用。不管前面多少节点，直接退回到成册人。

【作废】：保存未提交的成册单据，已经提交的单据退回后、制单人从已办或待办任务中打开成册单据，点击作废。流程审批完成后，如果单据有问题，使用【会计档案】→【档案管理】→【成册】→【账册作废】功能作废。

b 成册人提交后，审核人登录系统，如下图，在待办面板中双击打开成册人提交的单据，查看账册无误后，点击提交审批。没有审批的单据、即流程没有结束的单据，查阅时无法查阅。系统界面见图 1-31：审核人审核图例。

<table>
<tr><td colspan="6">会计档案待办</td></tr>
<tr><td>时间</td><td>单位</td><td>任务信息</td><td>提交人</td><td>流程名称</td><td>操作</td></tr>
<tr><td>2016年04月13日 19:43:14</td><td>辽宁公司本部</td><td>查阅或完结</td><td>郭新</td><td>查阅档案申请流程</td><td>处理</td></tr>
<tr><td>2016年04月14日 17:46:09</td><td>辽宁公司本部</td><td>查阅或完结</td><td>郭新</td><td>查阅档案申请流程</td><td>处理</td></tr>
<tr><td>2016年04月13日 18:59:14</td><td>辽宁公司本部</td><td>查阅申请</td><td>郭新</td><td>查阅档案申请流程</td><td>处理</td></tr>
<tr><td>2016年04月13日 19:03:11</td><td>辽宁公司本部</td><td>查阅申请</td><td>郭新</td><td>查阅档案申请流程</td><td>处理</td></tr>
<tr><td>2016年04月13日 19:05:26</td><td>辽宁公司本部</td><td>查阅申请</td><td>郭新</td><td>查阅档案申请流程</td><td>处理</td></tr>
<tr><td>2016年04月13日 19:16:27</td><td>辽宁公司本部</td><td>查阅申请</td><td>郭新</td><td>查阅档案申请流程</td><td>处理</td></tr>
<tr><td>2016年04月13日 19:33:32</td><td>辽宁公司本部</td><td>查阅申请</td><td>郭新</td><td>查阅档案申请流程</td><td>处理</td></tr>
<tr><td>2016年04月13日 19:36:31</td><td>辽宁公司本部</td><td>查阅申请</td><td>郭新</td><td>查阅档案申请流程</td><td>处理</td></tr>
</table>

图 1-31 审核人审核图例

从待办打开单据后，点击【查看电子档案】按钮可查看成册的档案信息，具体内容同打印后查看效果一样。

注意：如果系统待办事项中没有会计档案待办，如上图，单击工具栏中布局配置，勾选会计档案。

（3）报表的整理

①报表的整理要求

财务管理系统档案管理模块中提供电子化财务报告成册功能，记录财务报告的单位、时间、报表等描述信息。财务报告成册是对各单位所形成的财务报告数据提供电子成册，财务报告分为月度、季度、年度财务报告，包括财务报表、附表、附注及文字说明等。每个财务结账日结束后，报表计算完成或者期间关闭后，可以启动成册申请流程。财务人员完成财务报告成册操作，财务报告成册支持一次性对所有财务报告信息进行成册，也可以根据实际管理要求按照报告类别分别进行成册。财务报告成册时系统同时将选择成册的财务报告进行在线转换输出 PDF 并进行电子化存储。每月通过系统在线转换形成财务报表，根据报表性质，系统自动生成报表封皮和目录，并通过表内数据判断，在目录备注栏中标明是否为"空表"。每个档案机构，根据当前期间不同，点击批量增加，自动形成报表架构与月报表或季报表的组合。

②分卷

操作流程：档案成册申请→档案成册审批→结束

操作步骤：

a 选择该功能后，系统界面见图 1-32：财务报告成册图例。

图 1-32　财务报告成册图例

本界面主要选择封皮的内容，选择要成册的财务报表。

档案机构：根据当前登录的责任中心和档案机构对应责任中心推导。如果推导不出需要手工选择，档案机构必须是明细。

会计期间：要进行成册的财务报表所在的会计期间。

册编号：手工输入。例如：

期间为 201601 第一个单据的册编号：201601-1。

期间为 201601 第二个单据的册编号：201601-2。

期间为 201601 第二个单据的册编号：201601-3。

册名称：手工输入。

🕂：增加财务报表。弹出类似报表资源管理器的界面，根据"档案机构对应报表架构"字典，显示已经配置对应关系的报表架构、以及报表架构对应报表编号。报表编号可以多选进行成册。

📝：批量增加按钮增加分录的方法有两种，系统界面见图 1-33：增加分录图例。

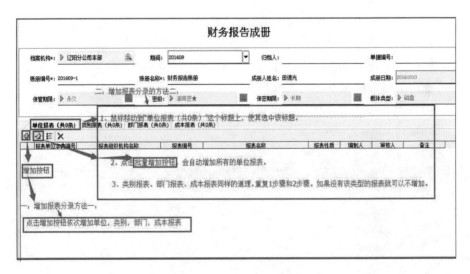

图 1-33　增加分录图例

📋：批量修改按钮，系统界面见图 1-34：批量修改图例。

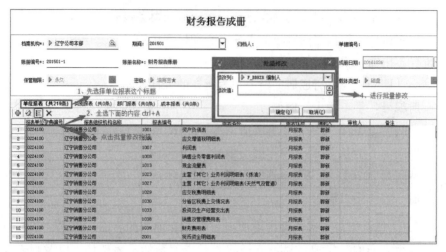

图 1-34　批量修改图例

：删除财务报表。

【新单】：保存或提交后可以点击，单击后可以再次新建一个财务报告账册，方便连续对多个财务报表进行成册。

【编辑】：保存且未提交时可以点击，编辑后可修改单据。

【保存】：保存成册单据。保存时检查选择的财务报表是否已经成册，已经成册的财务报表不能再次成册。

【打印】：点击打印按钮，系统界面见图 1-35：打印功能图例：

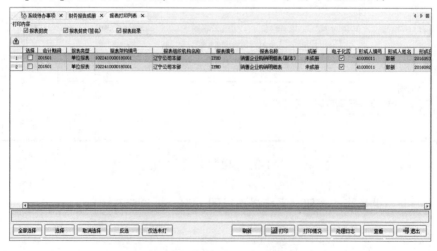

图 1-35　打印功能图例

该界面管理电子档案的打印、上传、查看等操作，可以打印封皮、目录、财务报表；可以上传原始凭证；可以查看报表的电子档案。

【全部选择】：选择全部数据，不管是否电子化。

【取消选择】：全部取消选择。

【反选】：反向选择数据。

【仅选未打】：仅选择电子化否为 0，即未电子化的财务报表。

【仅选已打】：仅选择电子化否为 1，即已电子化的财务报表。主要用于重新打印已经修改的财务报表。

【刷新】：使用打印功能后，系统开启线程打印并上传，上传完成后才会更新"电子化否"，点击刷新后可查看更新的电子化状态。

【打印】：点击打印功能后，调用服务器后台开始生成 PDF。前台提示"电子化请求成功，请查看处理日志查询电子化进度"。此操作是异步操作，打印完成后，可以通过【打印情况】查询；可以使用【处理日志】查看电子化是否在正常进行；可以反复使用【刷新】按钮查看电子化到哪个凭证。

【打印情况】：对当前册进行加锁，其他人不能修改或打印本成册单据。通过本功能可以查看开始打印时间，结束打印时间。如果确实是因为应用等问题导致打印无法继续时，通过【处理日志】查询已经不再生成打印日志了，可以通过此功能解锁，重新电子化。

【处理日志】：【打印】请求后，系统会不断的生成处理日志，记录封皮、凭证、账页、报表的打印进度。

【查看电子档案】：打印完成后，点击查看电子档案看是否符合要求。电子档案的非结构化信息都存储在 FileNet 中。查看时，实时从 FileNet 读取并显示。左侧第一个页签显示册封皮和册目录，系统界面见图 1-36：册目录封皮图例、图 1-37：册目录报表目录图例和图 1-38：财务报告列表图例。

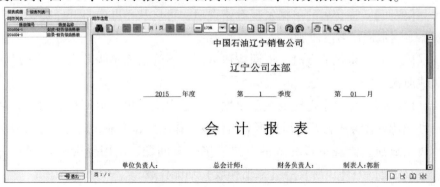

图 1-36　账册目录封皮图例

图 1-37　账册目录报表目录图例

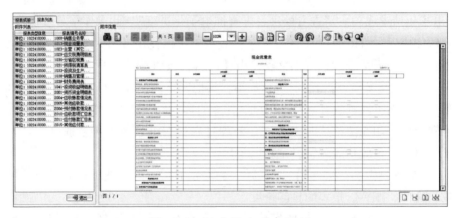

图 1-38　财务报告列表图例

【提交】：保存成册单据后，且册封皮，册目录，财务报表全部电子化后可以提交给领导审核。同时更新选择的财务报表为已成册。

【取回】：提交后的单据发现有错误后，可以从已办中打开已提交的单据，点击取回后修改成册单据。

【退回】：审批节点时，退回按钮可用。不管前面多少节点，直接退回到成册人。

【作废】：保存未提交的成册单据，已经提交的单据退回后、制单人从已办或待办任务中打开成册单据点击作废。作废后，之前成册的财务报表可以再次成册。流程审批完成后，如果单据有问题，使用【会计档案】→【档案管理】→【成册】→【账册作废】功能作废。

　　b 成册人提交后，审核人登录系统，在待办面板中双击打开成册人提交的单据，查看账册无误后，点击提交审批。没有审批的单据、即流程没有结束的单据，查阅时无法查阅，系统界面见图 1-39：审核人审核图例。

图 1-39　审核人审核图例

　　从待办打开单据后，点击【查看电子档案】按钮可查看成册的档案信息，具体内容同打印后查看效果一样。

　　注意：如果系统待办事项中没有会计档案待办，单击工具栏中布局配置，勾选会计档案。

3. 系统移交

　　移交档案部门保管的会计档案，根据会计档案管理模块中的电子会计凭证类、纸质会计凭证类、会计账簿类、财务报告类的分类，选取应归档的会计档案并由模块生成会计档案移交清册（会计档案移交申请单），并按会计档案管理的有关规定办理移交手续。

　　电子会计档案移交时将电子会计档案及其元数据一并移交，且文件格式符合国家档案管理的有关规定，特殊格式的电子会计档案与其读取平台一并移交；档案部门接收电子会计档案时对电子会计档案的准确性、完整性、可用性、安全性进行检测，符合要求的才能接收。

4. 电子会计档案的整理

　　（1）系统配置

　　①组织机构完善

　　如电子档案管理系统中无财务归档部门，则电子档案管理系统系统管理员需要维护财务归档部门。如财务归档部门已存在，则不需要进行此工作，系统界面见图 1-40：电子档案管理系统主界面图例。

图 1-40　电子档案管理系统主界面图例

②组织机构映射

在电子档案管理系统中选中需映射的组织机构，将财务管理系统中的档案机构代码粘贴在"外部系统机构 Key"栏位，新增即可。下图是财务系统与电子档案管理系统的组织机构映射，系统界面见图 1-41：组织机构映射图例。

图 1-41　组织机构映射图例

③人员配置

如电子档案管理系统中财务归档部门下无归档人员，则档案管理系统系统管理员需要在财务归档部门下维护归档人员。如归档人员已存在，则不需要进行此工作。

④档案类别及归档阶段配置

应用管理员需在个性化配置–外部系统档案接收设置中对接收的档案类别和归档阶段进行配置，需将会计凭证、会计账簿、财务报告、其他四个子类都做配置，系统界面见图1-42：档案类别及归档阶段配置图例。

图 1-42　档案类别及归档阶段配置图例

⑤著录项配置

各单位电子档案管理系统业务管理员需要在会计凭证下添加"凭证号"著录项，电子凭证附件数量、附件大小、附件格式三个专有著录项已由档案项目组完成添加，各单位可直接使用，系统界面见图1-43：著录项配置图例。

图 1-43　著录项配置图例

（2）归档接收

①数据展示

由财务管理系统自动流转至电子档案管理系统的档案条目会显示在收集整理–归档整理下，系统界面见图1-44：接收数据展示图例。

图 1-44　接收数据展示图例

②条目信息检查

归档人员需要对元数据信息进行检查，检查著录项是否正确、电子附件是否正确挂接。在检查时，要对卷和卷内件的信息都进行检查，首先在上图中点击卷编辑按钮，系统界面见图 1-45：卷详情图例。

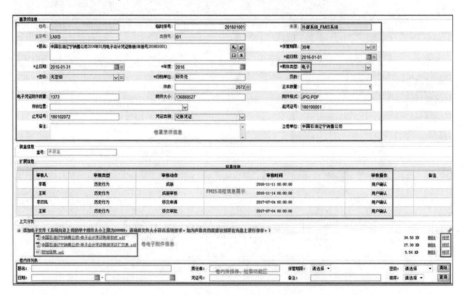

图 1-45　卷详情图例

在卷详情界面检查卷著录项信息以及卷电子附件，发现错误后可及时修改。

题名：一般由责任者、内容和文件材料名称组成，会计凭证应写明年月，会计账簿应写明年份，财务报告应写明月或年份。

保管期限：填写档案划定的存留年限。

立卷单位：责任中心。

载体类型：电子档案载体为无实体，在系统著录项中显示"无"。

检查电子附件时，应检查附件格式是否符合标准规范要求，不符合规范要求的电子附件无法进行后期利用，不允许进入电子档案管理系统。附件的命名是否正确，附件命名应杜绝简化命名，比如用数字命名（1、2、3...）或者简称加数字（附件1、附件2...）。如图所示可使用"预览"功能浏览附件内容。

其中"附加信息.xml"为卷条目的背景信息文件，其内容包括：题名、立卷单位、起止凭证号等著录项信息和数据源信息系统、系统开发商，以及该册凭证从成册审核到成册最后到归档的过程信息，并且所有信息经过数字签名，证明其凭证性作用。

卷信息确认无误后，即可按照凭证号对所含卷内件凭证进行排序并保存排序结果，系统界面见图1-46：卷内件展示图例。

图1-46　卷内件展示图例

对卷内件凭证信息进行检查，在卷内件详情界面检查卷内件著录项信息以及电子附件（其中"附加信息.xml"为卷内件凭证条目的背景信息文件，其内容包括：题名、立卷单位、起止凭证号等著录项信息和数据源信息系统、系统开发商，以及该册凭证从成册审核到成册最后到归档的过程信息，并且所有信息经过数字签名，证明其凭证性作用），发现错误及时修改并保存，系统界面见图 1-47：卷内件详情图例。

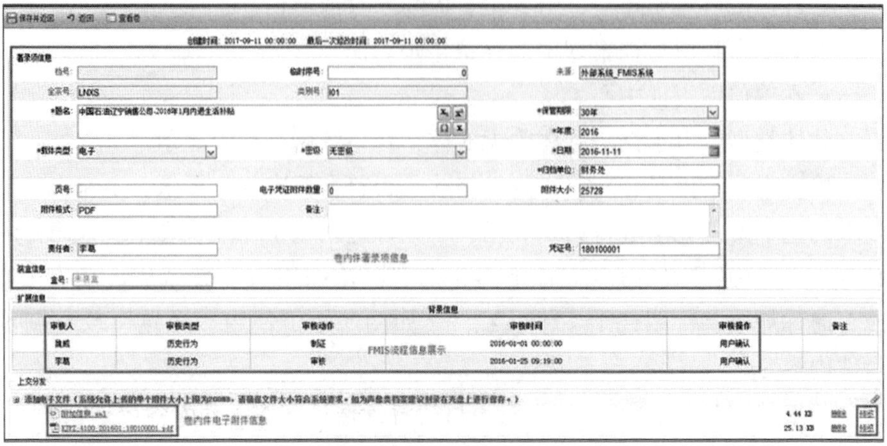

图 1-47 卷内件详情图例

若无错误可直接关闭卷内件详情界面。待检查工作做完后，必须保存卷详情界面，系统界面见图 1-48：数据检查完毕保存图例。

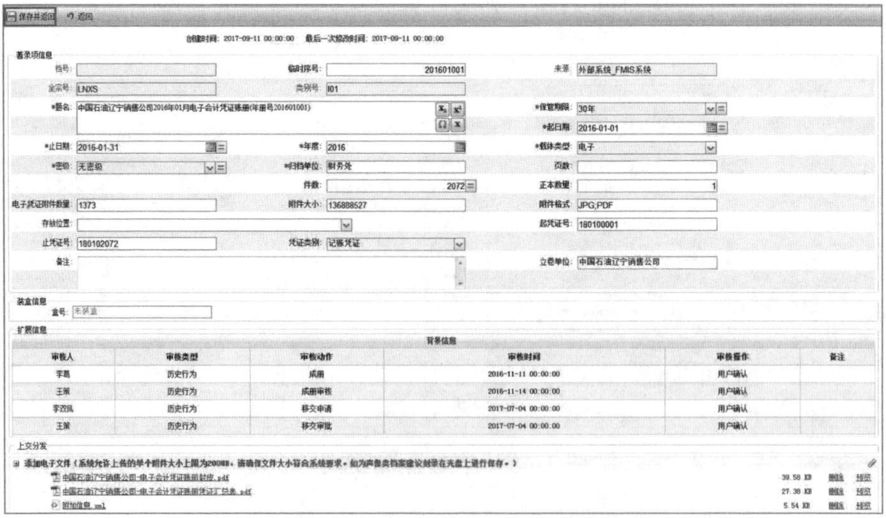

图 1-48 数据检查完毕保存图例

（3）生成档号

归档人员检查条目信息确认无误后，需要为条目生成档号，系统界面见图 1-49：生成档号图例。

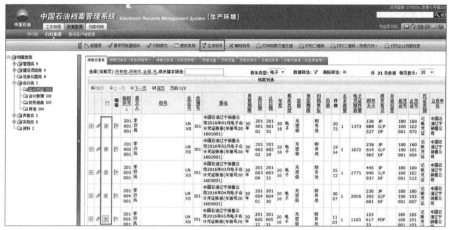

图 1-49　生成档号图例

在上图中临时序号取自数据流转时的时间顺序，如果临时序号需要修改，点击卷详情进行修改，修改后保存即可。条目顺序排好后，点击"生成档号"进入档号生成界面，系统界面见图1-50：生成档号图例。

图 1-50　生成档号图例

在上图中点击"临时序号"条目会按照临时序号升序排列，再次点击会降序排列。条目顺序调整好后，定义起始流水号或者选择空余档号区间，确定本批次条目起始档号。起始档号确定后，点击"生成档号"即可。

注：实体档案档号编制规则与电子档案档号编制规则相同，保管号使用同一流水规则。

（4）归档移交

归档人员确认移交档案的相关信息，根据归档时间及要求，完成档案归档移交工作。同时针对移交的档案，在系统中打印交接文据及企业档案目录。档案部门人员根据系统中移交过来的档案对照交接文据及企业档案目录进行完整性、可用性检查，确认无误后，移交人、接收人、部门负责人签字确认，加盖部门章，由档案部门统一存档，完成交接工作，见图1-51：档案交接文据图例和图1-52：企业档案目录图例。

档 案 交 接 文 据

档案类别：会计类-会计凭证						
交接原因：归档 ☑ 产权变更 □ 上、汇交 □			档案所属年度：2016年1月至2016年12月			
纸质档案			特殊载体档案			
档案数量（卷/件）：永久： 长期：			照片：0 磁带：0 磁盘：0 光盘：0			
短期：			底图：0 岩心：0 岩屑：0 无实体：0			
			胶片：0 其他：0			
正本： 副本： 合计：			正本数量：9 副本数量：0 合计：0			
总份数：0			电子文件数量：27138			
附：企业档案目录 1页						
交接说明：						
确认人：			交接时间： 年 月 日			
移交人： 移交单位（公章）：		审核人： 审核单位（公章）：		接收人： 接收单位（公章）：		

图 1-51　档案交接文据图例

企 业 档 案 目 录

第 1 页

序号	题　名	档号	文件编号	份数	页数	责任者	日期	密级	保管期限	电子文件数	备注
1	201606-3-电子会计凭证账册	LNXS.6-I01-2016-0364	075100001~075108005		1	财务部	20160601~20160631	普通商密	30年	13584	卷
2	201607-1-电子会计凭证账册	LNXS.6-I01-2016-0363	070100001~070105997		1	财务部	20160701~20160731	普通商密	30年	1824	卷
3	201606-2-电子会计凭证账册	LNXS.6-I01-2016-0362	070600001~070600077		1	财务部	20160601~20160631	普通商密	30年	105	卷
4	201605-2-电子会计凭证账册	LNXS.6-I01-2016-0361	070600001~070600085		1	财务部	20160501~20160531	普通商密	30年	95	卷
5	201605-1-电子会计凭证账册	LNXS.6-I01-2016-0360	070100001~070105412		1	财务部	20160501~20160531	普通商密	30年	6022	卷
6	201604-2-电子会计凭证账册	LNXS.6-I01-2016-0359	070600001~070600856		1	财务部	20160401~20160431	普通商密	30年	1523	卷
7	201603-2-电子会计凭证账册	LNXS.6-I01-2016-0358	070600001~070600899		1	财务部	20160301~20160331	普通商密	30年	1542	卷
8	201602-2-电子会计凭证账册	LNXS.6-I01-2016-0357	070600001~070600745		1	财务部	20160201~20160231	普通商密	30年	1239	卷
9	201601-2-电子会计凭证账册	LNXS.6-I01-2016-0356	070600001~070600685		1	财务部	20160101~20160131	普通商密	30年	1506	卷

图 1-52　企业档案目录图例

注：电子档案管理系统正在进行相关功能完善，下一步针对电子会计档案移交取消交接文据及企档目录的打印，实现线上交接手续。

（5）归档办结

档案部门人员在系统收集整理–档案整理下完成归档办结工作，系统界面见图1-53：归档办结图例。

图1-53 归档办结图例

（6）注意事项：

通过接口进入电子档案管理系统的电子会计档案检查时注意档案卷、卷内件的著录信息是否完整、规范，如凭证题名编制等，并对卷及卷内件的附件命名、格式进行检查，并随机抽取条目对卷及卷内件挂接的附件进行打开检查，确认内容的有效性；注意生成档号时，进入档号生成界面后再用临时序号进行排序。

（六）电子会计档案的利用

电子会计档案的利用主要体现为档案借阅人员、档案借阅办理人员能够通过系统简单、高效、合法、合规实现档案的借阅、归还。

1. 档案借阅角色及任务设置

见表1-16：借阅角色配置表。

表 1-16　借阅角色配置表

角色	任务	描述
借阅用户	提交借阅申请	填写并提交借阅申请单
借阅人部门审核人	借阅审核	对借阅人提交的借阅申请单进行审核
财务部门审核人	借阅审核	对借阅人提交的借阅申请单进行审核
档案管理部门审核人	借阅审核借阅办理	对借阅人提交的借阅申请单进行审核实体借阅办理和借阅管理

2. 借阅流程

见图 1-54：借阅流程图。

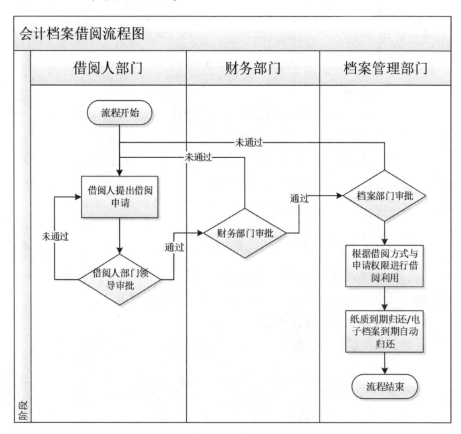

图 1-54　借阅流程图

3. 借阅方式及申请权限

借阅方式：实体档案借阅、电子档案借阅

申请权限（实体档案）：正本借阅、副本借阅、查阅、复制

申请权限（电子档案）：打印、拷贝

4. 系统借阅

借阅用户在电子档案管理系统中进入借阅申请界面；查找并添加要借阅的会计档案，完成借阅单填写，并提交审核；借阅人所在部门领导对本次借阅进行审核，同意后转财务部门；财务部门进行审核，同意后转档案部门；档案部门进行审核，同意后做档案借出工作；如果是实体档案，到期后在系统中完成归还，并同时完成实体档案的归还；如果是电子借阅的档案，借阅到期会自动归还。

5. 直接借阅

针对外部人员档案借阅，借阅审批在线下完成后，档案管理人员在电子档案管理系统中办理借阅时，选择外部员工填写借阅人相关信息进行借阅办理；也可通过档案管理系统打印空白借阅单，借阅人填写《档案利用登记表》，写明利用者、利用单位、利用事由、利用证件、联系方式、利用方式（电子、纸质、特殊载体、查阅、借阅、复制）、利用档案档号及题名，使用线下审批方式进行审批，审批完成后档案管理人员对实体档案做借阅处理。

原则上实体会计档案不允许借出，如必须借出，应由会计机构负责人，会计机构负责领导审批同意；外部利用时还应由企法处负责人审批。审批后由至少一名会计机构人员陪同。

（七）电子会计档案的鉴定

1. 档案鉴定与销毁角色及任务设置

见表1-17：鉴定与销毁角色及任务设置表。

表1-17　鉴定与销毁角色及任务设置表

角色	任务	描述
档案管理人员	生成鉴定清册、提交鉴定申请	筛选需鉴定档案，生成鉴定清册并提交鉴定申请
鉴定小组	档案鉴定	鉴定小组对需鉴定档案进行鉴定
鉴定委员会	鉴定报告审批	对鉴定小组形成的鉴定报告进行审批

2. 鉴定、销毁流程图

见图 1-55：鉴定、销毁流程图。

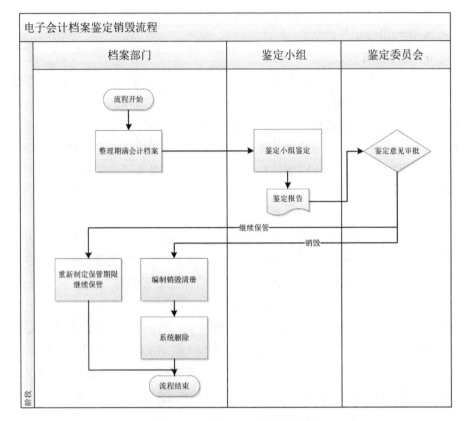

图 1-55　鉴定、销毁流程图

3. 档案鉴定及处理

用户可在电子档案管理系统中对已到保管期限的会计档案进行鉴定，并形成会计档案鉴定意见书。经鉴定，仍需继续保存的会计档案，将重新划定保管期限；对保管期满，确无保存价值的会计档案，可以销毁。

具体流程如下：

由档案主管部门负责组织，根据会计档案保管期限（保密期限），对已到和超过保管期限（或者需要调整密级）的档案，在电子档案管理系统中启动鉴定流程，生成清册的同时，由鉴定小组对鉴定清册档案进行鉴定，并形成鉴定报告；鉴定委员会对鉴定报告进行审批；如果鉴定结果为继续保存，则由档案管理人员调整保管期限（保密期限）继续保存；如果鉴定结果为销毁，则由单位档案机构会同会计机构编制会计档案销毁清册，各相关部门负责人签署意见按照有关规定对实体会计档案进行销毁，同时电子档案管理系统中做删除处理。保管期满但未结清的债权债务会计凭证和涉及其他未了事项的会计凭证不得销毁，纸质会计档案单独抽出立卷，电子会计档案单独转存，保管到未了事项完结时为止。单独抽出立卷或转存的会计档案，在会计档案鉴定意见书、会计档案销毁清册和会计档案保管清册中列明。

（八）电子会计档案的四性检测

财务管理系统中的待归档会计电子文件及其元数据，按 2015 年新《会计档案管理办法》在财务管理系统中保存一年后需归档到电子档案管理系统，并且实现在线自动归档。

通过自动归档接口在两个系统之间进行数据迁移，并将面对窃听、篡改、数据丢失等一系列影响归档会计电子文件凭证性的问题。为有效解决上述问题，需要双方系统开发实现统一的、必要的软件功能模块，在自动归档过程中的捕获、迁移、接收等三个阶段，实现归档电子文件凭证性的保障，见图 1-56：传输过程"四性"保障。

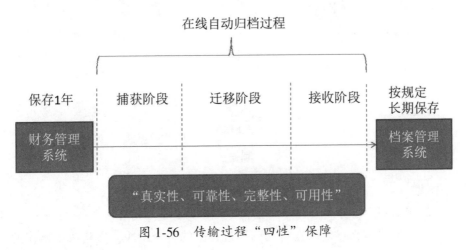

图 1-56　传输过程"四性"保障

具体需求主要有以下两个方面：

对待归档的电子会计文件及其元数据的真实性、可靠性、完整性、可用性进行检测，防止存在瑕疵的电子文件归档；

将封装好的归档数据包传输至指定的位置，传输过程中归档数据包信息不丢失、不被非法更改。

根据业务需求，为保障归入电子档案管理系统的归档电子会计文件及其元数据的凭证性，主要通过保障其在捕获、迁移、接收等三个阶段的真实性、可靠性、完整性、可用性来实现。包括形成等其他阶段的凭证性保障内容不在本技术方案中。

1. 真实性

（1）需求定义：确认归入电子档案管理系统的电子文件内容和结构、背景信息、元数据等（以下简称归档数据）与在财务管理系统中保存的状况一致。

（2）需求分析：在自动归档过程中，面临影响归档数据真实性的风险见图1-57：归档过程中真实性风险分析。在归档数据捕获、迁移、接收三个阶段，如果归档数据以明文进行处理，那么时刻面临被黑客入侵，窃听数据内容，篡改数据的风险。即使归档数据进行了加密，如果密钥泄露，黑客可以解密数据，并在篡改后重新加密发送到电子档案管理系统。

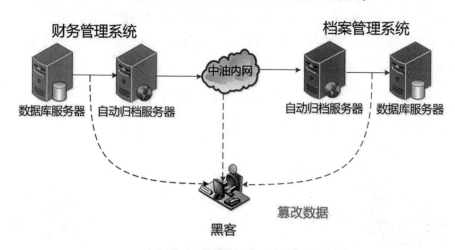

图 1-57　归档过程中真实性风险分析

2. 可靠性

（1）需求定义：确保在自动归档过程中的各个阶段，参与数据操作的各方身份的合法性。

（2）需求分析：在自动归档过程中，面临影响归档数据可靠性的风险见图1-58：归档过程中可靠性风险分析。在归档数据在线迁移过程中黑客通过各种技术手段假冒发送方或接收方归档服务器，可以伪装成财务管理系统或电子档案管理系统，发送虚假数据，偷取真实数据，在线自动归档过程的参与方身份不再可靠，使整个在线自动归档接口不可靠。

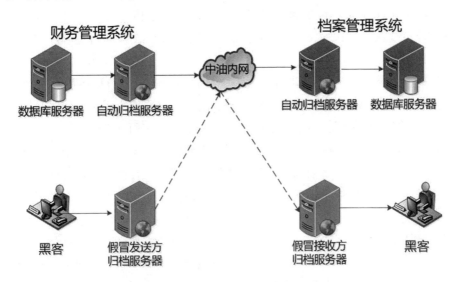

图 1-58 归档过程中可靠性风险分析

3. 完整性

（1）需求定义：在自动归档过程中的各阶段，归档数据均无缺损。

（2）需求分析：在自动归档过程中，面临影响归档数据完整性的风险见图 1-59：归档过程中完整性风险分析。归档数据在捕获、迁移、接收过程中，如果出现接口支持软件、硬件、网络、人为操作失误等故障，均有可能造成归档数据的缺损，但是整个在线迁移过程中的参与方均没有识别数据已经发生缺损，最终导致不完整的数据被长期保存，从而在后期利用时造成不可挽回的损失。

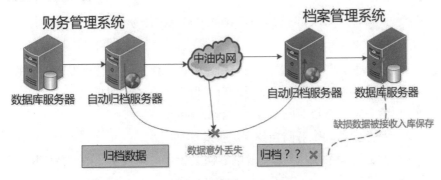

图 1-59 归档过程中完整性风险分析

4. 可用性

（1）需求定义：对于通过在线自动归档接口迁移的归档数据，需要保证在经过捕获、迁移、接收等操作后，归档数据应始终具备可理解性和可被利用性。

（2）需求分析：在自动归档过程中，面临影响归档数据可用性的风险见图1-60：归档过程中可用性风险分析。通过网络在双方系统中传输归档数据，与纸质文件不同，电子化的归档数据在不同的应用环境中将以不同形式存在。在财务管理系统自动归档服务器，需要完成封装、加密等处理，这时的归档数据的可用性将限制在自动归档接口协议内。在网络传输过程中，归档数据的可用性将缩小为网络数据包，只能被网络浏览器识别。在电子档案管理系统自动归档服务器，变化后的归档数据将完成一系列逆向的还原处理，已恢复可理解、可被利用的形态。如果在封装、加密、网络打包、还原等操作出现异常，都将造成归档数据的形态没有正常还原，从而后期利用时将出现无法理解和被利用的损失，并且该损失不可挽回。

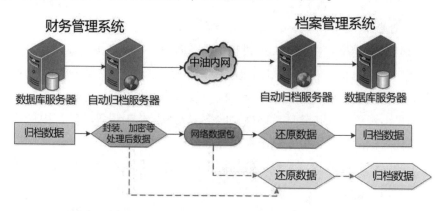

图 1-60　归档过程中可用性风险分析

5. 保障方案的实现机制

从财务管理系统完成一次自动归档过程为实例来说明整个保障方案的实现过程，主要包括9个步骤，见图1-61：保障方案的实现机制。

（1）财务管理系统对归档数据进行数字签名；

（2）财务管理系统对归档数据进行对称加密；

（3）财务管理系统从 CA 获取电子档案管理系统数字证书，并使用电子档案管理系统公钥对加密密钥进行加密；

（4）财务管理系统将数字签名、归档数据密文、密钥密文、数字证书发送给电子档案管理系统；

（5）电子档案管理系统使用私钥对密钥密文进行解密，得到归档数据的加密密钥；

（6）电子档案管理系统对归档数据密文解密，得到归档数据明文；

（7）电子档案管理系统向 CA 验证财务管理系统发送的证书的合法性；

（8）电子档案管理系统使用财务管理系统私钥对归档数据的数字签名进行验证；

（9）电子档案管理系统接收归档数据，入库保存。

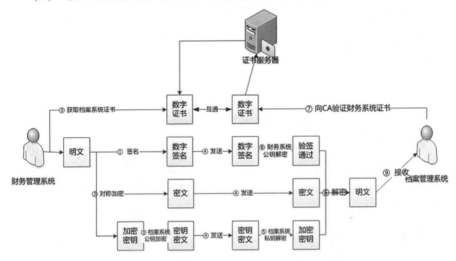

图 1-61　保障方案的实现机制

6. 方案设计

归档电子文件凭证性保障方案，基本框架主要是基于 PKI 体系实现。电子档案管理系统、财务管理系统均向中国石油的 CA 中心申请数字证书，并在双方接口服务中实现服务控制、加密、认证、网络访问控制等模块，见图 1-62：电子文件凭证性保障方案。

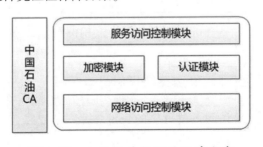

图 1-62　电子文件凭证性保障方案

（1）加密模块：

该模块主要通过加密提高数据传输过程中的保密性，防止数据在传输过程中被窃取。实现流程是财务管理系统使用 DES 算法对归档电子文件数据在传输前进行加密，加密密钥使用电子档案管理系统发布 RSA 公钥进行加密后传输。电子档案管理系统使用 RSA 私钥对数据加密密钥进行解密，然后通过该密钥对数据进行解密，然后完成后续入库操作。

（2）服务访问控制模块：

该模块主要防止非授权用户非法访问接口服务及服务方法。实现流程是在每次系统自动归档操作前，财务管理系统发起的归档请求消息体的 SOAP Header 中附加加密的账户和密码，电子档案管理系统基于现有的用户访问权限给此次会话赋予访问 Token Authentication，授权的有效时间为 30 分钟，超时需要重新进行身份鉴别。

（3）认证模块：

该模块主要目的是验证数据发送方是否为合法的来源，即对发送方身份是否为财务管理系统进行验证，保证来源可靠，同时防止数据在传输过程中被篡改。实现流程是通过数字签名来进行认证，即财务管理系统使用 SHA1 对数据进行摘要，并用其 RSA 私钥进行加密。电子档案管理系统获取到数据后，使用财务管理系统 RSA 公钥进行解密，使用发送来的 SHA1 摘要信息与对原始文件使用 SHA1 重新计算后的摘要信息进行比对，验证数据完整性、可靠性。

（4）网络访问控制模块：

该模块主要目的是对整个归档操作的数据传输的网络路径在电子档案管理系统和财务管理系统中均建立"白名单"，严格限制"白名单"外的其他网络访问。

7. 检测指标

见表 1-18："四性"检测具体落实方案表。

表 1-18　"四性"检测具体落实方案表

检测内容	标准规范要求	检测对象	操作环节	操作方式
对归档源系统进行准入，保存源系统名称、服务器 IP、数字证书等固化信息	建立对电子档案及文件的安全控制机制，应完善操作、管理、访问人员可靠的身份识别与权限控制体系	归档源系统	归档环节—全部检测	自动

检测内容	标准规范要求	检测对象	操作环节	操作方式
按照元数据定义检测电子档案目录信息是否符合档案著录规则要求的数据类型、长度、格式和值域，目录信息内容是否合理	检测电子档案目录信息是否符合档案著录规则要求的数据类型、长度、格式和值域，目录信息内容是否合理等，电子文件及其元数据的形成、收集和归档符合制度要求	档案数据	归档环节—全部检测	自动
检测电子档案内容与目录信息是否关联，电子档案元数据和目录信息标注是否一致	检测电子档案内容与目录信息是否关联，电子档案元数据和目录信息标注是否一致	档案数据	归档环节—全部检测	自动
对系统中能够验证是否加密的文件格式自动验证	加密的电子文件归档时应解密，必须加密归档的电子文件应与其解密软件和说明文件一并归档	档案数据	归档环节—全部检测	自动
外部系统对归档数据进行封装，对每一个电子原文进行数字签名，通过接口传输到非结构化数据存储中心；对条目元数据封装到 XML 文件中，对 XML 文件进行数字签名，通过接口传输到非结构化数据存储中心；在归档接收时进行数字签名验签	所有传输的文件均进行数字签名与验签，确保数据真实性；外部系统对归档数据进行封装，对每一个电子原文进行数字签名，通过接口传输到非结构化数据存储中心；对条目元数据封装到 XML 文件中，对 XML 文件进行数字签名，通过接口传输到非结构化数据存储中心	档案数据	归档环节—全部检测	自动

检测内容	标准规范要求	检测对象	操作环节	操作方式
将收集的电子文件与电子文件应有构成要素进行比较，凡缺少应有构成要素的电子文件均是不完整电子文件	将收集的电子文件与电子文件应有构成要素进行比较，凡缺少应有构成要素的电子文件均是不完整电子文件	档案数据	归档环节—全部检测	自动
将收集到的电子文件元数据与元数据定义项进行比较，凡缺少应有元数据元素的，应确定为元数据不完整	将收集到的电子文件元数据与元数据定义项进行比较，凡缺少应有元数据元素的，应确定为元数据不完整	档案数据	归档环节—全部检测	自动
对系统内维护的电子文件格式进行定期检测，发现其依赖的软硬件环境是否在有效期限内	对于有些需要特殊的软、硬件支撑才能显示或处理的电子文件，归档时应检查其所依赖的软、硬件是否与电子文件一同收集	档案数据	归档环节—全部检测	自动
检测电子档案数量与预定的移交接收数量是否一致	检测电子档案数量与预定移交接收数量是否一致	档案数据	归档环节—全部检测	自动
检测电子档案是否有对应的电子档案内容，电子档案内容是否齐全完整	检测电子档案是否有对应的电子档案内容，电子档案内容是否齐全完整	档案数据	归档环节—全部检测	自动
检测著录项目中的密级和控制标识是否规范，确保电子档案利用安全	检测著录项目中的密级和控制标识是否规范，确保电子档案利用安全	档案数据	归档环节—全部检测	自动

续表

检测内容	标准规范要求	检测对象	操作环节	操作方式
检测电子档案是否感染木马或病毒，确保电子档案管理和利用安全	检测电子档案是否感染木马或病毒，确保电子档案管理和利用安全	档案数据	归档环节—全部检测	自动
检测电子档案内容格式是否符合要求，是否已维护的有效格式	检测电子档案内容格式是否符合要求	档案数据	归档环节—全部检测	自动

（九）电子会计档案集成后电子档案管理系统新增功能

1. 流程变化

通过系统集成财务管理系统归档模块中完成电子档案成册，输出PDF，提交审核后，通过接口移交电子档案管理系统。

进入电子档案管理系统后，由归档人员对接收数据进行内容、格式、完整性等检查，确认无误后在电子档案管理系统中按照时间或者相关顺序生成档号并移交档案部门，档案部门对电子会计档案确认无误后完成归档办结，完成归档流程，见图1-63：集成归档流程。

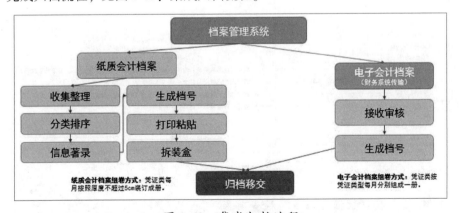

图 1-63　集成归档流程

2. 管理模式变化

针对电子会计档案特点，在原有条目卷管理的模式下，新增具体卷内件展示，在具体的电子附件下载基础上增加在线预览功能。

3. 著录项变化

增加单个凭证号、电子凭证附件数量、附件大小、附件格式等专有著录项，展示对应的著录信息，见图1-64：卷著录界面和图1-65：卷内件著录界面。

图 1-64　卷著录界面

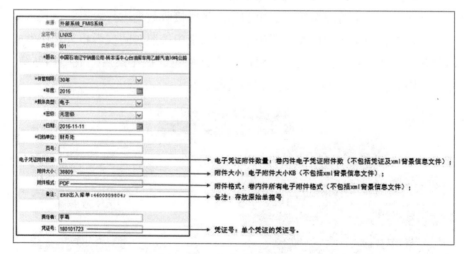

图 1-65　卷内件著录界面

4. 增加接口数据"四性"检查要求

详见（八）电子会计档案的四性检测。

六、取得的效益

(一) 经济效益

按照会计档案电子化比例 70% 测算，电子会计全过程管理实现后，中国石油每年减少纸质会计档案输出 3 亿张，可减少会计档案 42920 延长米，减少档案馆占地 5960 平方米，节约纸张耗材、档案馆运行维护和人工成本 7500 万元，节约纸张 1309 吨，相当于少砍 22000 棵树，每年减少碳排放约 112 吨，具有巨大的经济效益和社会效益。

(二) 社会效益

1. 实现了财务与会计档案一体化、数字化管理

落实了 "以建带管、以管促建" 的思路，实现了 "业务管理规范化与信息管理标准化" 的双赢。通过制定和执行《中国石油天然气集团有限公司会计档案管理暂行办法》(财务〔2018〕65 号)《中国石油天然气股份有限公司会计档案管理暂行办法》(油财务〔2018〕60 号)《电子会计档案元数据规范 (试行稿)》《电子会计档案长期保存格式规范 (试行稿)》《会计资料归档管理规范 (试行稿)》《电子档案管理系统与财务管理系统归档接口规范》等一系列标准规范，实现会计档案业务源头规范、系统 "广泛集成"、"一点接入"，确保归档数据还原业务原貌和业务关系的追溯，实现会计档案生成、整理、利用全过程数字化管理，实现了会计档案管理方式的转变。

2. 提升了会计档案管理效率，拓展了会计档案利用空间

(1) 便携化管理模式：会计档案电子化与传统纸质的会计档案管理相比较，将会计信息数字化、档案的查阅与管理工作从固定的场所向随时随地对系统软件的访问与网络安全维护转变，降低了会计档案管理对人员和场地的依赖；

(2) 快捷化管理效率：会计档案电子化提供了较为强大的索引和条件查找等功能，有利于日常条件查询、统计分析、报表制作等，大大提高了会计档案的管理和利用效率；

(3) 多元化管理融合：会计档案电子化通过会计信息系统和电子档案

管理系统对接、共享，有利于融合多元化资料、分析企业管理现状，提高管理深度广度，提升管理水平。

3. 建立了电子与纸质共存的会计档案科学保管机制

建立了中国石油纸质与电子档案的"同生共存、同步归集、同步管理"的科学管理体系，业务部门和档案管理部门根据实际管理和利用需求，制定灵活统一的数据载体及格式要求，保证不同载体数据妥善移交，从业务源头保证纸质与电子文件的生成、整理、移交方式，保障纸质档案与电子档案间的内在联系。

4. 建立了稳妥健全的电子会计档案安全保障体系

通过建立"数据真实性校验、数据可靠性校验、数据完整性校验、数据可用性校验"电子文件"四性"的四项保障措施，确保数据来源系统和电子档案管理系统中电子文件内容、结构、背景信息、元数据等一致；确保归档过程中各环节、各项数据操作、各方身份具有合法性；确保在线归档过程中的各个阶段，归档数据均无缺失、损坏；确保在归档数据经过捕获、迁移、接收等操作后，始终具备可读性。通过运用统一身份认证、数据安全加密、数据安全传输、数据安全利用、系统安全审计、数据备份恢复等手段建立健全了中国石油电子会计档案安全保障体系。

5. 奠定了档案资源管理和数据共享的基础

中国石油共享服务建设的指导思想主要体现了以价值创造为导向，以共享服务建设促发展、强管理、提效益、增效能，促进国际化发展、专业化运营、市场化运作。努力打造世界一流的智能型全球共享服务体系，为公司、员工、合作伙伴提供优质、高效服务，推动管理转型，为合规经营保驾护航，为公司创造价值，助力世界一流综合性国际能源公司战略目标实现。指导思想既包含着共享服务建设的愿景，也包含着共享服务建设的使命。电子会计档案全过程管理是财务共享服务的一个重要工作项，是切实转变传统会计档案管理观念，加大系统集成和数字化转型力度的具体体现。财务管理系统和电子档案管理系统的集成归档也可以说是打通电子会计档案归档"最后一公里"。

通过电子会计档案全过程电子归档管理的体系及平台建设，精简了财务归档流程，加快了企业会计档案数据的收集、整理及归档的时效性，实现了会计档案在更大范围内的广泛利用和会计电子数据高度共享，建立了从业务前端到后端的交互式管理模式，夯实了数据资源管理和数据共享服务的基础。对于其他业务系统电子归档及应用集成工作树立了成功的样例。

会计档案电子化，是变革会计档案保管形式、完善会计档案管理的重要手段，有利于推进与前端业务的系统集成，最终通过系统集成在电子档案管理系统逐步形成完整的数据资源体系，为下一步加强资源共享和数据应用水平，同时也为大数据分析奠定基础。

七、后续打算

为了加快电子会计归档工作的深化应用，2017 年 9 月起中国石油全面启动了电子会计档案管理模块推广实施培训工作，实现国内企业全面覆盖，截至 2019 年 12 月，中国石油电子会计档案已上线单位总数为 125 家，累计通过在线方式完成 6834 万件电子会计档案归档工作，数据量达 3306GB，日均最高在线集成归档量达 120 万件。按照共享模式推进电子会计档案管理，"十三五"末，会计档案电子化比例力争达到 70%。

借助电子会计档案全过程管理工作的实施，实现从业务前端提高了 ERP、集中报销系统、司库平台与财务管理系统数据集成交互程度，并对相关单据的关联关系进行梳理，规划合同系统、电子招标系统集成后的单据关联方案等，以电子会计档案全过程管理应用为突破口，加快业务系统归档集成的标准建设，推动电子档案管理系统归档接口的开发工作，促进档案管理与不同业务领域的相互协作，打通业务流程，实现归档环节的广泛集成，使电子档案管理系统成为汇聚多业务条线的资源管理中心和资源共享中心。

第二章 中国石油化工集团有限公司
电子会计档案管理试点案例

● 案例导读

中国石化电子会计档案管理试点项目以"单套制"管理为核心，以保障电子档案的跨单位交互可信，保障电子档案的证据价值，保障电子档案的长久保存为目标，主要有以下特点：

一是大胆创新电子会计凭证的归档整理方式。不再打印电子记账凭证，档案盒号以"年"为单位大流水，纸质凭证与电子记账凭证分别编号。

二是在使用数字签名、电子签章、数字水印等成熟的安全技术手段的同时，通过使用区块链技术，在归档移交、档案入库、档案巡检和档案借阅4个环节，实现档案数据特征信息入链，利用区块链防篡改、抗抵赖的特性实现电子档案的电子证据价值，实现跨单位的互信和共享，并使电子档案全生命周期的安全性得到保障。

三是长期保存功能较强，有数据自动巡检功能，保障电子档案在利用时的可用性。

四是档案数据存储在石化云平台上，通过建立非结构化数据存储云中心，对电子档案中的非结构化数据进行专项管理与存储，提高存储和利用效率。基于档案蓝光光盘的存储技术，设计档案数据的"异质异地"存储方案，使档案数据可以脱离现有档案系统长久保存，提高数据抗风险能力。

一、试点背景

(一) 企业战略发展需要

"十三五"期间，中国石油化工集团有限公司（以下简称"中国石化"）以国家"大力推进信息化与工业化深度融合"为指导，进一步推进

"集成共享、高效敏捷、创新驱动、协同智能"建设模式，充分利用移动互联、云计算、物联网、大数据等新的理念和技术，全力打造集成共享的经营管理平台、协同智能的生产营运平台、互联高效的客户服务平台、敏捷安全的基础技术平台，为建设世界一流的能源化工公司奠定坚实基础。

随着信息技术的发展，中国石化的主流业务的信息化不断深入，传统的管理模式正被信息化管理模式所改造，电子文件在企业生产经营中出现的频率、效率、作用越来越高，企业很多的原始记录陆续以电子文件形式存在，以纸质载体存在的原始记录越来越少。由于信息系统所形成的电子文件格式繁多，主要类型包括关系型数据库、实时数据库、版式文件、图形文件（设计、勘探类）、音视频文件、电子邮件等；各个信息系统产生数据量大，仅以 ERP 系统中财务数据为例，每月数据增长量达到 1.5TB。电子文件归档和一体化的电子档案管理课题提上日程。

（二）企业业务发展需要

中国石化为了主动适应和引领经济发展新常态，加快财务转型发展，更好地支撑和推进公司转方式、调结构、提质增效升级，自 2012 年起，启动了财务共享服务建设工作，截至 2018 年底，财务共享服务已经覆盖所有直属单位。

财务共享带来的巨大变化是把企业会计核算和财务管理的职能和工作内容进行分离。这是一个根本的理念的变革，把大量的、重复性的会计核算业务从企业、总部、事业部剥离出来放到共享公司完成，用规范化的流程把它嵌入到系统平台，由共享公司完成会计核算的业务，同时进一步优化提高业务操作效率。

企业财务人员可充分利用共享公司的财务成果来进行财务分析、财务研究，发挥财务管理的职能，以提升公司的绩效和公司的价值。各单位的原始凭证扫描成电子版后，直接在财务相关的信息系统中做账，实现了全流程的电子化流转。电子会计档案归档是财务共享服务的"最后一公里"，是完善财务共享服务的重要环节。如果按照传统纸质档案归档，共享公司需要将形成的凭证、账簿、报告、报表等打印成纸质文件，邮寄给企业财务部门，经审核和确认后再进行归档。传统的会计档案管理模式出现了诸多弊端，大量的会计档案不仅占用了庞大的库房空间，而且流程冗长，影响了财务共享服务的高效运作，降低了工作效率。为此，中国石化迫切希望通过信息化技术实现会计档案从传统档案向电子档案的转变，并通过网络实现电子档案的远程访问和管理，提升档案信息利用效率，实现档案信息的随需访问。

（三）档案工作本身的发展需要

近些年，随着市场竞争环境的日益激烈，各企业都在关注降本增效和"瘦身健体"，希望对档案工作实现低投入、高产出，增加人员和设备很困难。企业档案人员数量总体上逐年减少，只退不进，各单位库房压力都很大。同时，随着国家法制化进程的加快及纪检、巡视、审计力度的加强，各公司档案的数量不断增加，对档案利用的需求也在不断增加。如何以较少的人员管理越来越多的档案成为档案部门必须解决的难题。

归档工作前端的业务越来越多的信息化了，文件越来越多是电子形式生成并流转。档案部门必须适应形势的变化，积极应对。如果归档环节还打印出纸质形式归档，势必会成为一种"倒退"，而且每年打印、整理、存储纸质档案的成本和工作量较大，与企业的总体目标背道而驰。电子档案归档符合档案业务的发展趋势，是当前的重要工作。

2009 年，中国石化启动了档案管理系统项目，并于 2017 年底推广了 76 家所属单位，实现了炼化、工程、科研板块企业全覆盖，进一步提升了中国石化档案管理信息化整体水平。2012 年，中国石化承担了由国家电子文件管理部际联席会议牵头组织的电子文件管理试点项目，初步掌握了电子文件形成、办理、流转、归档等全生命周期管理的基本规律和关键要点。经过几年的探索和研究，中国石化档案信息化管理的基础性建设工作和尝试性试点工作已经完成，具备了从传统纸质档案管理为核心向以电子档案管理为核心转变的条件。

（四）结构化数据归档方式遇到挑战

国外 ERP 系统的"归档"（ERP Archive）方式并非国内档案管理中归档的概念。通过 ERP 系统的"归档"功能将利用率较低的数据剥离现行数据库，有助于提高系统性能，降低存储压力。对于已做"归档"数据的查询利用，仍需依赖于 ERP 系统进行识读，无法为其他业务部门提供利用。其保管也受限于 ERP 系统的利用时限和备份恢复，读取历史数据需要的恢复时间较长，一旦 ERP 系统被取代或停用，这部分数据也将无法查询。

目前国内对关系型数据库电子文件归档常用三种方式。

第一种方式是数字化扫描。先将系统内需要保存数据打印为纸质凭证，移交归档给档案部门。档案人员将纸质凭证通过数字化扫描转化为标准格式（PDF、TIF）电子文件挂接至档案管理系统。这样的归档模式，虽然能够保证纸质文件与电子文件完全一致，但是成本很高，工作量非常大，同时对一些背景性元数据的提取非常困难。

第二种方式是业务系统全库备份。将业务系统数据库、相关的系统、软件、硬件、操作系统环境、操作手册等一并归档保存。采用该方式可以保存所有数据信息，但为了使归档数据长久有效，还要遵循《电子文件归档与管理规范》对文件定期进行可读性检查和复制，其成本也非常高。

第三种方式是中间库合成封装策略。档案部门在 ERP 系统中或在档案系统中建立一个归档中间库，系统中办结的数据存放到中间库中。归档软件对中间库进行操作，以一张会计报表为例，如归档该报表，需要详细分析它在 ERP 数据库中的哪些表、哪些字段中保存，有些报表是多个表或字段间接生成的，要分析出它们的逻辑关系，然后从 ERP 的数据库底表有选择性地读取相关字段数据到中间服务器中，用 SQL 和 PB 语言编制执行程序，在中间服务器运行，运行结束，断开中间服务器与 ERP 服务器的连接。这张报表以国家（或财务部门）规定模式打印，用 EXCEL 或 WORD 合成电子报表，用 PB 语言提取部分字段作为档案目录。合成后的电子报表用 PDF 格式封装，与目录一起保存到档案服务器。

2006 年，中国石化在天津分公司采用这种方式进行归档探索，实现了电子文件和目录的直接自动归档，而且能够掌握各项数据之间的关联关系。同时存在以下四个方面的问题：一是合成的电子原文在样式上虽与打印的纸质档案保持一致，但不符合档案的本质属性——"原始性"的要求。二是中间库合成的电子原文需人工检验才保证合成过程的准确性，这无疑给档案形成部门增加了检验的负担。三是 ERP 系统有其复杂性，只有系统开发商或运营商才能准确了解底表各项数据之间的逻辑关系，在中间库合成电子文件时，如果脱离系统开发商或运营商的支持很可能导致数据准确性风险增加。四是各单位的 ERP 系统都不一样，如果每个单位都要重新分析底表数据逻辑关系才能合成电子文件，那么这种"分析底表逻辑关系再合成电子文件"的方式普遍推广将延误项目实施周期。一旦 ERP 系统升级，档案部门如不能及时了解 ERP 系统底表的逻辑关系变化情况，中间服务器合成的电子文件很可能出错。

上述归档方式属于"被动接收式"管理思维，即：对产生电子文件的业务系统不提任何要求、不做任何改动，档案部门被动接受业务系统产生的电子文件，不满足档案部门要求时，自行加工合成符合归档要求的文件。这种管理思路在实践中都遇到了不可逾越的困难。

在新的形势下，档案部门必须落实按照"全程管理"理念，落实"前端控制"和"文档一体化管理"策略，将"末端"的管理需求向"前端"延伸。档案部门可充分利用 ERP 系统的"归档"（ERP Archive）功能，将属于归档范围的数据在 ERP 系统内按照国家规定封装成 PDF 格式，然后将此 PDF 文件和目录一同推送给档案系统，将确保数据准确性的任务交给 ERP 系统。

二、试点目标

（一）总体目标

把握档案工作发展新理念、新趋势，适应中国石化生产经营、改革发展和管理需要，通过电子会计归档试点实现档案业务由"双套制"向"单套制"转变。通过信息技术手段创新档案管理业务流程，加强电子文件资源管理，强化电子文件的管理支撑，提高档案工作效率，提升档案价值，为把中国石化建设成具有国际竞争力的世界一流能源化工公司做出贡献。

（二）阶段目标

（1）梳理 ERP、会计集中核算、财务报表管理、财务共享服务、费用报销系统的归档范围、业务流程和归档元数据。结合业务实际，建立中国石化电子档案管理相关标准规范。

（2）借鉴国内外先进经验，结合中国石化财务业务及共享服务现状，采用全新的架构设计理念，遵循"平台+应用"的建设模式，构建符合中国石化电子档案业务特色的电子档案管理系统。

（3）完成中国石化境内企业电子会计业务的在线归档。

三、试点系统介绍

（一）ERP系统

1. 功能

中国石化从2000年开始分阶段建设ERP系统。所采用的ERP软件为SAP公司成熟的企业资源管理系统，基于SAP的功能架构，中国石化又根据石油化工行业的实际业务作了部分功能的自开发提升。至2017年1月，ERP系统实现了中国石化直属单位的部署与实施工作，共建设了财务会计、资金管理、管理会计、项目管理、物料管理、生产计划、销售分销、工厂维护、人力资源、审计管理十大模块。涵盖财务管理、投资与项目管理、物资供应管理、设备管理、辅助审计管理五大项专业业务及油田、炼化、销售、科研及专业公司等板块业务。

本期涉及电子化归档的ERP系统为ERP系统中财务模块。该模块以财务会计（FI）为核心，并同管理会计（CO）和资金管理（TR）组成。通过与销售分销（SD）、物料管理（MM）和项目管理（PS）等后勤模块进行集成，实现会计核算、预算管理和出具财务报表以及满足内部管理、考核与评价的需求。系统主要功能见图2-1：ERP系统财务模块主要功能。

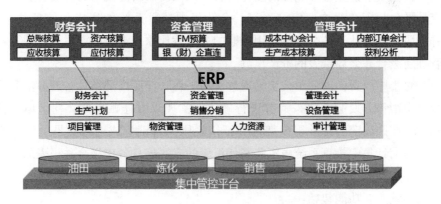

图2-1　ERP系统财务模块主要功能

2. 数据量

ERP系统归档数据包括会计凭证共28类、会计账簿9类。经过归档数据粗略计算，仅金陵石化归档凭证数量约38万件/年，账簿约4万件/年。

以金陵石化为样本，同时考虑到中国石化油田及销售企业凭证与账簿数量比较大的实际情况，中国石化所有企业凭证数量约为 15000 万件/年，账簿约 1000 万件/年。从 2014 年财务共享实现部分企业上线开始计算，截至 2019 年，凭证数据总量约 65000 万件，账簿约 4000 万件。

3. 文件类型

ERP 财务模块主要生产的数据为会计凭证与会计账簿两部分。其中会计凭证包含资产过账、资产记账、折旧过账等 28 类。会计账簿包含金额帐、现金日记账、银行存款日记账等 9 类。其数据源格式均为表单数据，采用 PDF 格式单套制归档。

凭证和账簿由 ERP 归档模块按照标准，统一生成 PDF，元数据采用 XML 方式进行归档。

（二）会计集中核算系统

1. 功能

中国石化从 2009 年开始会计集中核算系统（以下简称"AIC 系统"）的建设。截至 2014 年 10 月已完成中国石化总部、所有直属企业系统全覆盖。中国石化会计集中核算系统完成日常业务的归集，实施了总账管理、辅助管理、项目核算、合同核算、备查簿、指标报表、报表系统、交易平台等模块，完成了企业日常业务的核算与管理以及公司内部交易的管理，实现了交易平台与资金集中、ERP 系统、会计集中核算系统的集成和信息共享，并按照系统设计，各级单位采用汇账的方式替代原来汇表的方式，实现了各管理层级合并会计报表的资产出具。

对于中国石化内部单位交易通过交易平台，按照内部结算管理办法和流程，由销售方发起，由采购方进行确认，实现双方挂账一致，杜绝单边挂账，并按照设定的合并组织架构和抵销规则，自动生成内部交易的抵销凭证，为会计集中核算系统由汇账替代汇表的方式出具各层级合并报表的生成奠定基础。

系统主要功能包括：

（1）总账管理

总账管理提供账务处理的平台，完成凭证处理、凭证审核、凭证复制、凭证封存、凭证记账、凭证汇总、损益结转、凭证接口等数据归集功能以及银行对账等；提供账表查询，对比分析等查询功能；提供包括凭证打印、账簿输出等打印管理功能；提供期末处理等控制功能，如月结、年结等期间控制功能；提供数据签认、损益结转等月结处理步骤。

（2）应收应付管理

应收应付管理是应收应付款项的管理平台，完成往来单位主数据的管理、往来业务的归集、往来业务的核销、往来查询、账龄分析以及坏账准备计算等功能。

（3）项目核算

项目核算满足油建、钻井、测井、井下作业、研发等业务进行成本核算管理的要求，提供直接成本费用的归集、间接费用归集与分配、间接费用分配结转自动形成凭证、项目的完工和转资、查询分析等功能。

（4）合同核算

合同核算完成合同信息的录入，并在账务处理中跟踪和控制合同的执行情况，并通过与相关科目的关系定义，在凭证录入的同时完成对施工工程、应收应付等收付款情况的归集，实现对往来和项目等各种合同执行情况的管理。主要功能包括：合同主数据定义、合同维护、追加合同、合同查询等功能。

（5）递延所得税管理

递延所得税管理系统满足新会计准则规定，按照所得税会计采用资产负债表债务法，通过比较资产负债表项目列示的资产或负债按会计准则规定确定的账面价值与按税法规定确定的计税基础，对于两者之间的差异形成可抵扣暂时性差异或应纳税暂时性差异，确认递延所得税资产或递延所得税负债，并在此基础上确定每一会计期间的递延所得税费用。提供主数据维护、计税基础维护、递延所得税计算、所得税费用计算以及递延所得税查询等功能。

（6）外币折算

将按照会计核算主体记账本位币的不同，组织多棵具有层级关系的核算结构树，分别指定不同的记账本位币，包括人民币和其他外币，其中按照人民币设置的核算层次保持完整的核算组织架构，其他外币本位币的核算层级在会计核算主体名称上要予以注明，避免混淆使用。

（7）报表管理

满足管理统一的系统报表以及各单位个性化报表的需要，各单位能够按照自己的需要定义报表格式、计算公式、校验公式等，并且能够对各报表数据从表到余额到明细账乃至会计凭证的穿透查询，方便数据的追踪分析。

需要提供按业务范围、公司代码、利润中心、成本中心或者上述组织结构的组合出具报表、管理报表的功能。考虑到海外单位出具报表的客观需求，需要提供单机版数据库中取数，生成符合其需要的管理和考核报表。系统功能架构见图 2-2：AIC 系统功能架构图。

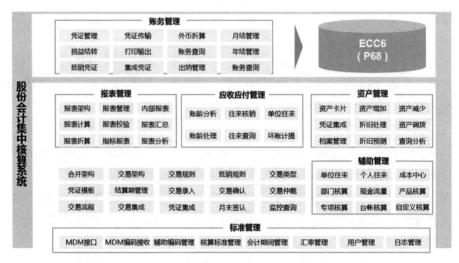

图 2-2　AIC 系统功能架构图

2. 数据量

AIC 系统归档数据包括会计凭证共 3 类、会计账簿 26 类、会计报表 11 类 269 张。经过归档数据粗略计算，金陵石化归档凭证数量约 7000 件/年，账簿约 50 张/年，报表约 10000 张/年。以金陵石化为样本，中国石化所有企业凭证数量约为 100 万件/年，账簿约 2 万张/年，报表约 120 万张/年。从 2014 年至 2019 年，凭证数据总量约 400 万件，账簿约 8 万张，报表约 450 万张。

3. 文件类型

凭证、账簿及报表由 AIC 系统按照标准统一生成 PDF，元数据采用 XML 方式进行归档。

（三）财务指标报告管理系统

1. 功能

自 2014 年起，启动中国石化报表体系优化提升及数据应用项目，建设财务指标报告管理系统（以下简称"FIRMS 系统"）以替代原有 ERP 报表系统（BW/BCS 系统）成为中国石化新的报表合并及出具平台，截止 2017 年 3 月已实现系统切换。

财务指标报告管理系统实现了企业按照总部和事业部统一逻辑出具报表，提高了公司报表出具的质量和时效性，并在对外披露需求和对内管理的需求方面基本形成了较为完善的报表体系。系统功能架构见图 2-3；FIRMS 系统功能架构图。

图 2-3　FIRMS 系统功能架构图

目前会计报表有 358 张，按照出具频次分为月报，季报，年报；按照填报口径分为合并口径报表、母公司口径报表、事业部报表、披露表、财政表 5 类；按照信息使用者分为外部披露报表和内部管理分析报表；为了满足国资委全级次报表报送需求，运行单位 402 家。

2. 数据量

FIRMS 系统归档数据包括会计报表 9 类 358 张。经过归档数据粗略计算，金陵石化归档报表约 2500 张/年。以金陵石化为样本，中国石化所有企业报表约 150 万张/年。从 2014 年至 2019 年，报表约 500 万张。

3. 文件类型

FIRMS 系统中涉及归档的数据主要为包括合并口径报表、母公司口径报表、化工事业部报表等 9 大类 358 小类的报表。其数据源格式均为表单数据。报表由 FIRMS 系统按照标准统一生成 PDF，元数据采用 XML 方式进行归档。

（四）财务共享服务系统及影像系统

1. 功能

财务共享服务通过搭建共享服务中心操作管理平台，用以支撑共享公司与企业之间业务交付、人员互动和系统衔接，同时通过该平台支撑财务共享服务的业务考核和服务质量的管理。会计核算、报表出具和资金结算等业务处理在相应系统中进行。

财务共享服务系统（以下简称"FSS 系统"）主要由企业端功能（前台）、业务运营端功能（中台）和运营管理（后台）三部分构成，同时提供移动端功能。

企业端是共享公司面向企业用户的门户，主要包括申请的提报与查询、申请处理过程中的业务沟通、对共享公司已完成服务的确认及评价等功能。同时，根据支持的业务不同，企业端还包含一部分与共享公司需求相匹配的专项功能。

业务运营端面向的是共享公司业务人员，负责接收企业用户提报的申请，申请转换为要处理的服务请求后，开始对服务请求进行派工、业务执行、外部协同沟通、知识库支持等操作，支持服务单据的完整生命周期管理。

运营管理端面向共享公司管理人员，负责实现服务协议的管理、绩效管理、计费管理、客户服务管理和运营情况分析等功能。

在系统集成方面与 ERP、会计集中核算、资金集中管理、费用报销管理、合同管理等相关系统紧密集成，全面支撑财务、人力资源、IT 共享服务业务操作及运营管理。

系统功能架构见图 2-4：FSS 系统功能架构图。

在共享自助的业务流转过程中会生成共享服务申请单、扫描影像、财务公司电子回单、银行回单、合同扫描信息等电子文件。共享自助系统将满足归档条件的单据数据归档至档案系统。

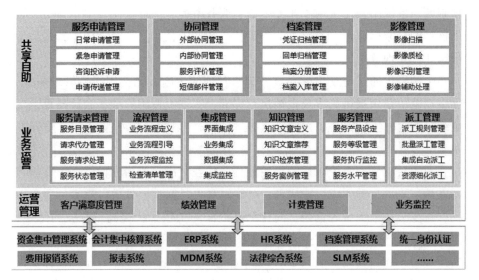

图 2-4 FSS 系统功能架构图

2. 数据量

FSS 系统归档数据包括原始凭证影像件、银行回单、相关附件、申请单、业务流转信息记录等。以金陵石化为样本，去除扫描影像文件，经过归档数据粗略计算，其归档电子凭证数量约 4 万件/年。由此计算出中国石化所有企业电子凭证数量约 500 万件/年。从 2014 年至 2019 年，电子凭证数量约 2000 万件。

3. 文件类型

原始凭证影像件以 JPG/JPEG 格式进行归档，其他凭证由 FSS 系统按照标准统一生成 PDF，元数据采用 XML 方式进行归档。

(五) 费用报销管理系统

1. 功能

中国石化从 2013 年开始经历了 5 年多的时间，设计建立了一套功能全面、适用性强的费用报销系统（以下简称"ERS 系统"）。通过费用报销系统的建设及推广实施，进一步规范了费用报销业务的流程及标准，为财务共享服务的建设和推广奠定了信息系统基础。

随着费用报销系统的上线，2015 年陆续颁布了差旅费、会议费、业务支出等管理办法，各企业借助于费用报销系统，结合颁布的管理办法，将管理制度与系统结合，实现了业务申请、业务审批、预算管控、报销支付、费用核算的全流程管理，规范了业务流程，降低了企业生产经营成本，提高了报销业务处理效率。

中国石化通过建立集中部署、统一管理的中国石化费用报销管理系统，逐步规范了费用报销流程及报销执行标准，实现了费用标准、会计核算、资金结算的统一集中管理，为进一步提升财务档案的管理水平打下了坚实的基础。

费用报销管理系统以规范报销流程，加强费用管控为建设依据。费用报销系统实现了自动生成记账凭证，减少财务人员简单、低效、繁琐的重复劳动，减少会计手工录入错误，简化财务记账的工作量，提高资金支付效率，提升会计信息质量，使财务管理水平得到有效提高；实现对报销单据中超标费用提醒功能，费用支出与 ERP 大集中系统中的预算紧密结合，全程费用动态监督，使各级审批人和财务人员能一目了然，及时掌控费用支出，增强费用控制力度；制定事前行为申请模块，主办培训、业务招待费、主办会议费等三项费用必须履行事前行为申请，在各归口部门领导审批同意后方可发生。在费用报销申请环节，要求配备事前申请的费用项目，必须关联事前申请单，方可成功提交。单据提交以后，按内控流程流转，财务初审通过审查单据是否齐全完备，避免了附件不全和越级审批的发生。系统功能架构见图 2-5：ERS 系统功能架构图。

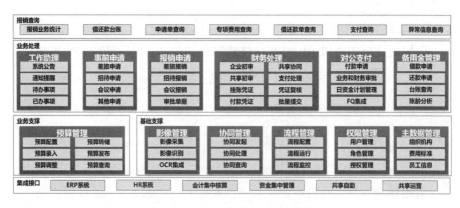

图 2-5　ERS 系统功能架构图

2. 数据量

ERS 系统归档数据包括原始凭证影像件、银行回单、相关附件、报销单、业务流转信息记录等。其中去除扫描影像文件，经过归档数据粗略计算，金陵石化归档电子凭证数量约 1 万张/年。以金陵石化为样本，中国石化所有企业电子凭证数量约 200 万件/年。从 2014 年至 2019 年，电子凭证数量约 1000 万件。

3. 文件类型

原始凭证影像件以 JPG/JPEG 格式进行归档，其他凭证由 ERS 系统按照标准统一生成 PDF，元数据采用 XML 方式进行归档。

四、试点工作步骤

在试点过程中，根据中国石化信息化管理要求，采取分阶段设立里程碑（即控制点）的管理控制策略，将整个试点的工作步骤划分为六个阶段，保证试点项目按时、保质完成。试点工作步骤见图 2-6：试点工作步骤示意图。

图 2-6　试点工作步骤示意图

（一）准备阶段

在试点工作的准备阶段主要工作是协调总部办公厅（档案管理部门）、集团财务、股份财务、信息化管理部以及共享公司试点企业财务部门、试点企业档案部门共同对试点工作开展的相关工作达成一致，成立工作组，对外部单位进行调研，制定工作计划，并及时启动试点工作。

1. 成立工作组

中国石化高度重视试点工作，为了更好地推进试点工作，成立了领导组、管理组和工作组。

领导组由集团办公厅、集团财务部、股份公司财务部、信息化管理部、共享公司相关领导组成。工作职责是负责把握试点工作总体方向，审查和批准试点工作技术方案、实施计划、阶段工作计划和投资计划，对进展中重大问题的讨论和决策，指导试点工作按正确方向发展。

管理组由集团办公厅档案处、集团财务会计处、股份公司财务会计处、信息化管理部应用处、共享公司财务共享公司、金陵石化财务处、金陵石化档案馆相关负责人组成。工作职责是负责试点工作综合管理，协调解决试点过程中提出的问题，审查试点方案，监督试点各阶段进度及质量情况。

工作组由集团办公厅档案处、集团财务会计处、股份公司财务会计处、信息化管理部应用处、共享公司财务共享公司、金陵石化财务处、金陵石化档案馆、石化盈科等相关工作人员组成。工作职责是负责试点工作整体推进，协调相关项目组按照需求进行开发、测试和实施工作。其中办公厅档案处负责试点工作的整体管理与协调工作，集团财务会计处和股份财务会计处负责会计业务归档内容和归档周期确认工作，信息化管理部应用处负责信息化项目立项、评审、管理、进度推进、资源协调、验收等工作，共享公司财务共享公司负责试点归档系统归档范围、归档内容、归档流程、归档方式、归档周期等相关工作的梳理与具体操作方式的确认工作，金陵石化财务处、金陵石化档案馆负责试点业务系统具体归档落地内容的使用与确认工作，石化盈科负责具体电子档案系统建设与实施工作。

2. 外部调研

根据试点工作要求，办公厅、相关业务部门、石化盈科档案信息化建设团队共同成立了调研小组，调研小组在 2016 年 10 月到 2017 年 3 月分别到中国联通、中国人民大学、上海中信信息公司、中国石油、航天科工等单位进行了广泛的交流学习，了解其他单位电子文件归档的情况及最新的技术路线。

在学习交流和收集相关管理者需求的基础上，工作组确定以实现电子文件归档和电子档案管理"单套制"为目标，对财务管理相关系统进行深度调研。分别确认了财务管理各相关系统、所形成的电子文件分类、归档范围、内容、格式等信息。

3. 制定工作计划

根据具体试点工作情况，编写细化试点工作开发、测试计划，实施计划，经过充分的沟通和确认后，上报管理组，并下发给每个工作组成员。

为了保证实施计划能够切实可行，在编制之前，应先进行以下工作：

（1）建立沟通机制

确定工作组的汇报机制和例会制度，工作任务的下达方式和反馈方式，工作组成员之间以及与企业相关部门和关键用户的联系方式等。

（2）分析和识别试点工作风险

组织召开试点工作风险分析会，充分论述已识别出的工作风险，并划分风险等级，探讨这些风险的规避和应对方法。

（3）建立质量审核机制

确定每个实施阶段审核内容、审核方式、审核人员以及结果确认方式。

4. 制定保障措施

工作组采用目前成熟技术进行设计开发，并建立强大的技术支持团队保障试点工作的顺利实施与推广。

（1）人员保障

工作组人员由设计组、技术研发组、技术开发组、安全组、云及网络组、测试组等组成。

（2）技术保障

工作组采用目前档案领域和其他关键技术领域的成熟技术进行设计开发，并建立技术研发和技术支持团队保障试点工作的顺利实施与推广、运行。

（3）质量保障

制定分阶段的质量保证计划，指定有资质的 QA 责任人，参与整个试点工作的计划设计与开发部署过程，在专家评审、QA、测试等三个层面对整个试点工作进行全程质量保障。

5. 加强进度管理

工作组定期组织召开工作例会（周例会、月例会），各小组必须按时参加工作例会。制定详细的工作计划，确定里程碑，讨论并确定好下一步开发计划后，由质量控制组统一将工作计划发布到试点工作管理平台，以便进行试点工作进度的跟踪和管理。

（1）依据试点工作计划，对工作进度、质量、风险及问题进行跟踪和监控，并及时与各方联系人沟通。

（2）工作计划基线与工作实际跟踪数据比较，得出任务进度、质量、风险偏差，分析偏差严重程度。

（3）分析偏差造成的原因，制订相应的纠正措施，及时消除偏差及隐患。

（4）管理和跟踪纠正行动，反映措施实施结果，直到问题关闭。

一般我们在进行工作进度安排时，基于以下一些原则：

（1）任务划分：试点工作任务必须被划分成若干个可以较准确定义和估算的活动或任务。

（2）相互依赖性：各个被划分的活动或任务之间的相互关系必须是确定的。

（3）时间分配：必须指定它的开始日期和结束日期。

（4）工作量确认：必须为每个任务分配一定的工作单位（人日、人周等）。

（5）定义责任：每个任务都有指定的负责人。

（6）定义结果：每个任务都有一个定义好的结果。

制定进度安排监督机制，确保试点工作能够按计划进行。试点工作负责人以及各小组负责人根据工作特点、用户需求、识别的风险、可能存在的限制等因素安排试点工作进度；在执行过程中定期对所属范围内的工作进展情况进行监控，识别与分析实际进展与计划的偏离原因，采取纠正措施进行调整，必要时进行正式的计划变更。

6. 制定沟通机制

沟通管理的目的是能够及时、适当地产生、收集、发布、存储工作信息。沟通管理是人、意见和信息之间的关键纽带，是成功所必须的。参与试点工作的每一个人都必须做好以试点工作"语言"方式传达和接收信息的准备，同时还必须明白他们以个人身份涉及的信息将如何影响整个试点工作过程。

根据沟通内容的不同，以报告、会议等方式，建立有领导组、工作组共同参与的有效沟通机制。

7. 制定文档管理规范

文档管理除作为配置项在配置管理中进行评审、版本控制等管理过程外，还有其特有的要求。

文档资料包括工作往来文件，试点工作执行过程产生的技术文件、图表和相关资料等。

8. 制定问题管理规范

工作组使用成熟问题管理方法来尽可能减小冲突，并定期有组织地解决问题。试点工作的最终目的是不能改变的，因此不同小组间的沟通是避免冲突的关键。

当问题出现时，它们被归档在问题数据库。在此对问题的定义是在试点进行中出现的无法得到高效或有效解决的形式。如果悬而不决，问题会阻碍或阻止试点工作的进行。问题可能包括未决定的设计点、范围改变或者在软件系统与业务模型之间功能性的差距。

每一个记录下来的问题都要分配给一个人负责，他将对其范围、影响及程度进行归档，并且要推动对其的解决过程。问题负责人要和所有需要的人员共同工作（即：该工作组成员，其他工作组成员，试点工作相关人员，公司高层管理人员等），来对问题进行分析，确定可能解决方案。此记录将实现对跨功能问题的准确跟踪，并便于采取进一步措施。

9. 召开启动会

在经过外部调研并制定工作计划的基础上，在 2016 年 11 月 8 日，组织试点工作相关人员正式启动试点建设工作。

（二）业务分析

1. 业务对接

通过与集团财务部、股份财务部、共享公司财务共享公司以及企业财务部门对接，确定本次试点工作建设范围和归档应用范围，经过对财务业务系统情况分析，最终确定本次试点工作归档试点系统定为：ERP 大集中系统、会计集中核算系统、财务指标报告管理系统、财务共享服务系统、费用报销管理系统，共 5 个业务系统。

2. 业务分析

针对试点归档系统对接情况，分析各业务系统归档内容、归档时间范围、归档数据格式、归档元数据、归档频度等。并根据归档内容分析试点系统电子归档建设内容和归档方案。

3. 系统分析

针对电子会计归档业务、整编方式、管理方式、存储方式、利用方式以及相关的安全要求，工作组对中国石化在用的档案系统进行分析。根据分析，中国石化在用的档案系统无法满足业务整编、管理、"四性"检查、存储以及安全的相关要求，需要重新建设一套满足电子档案管理要求的信息化系统。

4. 流程梳理

经过分析业务系统归档流程以及电子档案管理相关规定的要求，工作组共同梳理出 5 个试点业务系统电子档案收集流程、电子档案移交流程、归档环节数据检查流程、档案整编入库流程、日常巡检流程、长久保存数据检查流程、档案系统监控流程、档案数据离线保存流程、档案离线数据销毁流程、电子档案检索流程、电子档案利用流程、电子档案原文比对流程等 12类工作流程，为试点工作建设奠定了基础。

（三）设计阶段

在系统的设计阶段经过研究与分析，试点工作组对项目建设的架构、功能、集成方案以及流程进行了设计，同时为了更好的保证试点工作能够高效有序的进行，并能够指导未来项目的推广工作制定了相关的管理制度。

1. 架构设计

按照中国石化信息化建设"六统一"原则，结合系统的可扩展性、可靠性、开放性、适用性、先进性等设计原则对系统的物理部署架构、技术架构、数据架构、安全架构等进行设计，保证系统的性能、功能、数据存储、数据安全等都满足电子文档收集、存储、管理和利用的要求。

2. 功能设计

按照档案管理收、存、管、用四个层面对业务系统电子档案数据如何归档、如何收集、如何整编、如何入库、如何检查、如何存储、如何备份等功能进行相关功能设计。

3. 集成设计

根据电子文件归档业务系统归档内容梳理，对归档元数据、归档数据文件格式、归档元数据集成接口、归档电子文件集成接口等进行集成设计，同时为了保证数据集成真实性和安全性，业务系统数据传输需要进行电子签名和数据验签。

4. 流程设计

工作组根据管理规定和业务需求对 12 类业务流程进行流程设计，保证系统数据流和业务流都满足相关管理规定和业务部门工作要求。

5. 制定制度

在制度规范层面，结合五个业务系统从电子文件生成、流转、归档到利用的全过程电子化的实践，形成了一套完整的管理制度体系，为业务系统与档案管理系统在线归档集成提供指导依据。

（四）开发测试

1. 功能开发，根据系统功能设计，工作组开发相应的系统功能。

2. 功能测试，根据系统功能设计制定测试大纲和测试用例，对系统功能进行黑盒测试和白盒测试，保证功能的完备性和健壮性。

3. 集成开发，对电子文件归档的 5 个业务系统进行功能改造和相关功能开发，保证归档功能的正常运行，同时对归档接口进行开发，保证数据的正常归档并能够通过数据验签。

4. 集成测试，对功能集成和数据集成进行测试，保证归档数据能够正常推送到预归档系统，同时能够保证在归档过程中出现数据问题，能够及时记录并进行重新归档。

5. 压力测试，针对业务系统大数据量并发归档、与归档系统大数据量接收存储、档案系统的大数据量存储以及档案利用的检索等功能进行压力测试，保证系统在大数据量并发情况下的稳定性和正确性。

6. 性能测试，针对业务系统大数据量并发归档、与归档系统大数据量接收存储、档案系统的大数据量存储以及档案利用的检索等功能模块制定性能指标，并进行性能测试，保证系统满足性能指标。

（五）实施阶段

1. 基础环境准备，包括网络、服务器、数据库、备份设备、安全防护措施等。

按实施进度安装配置软件产品，填写《软件产品安装验收单》《产品安装和升级维护记录单》。

2. 系统部署，按照系统设计部署相关业务组件和业务功能模块。

3. 初始化，按照系统建设范围和建设内容对系统中的组织、用户、角色、流程、权限进行初始化。

4. 数据传输，从电子文件归档试点系统进行数据传输，技术人员后台对数据进行检查，通过比对生产数据与测试数据形成数据传输最终方案。

5. 数据验证，通过预归档系统功能及"四性"检查情况对生产数据进行数据验证，保证生产数据的真实可靠。

6. 用户培训，制定用户培训计划，采用集中培训的方式对共享公司归档整编人员、企业财务人员、企业档案接收人员、档案管理人员进行数据归档以及系统使用的相关培训。

（六）运行保障

1. 系统上线，系统采用试点企业上线运行以及推广企业上线运行的方式逐步完成上线目标，即，在完成系统部署与初始化工作之后，首先在金陵石化试点上线，并试运行 6 个月时间，根据试运行情况对系统进行进一步完善与提升，自此基础上完成 20 家企业的上线实施工作。

2. 运维支持，在系统上线后，工作组成立运维支持团队，解决系统运行过程中的问题，并记录用户提出的系统完善和提升需求，为系统的持续改进提供依据。

3. 运行保障，利用中国石化网络、硬件、软件、系统、安全等运维体系，建立电子档案管理运行保障方案，保证系统的安全、稳定。

4. 持续改进，利用运维支持记录以及技术的提升与改进对系统功能和系统性能进行持续优化和改进，并结合实际情况逐步将电子会计归档推广到石化所有企业。

五、关键解决方案

电子文件和电子档案的"单套制"管理是相对于传统的纸质、电子"双套制"归档而言的，是"无纸化"办公条件下的电子文件在线归档和电子档案管理的创新模式。它颠覆性地改变了传统的文件收集、整理和归档方式，将电子文件管理嵌入到文件形成、运转、管理、利用的源头和全生命周期，从而实现电子档案的全程化、专业化管理。

（一）管理方式变革

1. 归档介质的改变
由于业务信息化的完善、财务共享的实施等因素，档案载体逐渐由纸质材料归档向电子形式转变。

2. 档案归档周期的改变

传统的纸质档案归档周期，由于考虑到人员工作量程度，因此大部分档案都是以"年"为单位进行归档。即使如此，在每年归档时，无论是业务人员或档案人员都会面临较为繁重的工作。而电子文件归档则无需较长的周期，以月为单位的归档，不仅减轻了人员的工作压力，更保证了归档的完整性、准确性。

3. 归档流程的改变

传统纸质文件归档后，需人员手工确认相关归档材料并打印交接单据，人员签字、盖章等较为繁琐的交接流程。而电子文件的归档确认只需人员在系统中进行确认，系统自动对电子文件进行封装以保证其真实完整性。

4. 保存模式的改变

原有传统档案库房管理模式，管理的主体为纸质档案，因此对于库房管理更侧重于硬件设施的保障，如：库房温湿度的监控、库房巡检、门禁检查、"十防"（防破坏、防盗、防火、防中毒、防工作事故、防自然灾害、防漏跑混油、防危险品事故、防物资霉烂残损、防设备损坏和装卸搬运事故）等相关措施。而由于管理介质的不同，电子文件库房的管理更加注重，系统本身的稳定性，如：服务器的监控、机房巡检等。从长久保存的角度，电子文件应借助档案级光盘、防磁柜等硬件设备来进行保障。

5. 管理模式改变

传统档案管理模式以卷为单位进行目录管理，在对档案鉴定时，需销毁的档案也需人工进行操作。而在电子档案管理模式下不仅简化了这些业务流程，且对管理的准确性、正确性及追溯性上也有显著提高。

6. 利用方式改变

在实际档案利用方面，由于纸质档案借阅流程的繁琐、借阅不便利等原因，利用率并未体现出档案的价值。而电子档案在利用的灵活性、穿透性及便捷性，可大大提高档案的利用率，充分发挥档案的价值，为企业发展提供有力支撑。

（二）管理流程变化

针对电子档案的业务特点以及电子档案的收集、管理、利用等方面的特点，梳理出12条业务流程，流程清单见表2-1：业务流程表，具体工作流程图见图 2-7 至图 2-18。

表 2-1 业务流程表

序号	分类	流程清单	工作重点说明
1	档案收集	电子档案收集流程	业务部门兼职档案人员在业务系统进行数据归档工作
2		归档环节数据检查流程	归档环节的"四性"检查
3		电子档案移交流程	业务部门将整编完成后的档案移交给档案部门
4		档案整编入库流程	档案部门对移交的档案进行检查和入库环节
5	档案管理	档案日常巡检流程	电子档案日常巡检
6		档案长久保存检查流程	长久保存环节的"四性"检查
7		档案系统监控流程	系统参数的日常巡检
8	档案保存	档案数据离线保存流程	采用蓝光光盘柜进行离线保存
9		档案离线数据销毁流程	离线光盘数据销毁
10	档案利用	电子档案检索流程	电子档案在档案系统内根据用户权限进行检索
11		电子档案利用流程	电子档案在线借阅及离线保护
12		电子档案原文比对流程	对脱离系统的电子档案原文进行数据比对

1. 电子档案收集流程

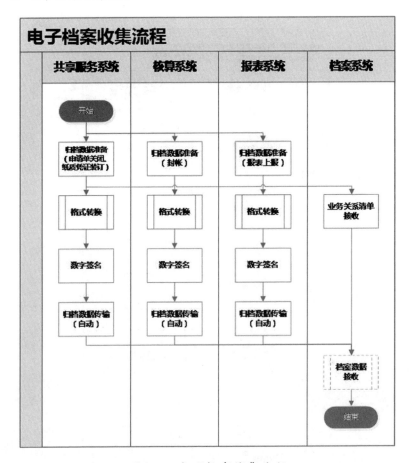

图 2-7　电子档案收集流程

2. 电子档案移交流程

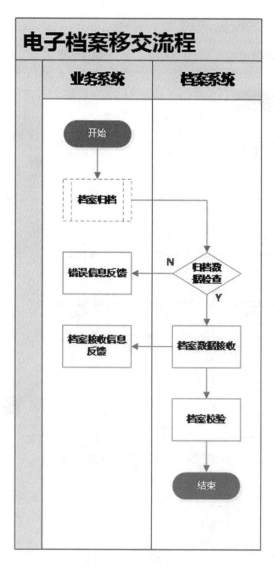

图 2-8　电子档案移交流程

3. 归档环节数据检查流程

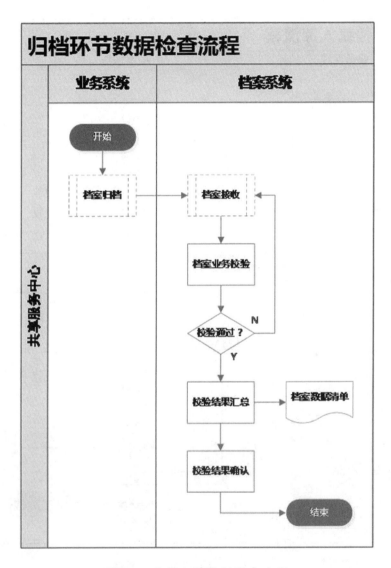

图 2-9　归档环节数据检查流程

4. 档案整编入库流程

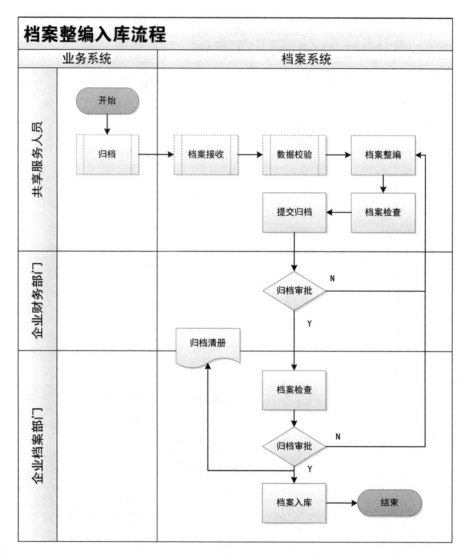

图 2-10 档案整编入库流程

5. 电子档案日常巡检流程

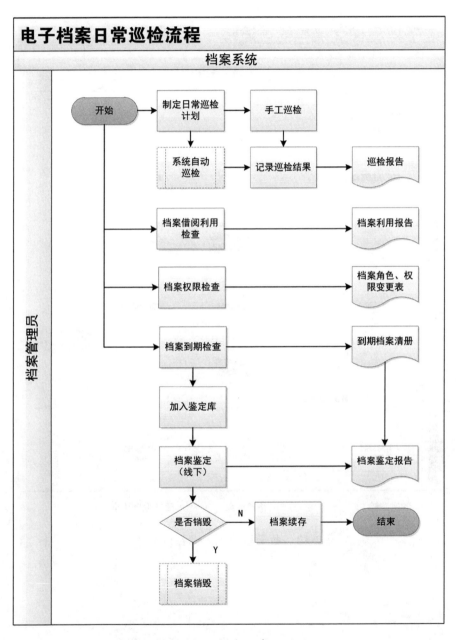

图 2-11　电子档案日常巡检流程

6. 电子档案长久保存检查流程

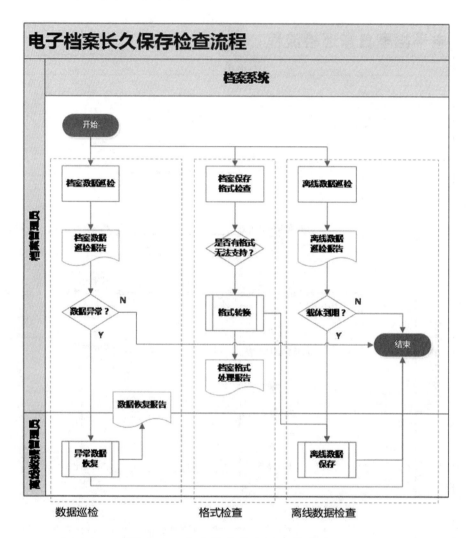

图 2-12 电子档案长久保存检查流程

7. 档案系统监控流程

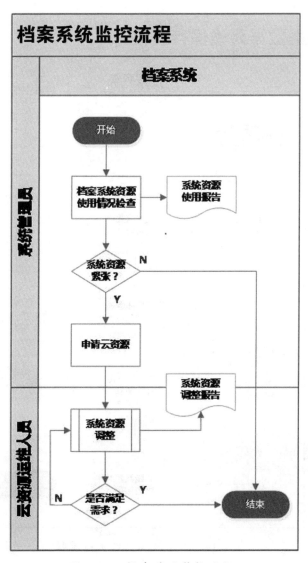

图 2-13　档案系统监控流程

8. 档案数据离线保存流程

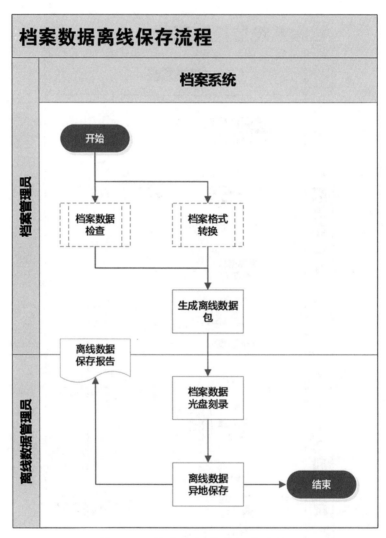

图 2-14 档案数据离线保存流程

9. 档案数据销毁流程

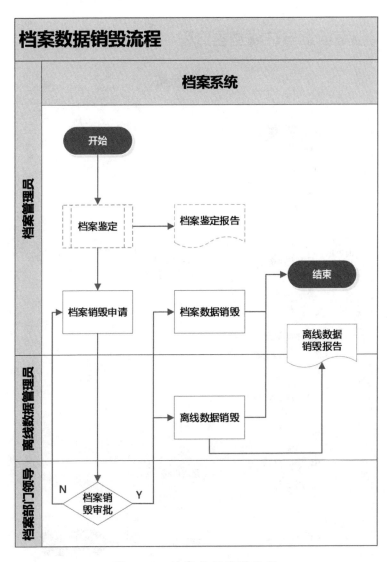

图 2-15 档案数据销毁流程

10. 档案检索与在线查看流程

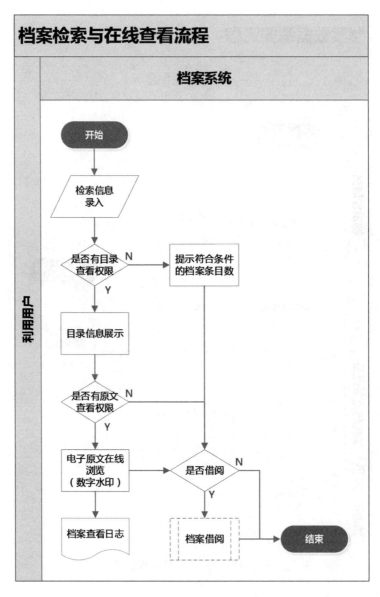

图 2-16 档案检索与在线查看流程

11. 档案借阅流程

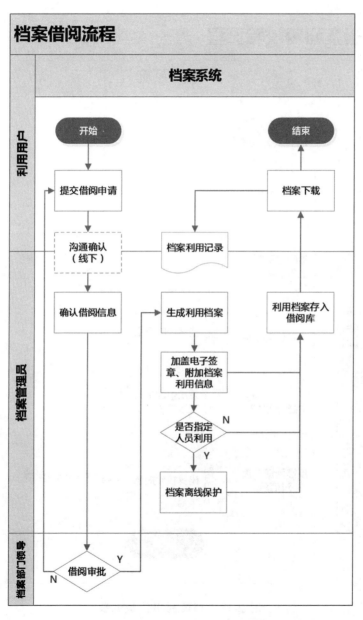

图 2-17 档案借阅流程

12. 档案利用校验流程

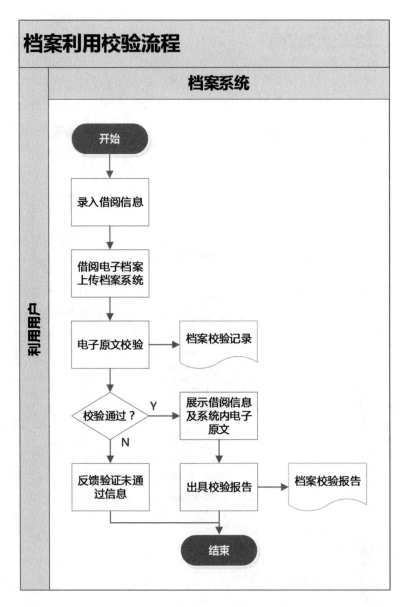

图 2-18　档案利用校验流程

（三）归档范围和存储格式变化

电子会计资料归档主要涉及 5 个信息系统。ERP 系统与 AIC 系统主要用于财务核算，ERP 系统主要部署于中国石化上市公司，AIC 系统主要部署于中国石化非上市公司，这两个系统中涉及的财务数据主要包括会计凭证和会计账簿，AIC 系统还负责出具部分会计报表；FIRMS 系统负责出具实施 ERP 系统的企业财务报表；FSS 系统主要负责财务共享服务业务的流转，系统中的数据包括共享业务流转信息、原始凭证影像件等，属于会计凭证的内容；ERS 系统主要负责财务报销相关业务，系统中的数据包括报销业务的流转信息、原始凭证影像件等，同样属于会计凭证的内容。业务系统归档范围见表 2-2：会计档案归档范围，会计档案存储方式见表 2-3：会计档案存储方式。

表 2-2　会计档案归档范围

财务系统	会计档案		
	会计凭证	会计账簿	会计报告
ERP 系统	记账凭证	账簿	
会计集中核算系统（AIC）	记账凭证	账簿	报表
会计集中核算系统（FIRMS）			报表
共享服务系统（FSS）	业务申请单 业务审批单 原始凭证影像件		
财务报销系统（ERS）	报销申请单 报销审批单 原始凭证影像件		

表 2-3　会计档案存储格式

序号	会计档案类型		来源系统	保管期限	归档方式
	一级	二级			
1	会计凭证	记账凭证	ERP 系统	30 年	电子单套制
2		原始凭证（电子）	影像系统	30 年	电子单套制
3		原始凭证（纸质）	纸质	30 年	纸质归档
4		共享业务申请单	共享服务系统	30 年	电子单套制
5		共享业务流转信息	共享服务系统	30 年	电子单套制
6		报销申请单	财务报销系统	30 年	电子单套制
7		报销审批信息	财务报销系统	30 年	电子单套制

续表

序号	会计档案类型		来源系统	保管期限	归档方式
	一级	二级			
8	会计账簿	总账(金额帐)	ERP 系统、AIC 系统	30 年	电子单套制
8		明细账	ERP 系统、AIC 系统	30 年	电子单套制
9		日记账	ERP 系统、AIC 系统	30 年	电子单套制
10		固定资产卡片	ERP 系统、AIC 系统	30 年	电子单套制
11		其他辅助性账簿	ERP 系统、AIC 系统	30 年	电子单套制
12	会计报表	月报、季报、半年报	AIC 系统、FIRMS 系统	10 年	电子单套制
13		年度财务报告	纸质	永久	纸质归档
14		企业自定义报表	AIC 系统、FIRMS 系统	10 年	电子单套制
15	其他	银行存款余额调节表	共享服务系统	10 年	电子单套制
16		银行对账单	共享服务系统	10 年	电子单套制
17		纳税申请单	纸质	10 年	纸质归档
18		档案移交清册	档案系统	30 年	电子单套制
19		档案保管、销毁清册及鉴定意见书	档案系统	永久	纸质归档

1. ERP 系统归档范围

ERP 系统归档范围包括财务会计和管理会计涉及到的会计凭证和会计账簿。

会计凭证包括：资产过帐、自动清帐凭证、资产记帐、折旧过帐、自动清帐凭证、客户凭证、客户发票、客户付款、租赁合同集成凭证（销售板块）、记账凭证、科目维护、供应商发票、交易平台月末强制挂帐、供应商付款、结算、价格更改、发票–总额、发票转储记账、销售 IC 卡业务（销售板块）、总帐科目凭证、调整凭证、销售非油品集成（销售板块）、发货、收货、发货/交货、银行电子对帐、手工电子支付、项目结算凭证等。

会计账簿包括：金额帐、外币金额帐、现金日记账、银行存款日记账、往来明细账、数量帐、成本费用明细账、分税率金额帐、单位余额帐等。归档范围及数据格式见表 2-4：ERP 系统归档范围及数据格式。

表 2-4　ERP 系统归档范围及数据格式

序号	会计资料名称	类型编号	源格式	归档格式
一、会计凭证(共 28 类)				
1	资产过账	AA	表单数据	PDF
2	自动清账凭证	AB	表单数据	PDF
3	资产记账	AC	表单数据	PDF
4	折旧过账	AFMXX	表单数据	PDF
5	自动清账凭证	AY	表单数据	PDF
6	客户凭证	DA	表单数据	PDF
7	客户发票	DR	表单数据	PDF
8	客户付款	DZ	表单数据	PDF
9	租赁合同集成凭证(销售板块)	FR	表单数据	PDF
10	记账凭证	HR	表单数据	PDF
11	科目维护	KP	表单数据	PDF
12	供应商发票	KR	表单数据	PDF
13	交易平台月末强制挂账	KX	表单数据	PDF
14	供应商付款	KZ	表单数据	PDF
15	结算	ML	表单数据	PDF
16	价格更改	PR	表单数据	PDF
17	发票-总额	RE	表单数据	PDF
18	发票转储记账	RV	表单数据	PDF
19	销售 IC 卡业务(销售板块)	RZ	表单数据	PDF
20	总账科目凭证	SA	表单数据	PDF
21	调整凭证	SY	表单数据	PDF
22	销售非油品集成(销售板块)	SX	表单数据	PDF
23	发货	WA	表单数据	PDF
24	收货	WE	表单数据	PDF
25	发货/交货	WL	表单数据	PDF

序号	会计资料名称	类型编号	源格式	归档格式
26	银行电子对账	Y2TR	表单数据	PDF
27	手工电子支付	Y3TR	表单数据	PDF
28	项目结算凭证	ZC	表单数据	PDF
二、会计账簿(共9类)				
1	总账(金额账)		表单数据	PDF
2	外币金额账		表单数据	PDF
3	日记账-现金日记账		表单数据	PDF
4	日记账-银行存款日记账		表单数据	PDF
5	往来明细账		表单数据	PDF
6	数量账		表单数据	PDF
7	成本费用明细账		表单数据	PDF
8	分税率金额账		表单数据	PDF
9	单位余额账		表单数据	PDF

2. 会计集中核算系统（AIC）归档范围

AIC系统归档范围包括企业核算主体在核算过程中产生的会计凭证、会计账簿和会计报表。

会计凭证包括：记账凭证、重估凭证、折算调整。

会计账簿包括：要素台账、科目、责任成本、专项核算、辅助交叉、往来单位、个人往来、物料核算、成本中心、现金流量、功能范围、产品及劳务、资产变动、工程项目、研发项目、劳务项目、银行账户、自定义辅助核算类别等。

会计报表包括：财会类（11张）、综合类（27张）、注释类（80张）、业务分布类（16张）、关联类（5张）、金融类（12张）、成本类（13张）、往来类（16张）、境外类（7张）、其他类（72张）、其他（10张）。归档范围及数据格式见表2-5会计集中核算系统（AIC）归档范围及数据格式。

表 2-5　会计集中核算系统（AIC）归档范围及数据格式

序号	会计资料名称	类型编号	源格式	归档格式
一、会计凭证(共3类)				
1	记账凭证	SA	表单数据	PDF
2	重估凭证(自动)	ZZ	表单数据	PDF
3	折算调整(自动)	SG	表单数据	PDF
二、会计账簿(共26类)				
1	要素台账		表单数据	PDF
2	科目		表单数据	PDF
3	责任成本		表单数据	PDF
4	专项核算		表单数据	PDF
5	辅助交叉		表单数据	PDF
6	往来单位		表单数据	PDF
7	个人往来		表单数据	PDF
8	物料核算		表单数据	PDF
9	成本中心		表单数据	PDF
10	现金流量		表单数据	PDF
11	功能范围		表单数据	PDF
12	产品及劳务		表单数据	PDF
13	资产变动		表单数据	PDF
14	工程项目		表单数据	PDF
15	研发项目		表单数据	PDF
16	劳务项目		表单数据	PDF
17	银行账户		表单数据	PDF
18	自定义辅助核算类别(01-09)		表单数据	PDF
三、会计报表(共269类)				
1	资产处置情况表(本年累计数)	07-2	表单数据	PDF
2	封面信息	AFMXX	表单数据	PDF

序号	会计资料名称	类型编号	源格式	归档格式
3	资产负债表	BA01	表单数据	PDF
4	利润表	BA02	表单数据	PDF
5	利润分配(派)情况表	BA03	表单数据	PDF
6	现金流量表	BA04	表单数据	PDF
7	现金流量表(补充资料)	BA05	表单数据	PDF
8	所有者权益变动表	BA06	表单数据	PDF
9	资产减值准备情况表	BA07	表单数据	PDF
10	应上交应弥补款项表	BA08	表单数据	PDF
11	应交增值税明细表	BA09	表单数据	PDF
12	国有资本保值增值情况表	BA10	表单数据	PDF
13	资产减值准备明细表(不打印)	BA12	表单数据	PDF
14	基本情况类报表(27类)	BB01-BB20	表单数据	PDF
15	货币资金构成情况类报表(80类)	BD01-BD50	表单数据	PDF
16	企业板块分布表(16类)	BF01=BF14	表单数据	PDF
17	关联债权债务表(非上市企业)	BG01	表单数据	PDF
18	非上市企业关联交易(卖出)情况表	BG02	表单数据	PDF
19	非上市企业关联交易(买入)情况表	BG03	表单数据	PDF
20	现金流量明细表	BG04	表单数据	PDF
21	金融企业关联业务明细表	BG05	表单数据	PDF
22	金融类报表(12类)	BH01-BH12	表单数据	PDF
23	成本类报表(13类)	BQ01-BQ13	表单数据	PDF
24	应收、应付报表(16类)	BW01-BW16	表单数据	PDF
25	境外财务报表(7类)	BY01-BY07	表单数据	PDF
26	月度主要财务指标变动说明-1	FX01	表单数据	PDF
27	月度主要财务指标变动说明-2	FX02	表单数据	PDF
28	计算表	FX99	表单数据	PDF

续表

序号	会计资料名称	类型编号	源格式	归档格式
29	国资委财务快报(下属企业)	SS04	表单数据	PDF
30	主要经营指标表(中间表)	ZC01	表单数据	PDF
31	货币资金等其他类(72类)	ZJ01–ZJ72	表单数据	PDF
32	利息支出情况表	ZL01	表单数据	PDF
33	主要指标统计表	ZYZB	表单数据	PDF
34	主要业务情况表	ZZ15	表单数据	PDF

3. 财务指标报告管理系统（FIRMS）归档范围

FIRMS归档范围为根据国际财务报告准则、香港上市公司规则、香港上市公司条例披露需求规定要求对外披露报表。按照出具频次分为月报，季报，年报；按照填报口径分为合并口径报表、母公司口径、事业部报表、披露报表、财政报表5类；按照信息使用者分为外部披露报表和内部管理分析报表。

会计报表包括：合并口径报表（68张）、母公司口径报表（57张）、事业部报表（176张）、财政报表（28张）、披露报表（29张）。归档范围及数据格式见表2-6：财务指标报告管理系统（FIRMS）归档范围及数据格式。

表2-6　财务指标报告管理系统（FIRMS）归档范围及数据格式

序号	会计资料名称	类型编号	源格式	归档格式
一、会计报表(共9大类,358类)				
1. 合并口径报表(共68类)				
1	企业资产相关明细表	BB01–BB68	表单数据	PDF
2. 母公司口径报表(共57类)				
2	资产负债表等合并口径报告	BC01–BC57	表单数据	PDF
3. 化工事业部表(共37类)				
3	化工类财务统计报表	BH01–BH57	表单数据	PDF
4. 炼油事业部表(共52类)				
4	炼油类财务统计报表	BL01–BL55	表单数据	PDF
5. 科研及其他事业部表(共20类)				
5	科研类财务统计报表	BQ01–BQ20	表单数据	PDF

续表

序号	会计资料名称	类型编号	源格式	归档格式
6. 销售事业部表(共27类)				
6	油品销售类财务统计报表	BX01-BX35	表单数据	PDF
7. 油田事业部表(共40类)				
7	油气勘探类财务统计报表	BY01-BY42	表单数据	PDF
8. 财政报表(共28类)				
8	财政报表	CZ01-CZ27	表单数据	PDF
9. 披露报表(共29类)				
9	股份公司对外披露报表	PL01-PL32	表单数据	PDF

4. 共享服务系统（FSS）归档范围

FSS 系统归档范围包括共享公司承接石化内部单位共享服务申请过程中产生的原始凭证影像件、银行回单、相关附件、申请单、业务流转信息记录等。归档范围及数据格式见表 2-7 共享服务系统（FSS）归档范围及数据格式。

表 2-7　共享服务系统（FSS）归档范围及数据格式

序号	会计资料名称	类型编号	存在系统	源格式	归档格式
一、会计凭证(共3类)					
1	原始凭证影像件		影像系统	JPG/JPEG	JPG/JPEG
2	银行回单		影像系统	PDF	PDF
3	附件		影像系统		
二、其他类(共2类)					
1	申请单	FQ	自助系统	表单数据、图片	JPG/JPEG
2	业务流转信息记录		自助系统、运营系统	表单数据	JPG/JPEG

5. 财务报销系统（ERS）归档范围

ERS 系统归档范围包括共享公司承接石化内部单位报销申请过程中产生的原始报销凭证影像件、银行回单、报销单、业务流转信息记录等。归档范围及数据格式见表 2-8 财务报销系统（ERS）归档范围及数据格式。

表2-8　财务报销系统（ERS）归档范围及数据格式

序号	会计资料名称	类型编号	存在系统	源格式	归档格式
一、会计凭证(共3类)					
1	原始凭证影像件		影像系统	JPG/JPEG	JPG/JPEG
2	银行回单		影像系统	PDF	PDF
3	附件		影像系统		
二、其他类(共2类)					
1	报销单	BX	费用报销系统	表单数据、图片	JPG/JPEG
2	业务流转信息记录		自助系统、运营系统	表单数据	JPG/JPEG

（四）电子会计资料形成方案

以电子会计档案管理系统为基础，整合 ERP、会计集中核算系统（AIC）、财务指标报告管理系统（FIRMS）、共享服务系统（FSS）、财务报销系统（ERS）等业务系统在线上生成的会计报表、会计账簿、会计凭证以及共享服务系统中原始凭证的影像文件，通过定期归档的方式将电子文件进行在线归档。同时，原始纸质凭证由共享服务公司按照凭证对应的业务办结时间进行整理、装盒，定期与电子文件一起向企业档案部门进行移交。

电子会计档案管理系统电子数据的形成过程见图 2-19。

1. 会计报表

各业务系统形成的会计报表在归档时，按照每个报表作为一个归档主件形成一个 PDF 的方式进行电子归档，元数据主要包括：公司代码、公司名称、年度、月份、报表摘要等基础数据，方便后期对档案的检索和利用。

2. 会计账簿

各业务系统形成的会计账簿在归档时，同样按照每个账簿作为一个归档主件形成一份 PDF 的方式进行电子归档，元数据主要包括：公司代码、公司名称、年度、月份、账簿摘要、关联凭证等基础数据，尤其是明细账，如果账簿中包含记账凭证需要将账簿中所有记账凭证号作为元数据进行归档，方便系统做关联查询。

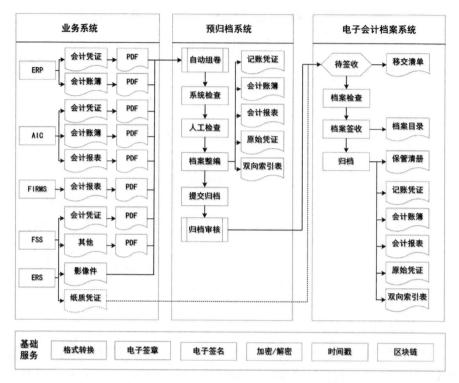

图 2-19　电子档案的形成过程示意图

3. 会计凭证

会计凭证包括记账凭证和原始凭证，其中记账凭证由各业务系统按照每个记账凭证作为一个归档主件形成一份 PDF 的方式进行电子归档，元数据主要包括：公司代码、公司名称、年度、月份、凭证编号、摘要、关联凭证等基础数据，如果记账凭证有对应的原始凭证，需要将原始凭证号作为元数据进行归档，形成记账凭证和原始凭证之间的关联。

原始凭证以业务处理元数据作为主件进行归档，元数据主要包括：公司代码、公司名称、年度、月份、凭证编号、摘要、关联凭证、盒号、盒内序号等基础数据，原始凭证的影像件作为附件一并归档，同时利用元数据中的盒号、盒内序号（所有原始纸质凭证在共享公司业务处理过程中按照业务处理时间进行装订并装盒）实现与纸质凭证之间的关联。

纸质档案由共享公司装订并装盒后与电子档案一并移交给档案馆，档案馆按照移交的档案以"盒"的方式直接上架，档案利用时如果需要调阅纸质档案，需要根据电子档案查到对应的纸质档案所在的库房位置以及盒号、盒内序号，然后进行借阅利用。

（五）集成接口

1. 接口规范

（1）接口技术要求

在业务系统和电子档案管理系统中分别开发数据归档移交和数据接收检查功能模块，实现两个系统之间的数据传输，业务系统归档流程见图 2-20：业务系统归档流程图。

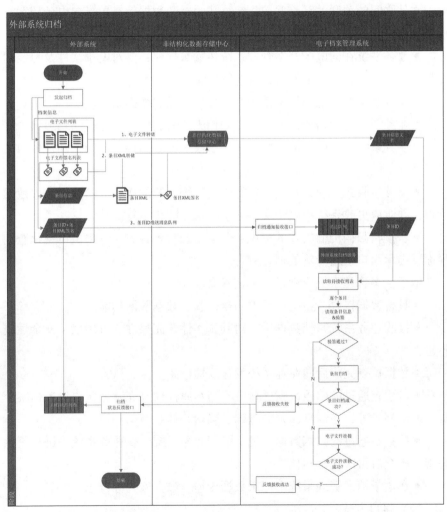

图 2-20　业务系统归档流程图

发起归档的业务系统归档模块功能具备以下技术要求：

• 具备组织归档电子文件及其元数据信息、生成归档清单、归档提交的功能。

• 采集与归档细则要求的所有元数据项，对文件来源、文件题名、年度、档案所属单位、密级、保管期限、成文日期、电子文件数量、电子文件名称、电子文件大小、来源系统等关键数据项信息进行非空检验，对日期类型数据进行有效性检验，检验不通过的数据需完善信息后，才可以提交归档。

• 按照接口协议组织待归档电子文件及其元数据，建立并保持元数据与电子文件之间的关联关系，并按指定格式去封装数据信息包，向电子档案管理系统移交。

• 业务系统在向电子档案管理系统传输数据前，要对电子文件及封装的元数据 xml 文件进行数字签名，再进行传输。

• 业务系统调用电子档案系统归档接口，发起数据归档。

• 业务系统记录归档传输日志，归档失败后利用日志进行问题追溯。

• 业务系统设置电子文件状态标识字段区分未归档、已归档和被驳回的电子文件。

• 能够接收并正确识别电子档案管理系统反馈的接收成功或接收失败的标识，并对应更改系统中电子文件状态标识，防止重复归档。

• 若接收归档传输失败的标识，业务系统写入日志，并提供可视化查询界面，提示用户重新传输数据。

电子档案管理系统应满足以下技术要求：

• 具备数据接收、检验、反馈归档信息、数据驳回功能。

• 接收业务系统归档数据后，对其真实性、完整性、可用性、安全性进行检查。

• 数据检查完成后向业务系统发送反馈信息。

• 对检查通过的归档数据进行电子档案属性信息完善，包含设置档案分类、编制档号等，在信息完善的基础上确认归档。

• 检查不通过的归档数据按批次驳回业务系统，在业务系统中进行信息完善、齐全后再次提交归档。

• 在电子档案管理系统中记录数据传输、数据检查等日志。

（2）接口方式

业务系统和电子档案管理系统使用 https 协议，通过 SSL 加密通信通道进行归档数据的传输。采用 Web Service 的方式实现。

①接口集成机制

采用 Web Service 服务机制实现电子档案管理系统与业务系统的集成。电子档案管理系统提供标准接口，由业务系统调用后，以 XML 文件格式传递归档电子文件元数据及电子文件流信息；电子档案管理系统读取 XML 文件验证签名，解析 XML 元数据，并逐一读取电子文件验证签名，数据检查完成后，调用业务系统提供的接口反馈归档信息。

②接口调用流程

•业务系统触发归档，组织电子文件并对该批次归档的电子文件进行格式检查，将专用格式的电子文件转换为通用电子格式，将加密文件解密。

•对该批次提交的电子文件添加数字签名，上传电子文件，并将元数据项及电子文件的数字签名写入 XML 文件，对 XML 文件添加数字签名，并上传 XML 文件。

•调用电子档案系统归档接口，发起归档请求，记录归档日志。

•电子档案管理系统从消息队列读取归档请求，对归档元数据根据"四性检查"标准做数据检查。

•读取 XML 元数据文件，验证数字签名。

•解析 XML 元数据文件，根据 XML 元数据文件中的电子文件信息，逐一读取电子文件，并验证电子文件的数字签名。

•所有数据检查都完成后，记录检查日志，反馈业务系统数据接收及验证结果。

③XML 元数据文件内容格式

XML 元数据文件内容需满足接口规定的数据格式，具体格式如下。

```xml
<? xml version="1.0" encoding="utf-8"? >
<Data>
  <! --通用元数据-->
  <CommonInfo>
    <! --归档信息系统标识,由档案系统统一分配-->
    <Metadata Name ="SystemID" value=""></Metadata>
    <! --唯一信息包标识,每次传输生成新 GUID-->
    <Metadata Name ="PackageID" value=""></Metadata>
    <! --唯一业务标识,如公司代码+年度+凭证编号、-->
```

```
    <Metadata Name ="BusinessID" value=""></Metadata>
    <! --档案类型,如:凭证、账簿、报表、申请单、影像件、其他-->
    <Metadata Name ="Type" value=""></Metadata>
    <! --发起人名称-->
    <Metadata Name ="SubmitUserName" value=""></Metadata>
    <! --发起归档的时间戳,Datetime 格式,到毫秒-->
    <Metadata Name ="SubmitTime" value="2018-01-01 11:11:32.324"></Metadata>
    <! --电子文件个数-->
    <Metadata Name ="FileCount" value=""></Metadata>
    <! --操作类型,0:新增,1:更新-->
    <Metadata Name ="Flag" value=""></Metadata>
  </CommonInfo>
  <! --业务系统过程信息,没有的可以不填-->
  <ProcessInfos>
    <! --电子文件形成过程列表-->
<Information ProcessID="过程 ID" ProcessName="过程名称" Operator ="经办人" OperationTime ="操作时
    间" Descs="描述"></Information >
<Information ProcessID="过程 ID" ProcessName="过程名称" Operator ="经办人" OperationTime ="操作时
    间" Descs="描述"></Information >
  </ProcessInfos>
  <! --业务系统自定义元数据,需要和业务系统具体对接-->
  <BusinessMetas>
    <BusinessMeta Name ="VKORG" value="公司代码" type="" must="Y"></BusinessMeta>
    <! --申请单(FQ 公司代码 利润中心 核算主体 业务摘要 申请日期)-->
    <BusinessMeta Name ="Title" value="申请单号" type="" must="Y"></BusinessMeta>
    <BusinessMeta Name ="ProfitCenter" value="利润中心" type="" must="Y"></BusinessMeta>
    <BusinessMeta Name ="Accounting" value="核算主体" type="" must="Y"></BusinessMeta>
    <BusinessMeta Name ="BusinessPaper" value="业务摘要" type="" must="Y"></BusinessMeta>
    <BusinessMeta Name ="ApplyDate" value="申请日期" type="" must="Y"></BusinessMeta>
    <! --多个凭证号',' 分隔-->
    <BusinessMeta Name ="VoucherNo" value="凭证号 s" type="" must="Y"></BusinessMeta>
    <BusinessMeta Name ="IsReferenceVoucher" value="是否有参考凭证" type="" must="Y"></Business-
Meta>
    <BusinessMeta Name ="ReferenceVoucherNo" value="参考凭证号" type="" must="N"></BusinessMeta>

    <BusinessMeta Name ="Year" value="2007" type="" must="Y">  </BusinessMeta>
    <BusinessMeta Name ="ArchiveUser" value="归档人" type="" must="Y">  </BusinessMeta>
    <BusinessMeta Name ="ArchiveDate" value="归档时间" type="" must="Y">  </BusinessMeta>
    <BusinessMeta Name ="SecurtyLevel" value="密级" type="" must="Y">  </BusinessMeta>
```

```
<BusinessMeta Name ="RetentionPeriod" value="保管期限" type="" must ="Y"> </BusinessMeta>
<BusinessMeta Name ="CreateTime" value="文件生成时间" type="" must ="Y"> </BusinessMeta>

<! --纸质文件对应元数据-->
<BusinessMeta Name="BoxNo" value="盒号" type="文本" Must="N"></BusinessMeta>
<BusinessMeta Name="FlowNumber" value="纸质文件流水号" type="文本" Must="N"></Busi-
nessMeta>
<BusinessMeta Name="PageNum" value="页数" type="整数型" Must="N"></BusinessMeta>
</BusinessMetas>
<! --电子原文,证书信息需要和安全组具体对接-->
<Files>
<File Digest="" Sign="Sign" SignTime="电子原文签名时间" Certificate="Certificate" FileID="
OSSKey"
    FileName="文件名称" FileType="文件类型" FileSize="文件大小" CreateTime="形成时间"
    UpdateTime="修改时间" FileFormationMode="文件形成方式" >
  <FileNo>文件编号</FileNo>
  <Path>存放位置</Path>
</File>
<File Digest="" Sign="Sign" SignTime="电子原文签名时间" Certificate="Certificate" FileID ="
OSSKey"
    FileName="文件名称" FileType="文件类型" FileSize="文件大小" CreateTime="形成时间"
    UpdateTime="修改时间" FileFormationMode="文件形成方式" >
  <FileNo>文件编号</FileNo>
  <Path>存放位置</Path>
</File>
</Files>
</Data>
```

（4）异常处理

如果检验的任何一部分没有通过，则不能完成检验工作，在电子档案管理系统中记录检验失败信息，包括检验结果及失败原因，同时反馈给业务系统。

2. 数据检查

（1）真实性检查

真实性检查内容是为了包括保障电子文件及其元数据与形成时的原始状况相一致。具体措施如下：

a. ERP、AIC、FIRMS、FSS、ERS 等业务系统建设独立的归档模块，在归档模块对归档内容进行限定，并按照归档要求将报表、账簿、电子凭证定期生成 PDF 文件进行存档。

b. 财务系统业务办结后，系统生成的 PDF 存档数据不能再被业务系统进行修改。

c. 业务系统与档案系统集成接口采用关联注册的方式，保证只有注册的系统 IP 可以调用归档功能。

d. 每个业务系统在归档时，需要传递系统的唯一标识，电子档案管理系统验证归档数据来源的真实性。

e. 业务系统在归档时需要对归档的元数据、归档文件进行数字签名，并生成时间戳，电子档案系统在接收数据后要对归档的元数据以及归档文件进行验签，保证归档过程中数据没有被篡改。

f. 每个业务系统都提前定义归档元数据是否可以为空、数据类型、字段格式、值域、数值范围等，电子档案系统在接收元数据后对相应元数据进行数据检查，保证元数据与业务系统的一致性。

g. 业务系统在归档时，元数据中包含归档的电子文件的数量，电子文件名称、大小、文件格式、创建时间等电子文件属性，电子档案系统在接收时对上述信息进行自动检查，保证与业务系统的一致性。

h. 业务系统中个归档数据之间通过关联凭证号进行关联，电子档案系统通过关联凭证号实现凭证之间的关联穿透查询。

i. 业务系统归档时，需要先将本次归档的所有元数据和电子文件统一形成一个数字摘要与归档清单一并通过接口传输到电子档案系统，电子档案管理在所有归档文件接收完成后按照数字摘要形成规则，重新生成数字摘要并与归档的数字摘要进行比对，检查归档信息包的一致性。

（2）完整性检查

完整性检查内容包括检查归档电子文件内容及其元数据信息的完整性。具体措施如下：

a. 业务系统在电子文件归档模块，设置对电子文件的必填元数据信息的非空性进行检查功能，若检查不合格，需要完善后才可提交归档。同时在业务系统归档后，档案系统对所有元数据中的必填字段进行检查，发现异常在系统中标红进行提醒，档案整编人员对数据归档数据与业务系统对应数据进行比对，如果不一致需要驳回进行重新归档，如果一致需要对业务数据进行追溯。

b. 业务系统在电子文件归档形成归档清单，记录归档电子文件的数量和大小，对电子文件大小的度量单位为比特（bit）。电子档案系统在接收归档文档时，根据归档元数据对归档文件大小进行比对，保证归档文件完整传输到电子档案系统，尤其对显示为 0 bit 的文件进行异常提醒，在归档整编环节，归档整编人员必须保证所有异常都已经处理，才可以提交归档。

c. 电子档案管理系统依据归档清单对接收的电子文件的数量、大小、名称等信息进行检查，数据不一致确定为电子文件不完整，系统自动驳回业务系统并反馈错误信息。

d. 电子档案管理系统在归档整编环节除了自动检查发现问题进行异常提醒外，设置数据人工抽查功能，抽查比例可以按照公司管理规定进行设置，抽查到的每一份文档都要求整编人员进行人工检查，并记录检查情况，如果发现问题可以直接驳回业务系统进行重新归档，整编人员对重新归档数据必须进行再一次检查，人工检查通过后才可以发起归档申请。

e. 电子档案系统中设置巡检模块，对于已经归档数据需设置定期巡检，巡检包括自动巡检和手工巡检，如果在巡检中发现数据不完整，首先需要和备份数据进行比对，利用备份数据进行备份数据恢复，其次需检查恢复的备份数据是否完整，如果恢复数据依旧不完整，最后需要线下联系业务系统，追溯归档系统源数据，根据归档系统数据情况结果判断是否需要重新归档。电子档案巡检流程见图 2-21：电子档案巡检流程图。

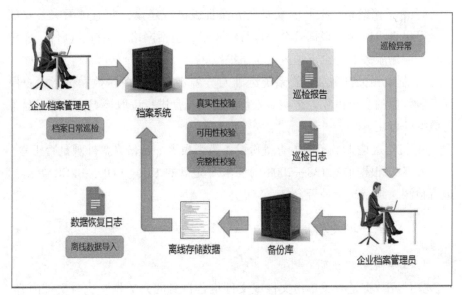

图 2-21 电子档案巡检流程图

（3）可用性检查

可用性检查内容包括检查电子文件和电子档案的可理解性和可被利用性。具体措施如下：

a. 业务系统归档元数据采用结构化存储的方式存储在结构化数据库，归档电子文件存储在非结构化数据库，结构化数据和非结构化数据采用 T+1 增量备份的方式进行数据备份。同时，结构化数据和非结构化数据定期增量备份到蓝光光盘（保存 3 份），并对一份数据定期进行异地保存。

b. 业务系统中归档的报表、账簿、电子凭证等业务系统形成的电子文件在归档前全部转化为 PDF 进行归档，纸质原始凭证，全部扫描成 JPG 文件进行归档。

c. 电子档案系统在接收归档文档时，对归档电子文件做可读性检查，保证归档文件都可以被正常打开和读取，如果无法正常读取，要驳回进行重新归档。

d. 电子档案管理系统同时将 Adobe Acrobat Reader 9.0 进行归档，如果后续软件升级，对相应的软件也一并进行归档，应保证电子文件在未来可读、可用。

（4）安全性保障

安全性保障内容应包括系统运行环境安全、归档数据没有感染病毒、数据载体正常及归档信息包在归档和保存过程中安全、可控。具体保障措施如下：

a. 电子档案系统按照国家安全等保Ⅲ级进行建设，并通过国家公安部安全等保Ⅲ级检测，根据安全等保Ⅲ级要求，包括网络、主机、硬件、操作系统、应用服务器等全部纳入安全防护范畴。

b. 制定相关管理规范，系统运维人员需要定期对备份数据进行检查保证备份数据的安全可靠。定期对备份的蓝光光盘进行读取检查，保证光盘备份数据的可用。

c. 机房巡检人员定期检查备份设备是否报警，备份光盘外观是否正常。

d. 系统根据 DA/T38—2008 的要求对光盘的 PIE、POF、BLER 等指标进行检测，判断光盘是否合格。

（六）元数据及捕获节点

1. 文件元数据说明

文件元数据是有关单份文件或文件集合自身的元数据，包含文件内容、权限、密级、存储地址及技术结构等。文件元数据包含档案通用元数据、业务描述元数据和电子原文元数据。

档案通用元数据是电子档案在档案收集、管理过程中形成的元数据，是对所有档案类的通用性描述信息，如：全宗号、档案题名、档号、密级、保管期限等。

业务描述元数据是电子档案文件在业务办理过程中形成的元数据，是对不同档案类的业务描述信息，如：公司代码、利润中心、凭证类别、凭证编号、账簿编号、账簿名称、会计年度、会计月份、核算主体等。各业务系统在开发时应建立元数据库，尽可能利用本标准已有元数据，并报档案管理系统开发组备案。

电子原文元数据是档案条目所附带电子原文的基础信息，是针对每个不同电子原文的基本描述信息，如：文件名称、文件格式、文件大小等。

2. 机构人员元数据说明

机构人员元数据是描述档案相关部门和相关人员的元数据，是机构人员实体的集合层次，包含机构描述元数据和人员描述元数据。

机构描述元数据是电子档案在形成过程、归档过程和利用过程中形成的元数据，是对档案生命周期的不同阶段有关机构的描述信息，如：档案形成部门、档案归属部门、归档部门、利用人所在部门等。

人员描述元数据是在电子档案归档过程、管理过程和利用过程中形成的元数据，归档业务人员、离线保管业务人员和档案操作人员的描述。如：形成人、归档人、离线刻录人员、离线保管人员、利用操作人员等。

3. 业务元数据说明

业务元数据是电子文件形成、处理和管理等业务行为阶段形成的元数据，包含保护描述元数据和活动描述元数据。

保护描述元数据是电子档案在归档过程中由业务系统所附加的保护性元数据，如：数字签名、摘要值算法、数字签名证书、有效期等，以证明档案在收集、存储、管理过程中数据的真实性。

活动描述元数据是电子档案在形成过程、管理过程和利用过程中形成的元数据，是对形成信息、管理信息和利用信息的描述。如：形成活动名称、形成活动描述、管理活动名称、利用活动名称、利用活动描述等。

业务系统归档元数据分别见表 2-9：ERP 系统归档元数据表；表 2-10：AIC 系统归档元数据表；表 2-11：FIRMS 系统归档元数据表；表 2-12：FSS 系统归档元数据表；表 2-13：ERS 系统归档元数据表。

表 2-9　ERP 系统归档元数据表

档案类别	元数据描述	业务字段必填项	内容说明	对应著录项	字段归属	归档源	字段名称
会计凭证	公司代码	必要		归档单位	档案	ERP	VKORG
	公司代码	必要		归档部门	档案	ERP	VKORG
	公司代码	必要		形成单位	档案	ERP	VKORG
	公司代码	必要		形成部门	档案	ERP	VKORG
	凭证标题	必要	记账凭证	题名	业务/档案	ERP	Document Title
	核算主体编号			核算主体编号	业务	ERP	
	公司代码	必要		公司代码	业务	ERP	Company Code
	公司名称	必要	单位全称	公司名称	业务	ERP	Company Name
	单位编码			单位编码	业务	ERP	ClientCode
	单位名称	必要	采购中心/利润中心	单位名称	业务	ERP	Client Name
	过账日期	必要	记账日期	凭证日期	业务	ERP	Posting Date
	会计年度	必要		会计年度	业务	ERP	Year
	会计期间	必要		会计期间	业务	ERP	Fiscal Period
	凭证类型编号	必要		凭证类型编号	业务	ERP	Voucher Type
	凭证类型名称			凭证类型名称	业务	ERP	Voucher Type Name
	凭证编号	必要		凭证编号	业务	ERP	Voucher No
	组织凭证号		公司代码凭证号/利润中心凭证号段凭证号	组织凭证号	业务	ERP	Client Voucher No
	参考凭证号			参考凭证号	业务	ERP	Reference Voucher No
	系统凭证号	必要		系统凭证号	业务	ERP	System Voucher No
	附件张数	必要		附件张数	业务	ERP	Number Of Pages Of Invoice
	会计主管			会计主管	业务	ERP	Accountant
	审核			审核	业务	ERP	Audit

档案类别	元数据描述	业务字段必填项	内容说明	对应著录项	字段归属	归档源	字段名称
会计凭证	全宗号			全宗号	档案	ERP	VKORG
	制单			制单	业务	ERP	Creator
	管理方式	必要			业务	ERP	
	共享凭证号		新增字段，用于建立关联，格式和共享公司一致	共享凭证号	档案	ERP	FiscalPeriod
	密级		2＝内部	密级	档案	ERP	SECRECY _ LEVEL
	保管期限		30	保管期限	档案	ERP	RETENTION _ PERIOD
会计账簿	公司代码	必要		归档单位	档案	ERP	VKORG
	公司代码	必要		归档部门	档案	ERP	VKORG
	公司代码	必要		形成单位	档案	ERP	VKORG
	公司代码	必要		形成部门	档案	ERP	VKORG
	公司代码	必要		公司代码	业务	ERP	VKORG
	账簿标题	必要		题名	业务/档案	ERP	Title
	全宗号			全宗号	档案	ERP	VKORG
	名称			公司名称	业务	ERP	Name
	记账编号	必要		账簿编号	业务	ERP	Account
	记账名称	必要		账簿名称	业务	ERP	AccountName
	会计期间	必要	会计期间：2015 年 05 月到 05 月	会计年度	业务	ERP	Accounting Period
	会计期间	必要	会计期间：2015 年 05 月到 05 月	会计期间	业务	ERP	Accounting Period
	管理方式	必要					
	利润中心		","分隔	利润中心	业务	ERP	Profit Center
	利润中心名称		","分隔	利润中心名称	业务	ERP	Profit Center Name

档案类别	元数据描述	业务字段必填项	内容说明	对应著录项	字段归属	归档源	字段名称
会计账簿	凭证编号		","分隔	凭证编号	业务	ERP	VoucherNo
	物料编号		","分隔	物料编号	业务	ERP	Material
	物料名称		","分隔	物料名称	业务	ERP	Material Name
	往来单位		","分隔	往来单位	业务	ERP	Client
	往来单位名称		","分隔	往来单位名称	业务	ERP	Client Name
	账簿类型编号	必要		账簿类型编号	业务	ERP	Account Book Type
	账簿类型名称	必要		账簿类型名称	业务	ERP	Account Book Type
	密级		2=内部	密级	档案	ERP	SECRECY_LEVEL
	保管期限		30	保管期限	档案	ERP	RETENTION_PERIOD

表 2-10　AIC 系统归档元数据表

档案类别	元数据描述	业务字段必填项	内容说明	对应著录项	字段归属	归档源	字段名称
会计凭证	公司代码	必要	5910	归档单位	档案	AIC	VKORG
	公司代码	必要		归档部门	档案	AIC	VKORG
	公司代码	必要		形成单位	档案	AIC	VKORG
	公司代码	必要		形成部门	档案	AIC	VKORG
	公司代码	必要		公司代码	业务	AIC	VKORG
	摘要	必要		题名	业务/档案	AIC	F_JY
	核算主体编号	必要		核算主体编号	业务	AIC	DWZD_BH
	核算主体名称	必要		单位名称	业务	AIC	DWZD_MC
	凭证编号	必要		凭证编号	业务	AIC	F_PZBH
	凭证日期	必要		凭证日期	业务	AIC	F_VDATE
	会计年度	必要	201802	会计年度	业务	AIC	F_DATE
	会计期间	必要	201802	会计期间	业务	AIC	F_DATE
	共享凭证号		新增字段，用于建立关联，格式和共享公司一致	共享凭证号	档案	AIC	F_DATE

档案类别	元数据描述	业务字段必填项	内容说明	对应著录项	字段归属	归档源	字段名称
会计凭证	凭证类型编号	必要		凭证类型编号	业务	AIC	F _ PZLX
	凭证类型	必要		凭证类型	业务	AIC	F _ PZLXMC
	统一凭证编号	必要	统一编号改为系统凭证号	系统凭证号	业务	AIC	F _ QTXX
	全宗号			全宗号	档案	AIC	VKORG
	附件张数	必要		附件张数	业务	AIC	F_FDZS
	会计主管	必要		会计主管	业务	AIC	F _ ZGXM
	制单	必要		制单	业务	AIC	F _ ZDXM
	审核	必要		审核	业务	AIC	F _ SHXM
	归档人			归档人	档案	AIC	GDR
	密级		2＝内部	密级	档案	AIC	SECRECY _ LEVEL
	保管期限		30	保管期限	档案	AIC	RETENTION _ PERIOD
	采购中心/利润中心编码			利润中心编号	业务	AIC	F _ LRZX
	采购中心/利润中心			利润中心名称	业务	AIC	F _ ZXMC
会计账簿	公司代码	必要		归档单位	档案	AIC	VKORG
	公司代码	必要		归档部门	档案	AIC	VKORG
	公司代码	必要		形成单位	档案	AIC	VKORG
	公司代码	必要		形成部门	档案	AIC	VKORG
	公司代码	必要		公司代码	业务	AIC	VKORG
	单位编号	必要		核算主体编号	业务	AIC	DWZD _ BH
	单位名称	必要		核算主体名称	业务	AIC	DWZD _ MC
	格式编号	必要		格式编号	业务	AIC	F _ GSBH
	格式名称	必要		题名	业务/档案	AIC	F _ GSMC
	类型编号	必要		账簿类型编号	业务	AIC	F _ LXBH

续表

档案类别	元数据描述	业务字段必填项	内容说明	对应著录项	字段归属	归档源	字段名称
会计账簿	类型名称	必要		账簿类型名称	业务	AIC	F＿LXMC
	开始期间	必要		开始期间	业务	AIC	F＿KSQJ
	结束期间	必要		结束期间	业务	AIC	F＿JSQJ
	会计年度	必要	201802	会计年度	业务	AIC	F＿KJQJ
	会计期间	必要	201802	会计期间	业务	AIC	F＿KJQJ
	全宗号			全宗号	档案	AIC	VKORG
	密级		2＝内部	密级	档案	AIC	SECRECY＿LEVEL
	保管期限		30	保管期限	档案	AIC	RETENTION＿PERIOD
	利润中心		","分隔	利润中心	业务	AIC	F＿LRZX
	利润中心名称		","分隔	利润中心名称	业务	AIC	F＿ZXMC
	凭证编号		","分隔	凭证编号	业务	AIC	F＿PZBH
	物料编号		","分隔	物料编号	业务	AIC	F＿WLBH
	物料名称		","分隔	物料名称	业务	AIC	F＿WLMC
	往来单位		","分隔	往来单位	业务	AIC	F＿WLDW
	往来单名称		","分隔	往来单位名称	业务	AIC	F＿WLDWMC
会计报表	公司代码	必要		归档单位	档案	AIC	VKORG
	公司代码	必要		归档部门	档案	AIC	VKORG
	公司代码	必要		形成单位	档案	AIC	VKORG
	公司代码	必要		形成部门	档案	AIC	VKORG
	公司代码	必要		公司代码	业务	AIC	VKORG
	单位编号	必要		单位编号	业务	AIC	DWZD＿BH
	单位名称	必要		单位名称	业务	AIC	DWZD＿MC
	会计年度	必要	201802	会计年度	业务	AIC	BBZD＿DATE
	会计期间	必要	201802	会计期间	业务	AIC	BBZD＿DATE
	报表编码	必要		报表编码	业务	AIC	BBZD＿BH
	报表名称	必要		题名	业务/档案	AIC	BBZD＿MC
	报表完成人	必要		报表完成人	业务	AIC	F＿ZGXM

续表

档案类别	元数据描述	业务字段必填项	内容说明	对应著录项	字段归属	归档源	字段名称
会计报表	全宗号			全宗号	档案	AIC	VKORG
	完成时间	必要		完成时间	业务	AIC	F＿WCRQ
	密级		2＝内部	密级	档案	AIC	SECRECY＿LEVEL
	保管期限		10	保管期限	档案	AIC	RETENTION＿PERIOD

表 2-11 FIRMS 系统归档元数据表

档案类别	元数据分类	元数据描述	业务字段必填项	内容说明	对应著录项	字段归属	归档源	字段名称
会计报表	档案元数据	公司代码	必要		归档单位	档案	FIRMS	VKORG
	档案元数据	公司代码	必要		归档部门	档案	FIRMS	VKORG
	档案元数据	公司代码	必要		形成单位	档案	FIRMS	VKORG
	档案元数据	公司代码	必要		形成部门	档案	FIRMS	VKORG
	档案元数据	公司代码	必要		公司代码	业务	FIRMS	VKORG
	档案元数据	单位编号	必要		单位编号	业务	FIRMS	DWZD＿BH
	档案元数据	单位名称	必要		单位名称	业务	FIRMS	DWZD＿MC
	档案元数据	会计年度	必要		会计年度	业务	FIRMS	BBZD＿YEAR
	档案元数据	月份	必要		会计期间	业务	FIRMS	BBZD＿MONTH
	档案元数据	日(版本)	必要		日(版本)	业务	FIRMS	BBZD＿DAY
	档案元数据	报表编号	必要		报表编码	业务	FIRMS	BBZD＿BH
	档案元数据	报表名称	必要		题名	业务/档案	FIRMS	BBZD＿MC
	档案元数据	报表频率(传描述)	必要		报表频率(传描述)	业务	FIRMS	BBZD＿SBPL
	档案元数据	报表完成人(人名)	必要		报表完成人(人名)	业务	FIRMS	F＿ZGXM
	档案元数据	全宗号			全宗号	档案	FIRMS	VKORG
	档案元数据	完成时间	必要		完成时间	业务	FIRMS	F＿WCRQ
	档案元数据	密级		2＝内部	密级	档案	FIRMS	SECRECY＿LEVEL
	档案元数据	保管期限		10	保管期限	档案	FIRMS	RETENTION＿PERIOD

表 2-12　FSS 系统归档元数据表

档案类别	元数据描述		内容说明	对应著录项	字段归属	归档源	字段名称
申请单（原始凭证）	公司代码	必要		归档单位	档案	FSS 共享	VKORG
	公司代码	必要		归档部门	档案	FSS 共享	VKORG
	公司代码	必要		形成单位	档案	FSS 共享	VKORG
	公司代码	必要		形成部门	档案	FSS 共享	VKORG
	公司代码	必要		公司代码	业务	FSS 共享	VKORG
	单据号	必要		单据号	业务	FSS 共享	Title
	利润中心编号	必要		利润中心编号	业务	FSS 共享	Profit Center
	全宗号			全宗号	档案	FSS 共享	VKORG
	核算主体			核算主体	业务	FSS 共享	Accounting
	题名			题名	业务/档案	FSS 共享	Business Paper
	业务摘要			业务摘要	业务	FSS 共享	Business Paper
	申请日期	必要	yyyy-MM-dd	申请日期	业务	FSS 共享	Apply Date
	凭证编号			凭证编号	业务	FSS 共享	Voucher No
	是否参考凭证			是否参考凭证	业务	FSS 共享	Is Reference Voucher
	参考凭证号			参考凭证号	业务	FSS 共享	Reference Voucher No
	归档年度	必要		会计年度	业务	FSS 共享	Year
	会计期间			月份	业务	FSS 共享	Year
	分册人			分册人	业务	FSS 共享	Volume User
	分册时间		把纸质放在盒里的时间	分册时间	业务	FSS 共享	Volume No
	归档分册号		FQ 逗号分册号	分册号	业务	FSS 共享	Box No
	盒号					FSS 共享	Volume No
	盒内序号					FSS 共享	Flow Number
	密级		7＝无密级	密级	档案	FSS 共享	SECRECY _ LEVEL
	保管期限		10	保管期限	档案	FSS 共享	RETENTION _ PERIOD

续表

档案类别	元数据描述		内容说明	对应著录项	字段归属	归档源	字段名称
双向索引表	公司代码	必要		归档单位	档案	FSS 共享	VKORG
	公司代码	必要		归档部门	档案	FSS 共享	VKORG
	公司代码	必要		形成单位	档案	FSS 共享	VKORG
	公司代码	必要		形成部门	档案	FSS 共享	VKORG
	公司代码	必要		公司代码	业务	FSS 共享	VKORG
	凭证年月	必要	YYYY	会计年度	业务	FSS 共享	Year
	凭证年月	必要	MM	月份	业务	FSS 共享	Year
	归档号生成方式	必要	利润中心	归档生成方式	业务	FSS 共享	ARCH _ TYPE
	利润中心编码/归档点编码	必要	具体利润中心／归档点代码	利润中心编码/归档点编码	业务	FSS 共享	ARCH _ ID
	索引表名称	必要	金陵公司股份公司凭证归档点/×××	题名	业务	FSS 共享	TITLE
	业务条数	必要		业务条数	业务	FSS 共享	ARCH _ COUNT

表 2-13　ERS 系统归档元数据表

档案类别	元数据分类	元数据描述		内容说明	对应著录项	字段归属	归档源	字段名称
报销单（影像件）	档案元数据	公司代码	必要		归档单位	档案	ERS	VKORG
	档案元数据	公司代码	必要		归档部门	档案	ERS	VKORG
	档案元数据	公司代码	必要		形成单位	档案	ERS	VKORG
	档案元数据	公司代码	必要		形成部门	档案	ERS	VKORG
	档案元数据	公司代码	必要		公司代码	业务	ERS	VKORG
	档案元数据	全宗号			全宗号	档案	ERS	VKORG
	档案元数据	申请事由	必要		题名	业务/档案	ERS	Title
	档案元数据	利润中心编号	必要		利润中心编号	业务	ERS	Profit Center
	档案元数据	利润中心名称	必要		利润中心名称	业务	ERS	Profit Center
	档案元数据	申请日期	必要	yyyy-MM-dd	申请日期	业务	ERS	Apply Date

续表

档案类别	元数据分类	元数据描述		内容说明	对应著录项	字段归属	归档源	字段名称
报销单（影像件）	档案元数据	年度	必要	yyyy	会计年度	业务	ERS	Year
	档案元数据	月份	必要	MM	月份	业务	ERS	Month
	档案元数据	凭证编号		年月凭证号可能会出现无数据情况	凭证编号	业务	ERS	Voucher No
	档案元数据	密级		7＝无密级	密级	档案	ERS	SECRECY_LEVEL
	档案元数据	保管期限		10	保管期限	档案	ERS	RETENTION_PERIOD
	档案元数据	单据号			单据号	业务	ERS	BillCode
	档案元数据	盒号						
	档案元数据	盒内序号						

4. 关系元数据说明

关系元数据是描述档案实体之间关系的元数据。关联描述元数据是描述电子文件之间、电子文件不同实体之间以及电子文件实体内部对象之间的关系的元数据。如：关联业务名称、关联业务标识号、关联业务编号等。

5. 元数据的来源与捕获

依照电子文件运动理论，在电子档案生命周期的不同阶段，根据归档环节不同元数据的捕获可分为业务系统捕获的元数据、归档环节捕获的元数据和档案系统捕获的元数据。不同元数据在电子档案生命周期中的捕获节点见图 2-22：不同元数据捕获节点示意图。

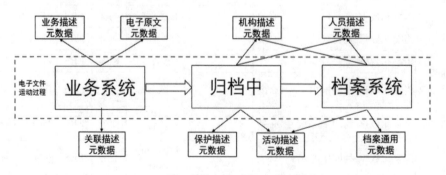

图 2-22　不同元数据捕获节点示意图

在业务系统捕获的元数据类别有：业务描述元数据、电子原文元数据、关联描述元数据。

在归档环节捕获的元数据类别有：机构描述元数据、人员描述元数据、保护描述元数据，活动描述元数据。

在档案系统捕获的元数据类别有：档案通用元数据、机构描述元数据、人员描述元数据、活动描述元数据。

（七）整理方案

1. 电子文件整理方案

各业务系统开发部署归档模块，财务共享公司设立电子归档岗位，负责电子凭证归档。(涉及共享公司岗位人员服务目录变更，岗位职责、流程变化)。

电子会计档案分类情况见图 2-23：电子会计类档案分类情况。

图 2-23　电子会计类档案分类情况

记账凭证：在对应业务办结后，由业务系统线上转换为 PDF 格式，按月归档；通过"关联凭证号"与原始凭证进行关联；通过"合同编号"与合同档案类进行关联；通过"项目编号"与项目档案类进行关联；通过"成本中心编号"与成本中心档案类进行关联。

会计账簿：在财务会计年度年结后，业务系统对上一年度封账后的账簿转化成 PDF 格式归档。

会计报表：在财务报表报出后转化成 PDF 格式，按照月报、季报、半年报、年报的方式在下一月度归档。

原始凭证：在业务办结后，按照月度进行归档。相关工作表单（例如：报销申请单、共享服务申请单）转化为 PDF 格式归档，纸质原始凭证扫描成 JPG 影像文件归档，如果存在其他格式附件，需要将附件转化为 PDF 文件并与原始附件一并归档，压缩文件需要减压后归档。

其中，电子会计凭证、会计账簿、会计报表不再打印，直接以电子形式，按照归档时间整理编号。对于电子记账凭证和纸质原始凭证并存的情况，电子记账凭证同样不再打印，直接以生成的 PDF 作为主件进行归档，纸质原始凭证的扫描件作为其附件归档。

财务会计类文件组成方式见表 2-14：财务会计类文件组成方式和关联关系表。

表 2-14　财务会计类文件组成方式和关联关系

文件类别	文件清单	组成方式	包含文件	关联性说明	备注
会计凭证	记账凭证	主件	记账凭证	通过关联凭证号与原始凭证关联	
	原始凭证	主件	报销单申请单	通过关联凭证号与记账凭证关联	纸质归档
		附件	报销审核单	在线审核记录形成附件	纸质归档
		附件	报销凭证影像件	以附件形式存在	纸质归档
		主件	共享服务申请单	通过关联凭证号与记账凭证关联	纸质归档
		附件	结算审批单	以附件形式存在	纸质归档
		附件	结算凭证影像件	以附件形式存在	纸质归档
		附件	银行回单	以附件形式存在	
		附件	纳税申报表	以附件形式存在	纸质归档
会计账簿	总账（金额账）	主件	总账、分类账、金额账		
	明细账	主件	明细账		
	日记账	主件	日记账		
	固定资产卡片	主件	固定资产卡片		
	其他辅助性账簿	主件	辅助性账簿		

续表

文件类别	文件清单	组成方式	包含文件	关联性说明	备注
会计报表	月报、季报、半年报	主件	月度、季度、半年度财务会计报告		
	年度财务报告	主件	年度财务会计报表		纸质归档
	企业自定义报表	主件	企业自定义报表		
其他	银行存款余额调节表	主件	银行存款余额调节表		
	银行对账单	主件	银行对账单		
	纳税申请单	主件	纳税申请单		纸质归档

电子档案系统将接收到的电子文件，以公司代码为单位，按所属归档来源、会计期间、核算主体、管理方式、时间等要素进行自动组卷。组卷方式见表2-15电子档案组卷方式表。

表2-15　电子档案组卷方式

档案类型	说明	组卷方式
记账凭证	由业务系统生成电子记账凭证，根据不同管理方式生成，有3种管理方式：公司代码、段、利润中心。	档案系统的整编模块自动将接收到的电子记账凭证自动组卷，以公司代码为单位，按所属归档来源会计期间、核算主体、管理方式、组卷到相应月份。
会计账簿	由业务系统生成电子会计账簿，根据不同管理方式生成，有3种管理方式：公司代码、段、利润中心。	档案系统的整编模块自动将接收到的电子会计账簿自动组卷，以公司代码为单位，按所属归档来源会计期间、管理方式、组卷到相应月份。
会计报表	由业务系统生成电子会计报表。	档案系统的整编模块自动将接收到的会计报表自动组卷，以公司代码为单位，按所属归档来源组卷到相应月份。
原始凭证	原始凭证由业务系统移交到档案系统的整编模块，移交数据包括电子记账凭证和纸质原始凭证的双向索引。	档案系统的整编模块将接收到的电子原始凭证自动组卷，以公司代码为单位，按所属归档来源组卷到相应年度，档案系统的整编模块显示电子记账凭证和原始纸质凭证之间的双向索引。

会计凭证、会计报表、会计账簿、原始凭证自动归档产生的档号，规则按表2-16：财务会计档案档号规则。

表 2-16　财务会计档案档号规则

文件类型	档号规则
会计凭证	SH01-I02-YYYY-MM-NNNN（全宗号–类目代字–年度–月度–流水号）
会计账簿	SH01-I03-YYYY-MM-NNNN（全宗号–类目代字–年度–月度–流水号）
会计报表	SH01-I04-YYYY—MM-NNNN（全宗号–类目代字–年度–月度–流水号）
原始凭证	SH01-I01-YYYY-NNNN（全宗号–类目代字–年度–流水号）

记账凭证与原始纸质凭证通过“关联凭证号”在系统中自动建立关联关系。在利用时，检索到对应的电子档案，可查看到该档案对应的纸质档案的盒号、盒内序号，见图2-24：原始凭证归档整编示例图。

序号	题名	全宗号	保管期限	单据号	公司代码	会计年度	月份	凭证编号	是否有纸质档案	盒内序号	盒号	库房位置
1	260万吨蜡油加氢未完工程	JLSH	30年	FQ-1710201601010001	1710	2016	1	2015,12,1900002214	是	10	2016-405	
2	本月西气东输发票在途	JLSH	30年	FQ-1710201601010003	1710	2016	1	2015,12,1900002215	是	2	2016-406	
3	结转201512代收代垫费用至供应商	JLSH	30年	FQ-1710201601010004	1710	2016	1	2015,12,1900002216;2015,12,1900002217;2015,1...	是	10	2016-429	
4	项目暂估	JLSH	30年	FQ-1710201601010005	1710	2016	1	2015,12,1700003946;2015,12,1700003947;2015,1...	是	3	2016-406	
5	计提2015年12月份已销成品油的消费税	JLSH	30年	FQ-1710201601010006	1710	2016	1	2015,12,1700004713	是	1	2016-406	
6	月末结转应交增值税、消费税款	JLSH	30年	FQ-1710201601010007	1710	2016	1	2015,12,1700004714	是	4	2016-406	
7	计提2015年12月份城建税及教育费附加	JLSH	30年	FQ-1710201601010008	1710	2016	1	2015,12,1700004715	是	5	2016-406	
8	南京港华燃气同一家客户供应商往来清账	JLSH	30年	FQ-1710201601010009	1710	2016	1	2015,12,0500052432	是	6	2016-406	
9	股份金陵结转待处理财产损溢	JLSH	30年	FQ-1710201601010010	1710	2016	1	2016,01,0100024007	是	1	2016-1	
10	联化月末在途原油	JLSH	30年	FQ-1710201601010011	1710	2016	1	2015,12,4000000105	是	7	2016-406	
11	递延所得税费用	JLSH	30年	FQ-1710201601020001	1710	2016	1	2016,01,1800000809	是	2	2016-1	
12	计提所得税	JLSH	30年	FQ-1710201601020002	1710	2016	1	2015,12,0100024076;2015,12,0100024080;2015,1...	是	8	2016-406	
13	付车船税、机动车辆保险费	JLSH	30年	FQ-1710201601040002	1710	2016	1	2016,01,2300000005	是	3	2016-1	
14	股份金陵补提防洪保安基金	JLSH	30年	FQ-1710201601040003	1710	2016	1	2015,12,1900002219	是	9	2016-406	
15	12月国铁、地铁等清帐	JLSH	30年	FQ-1710201601040004	1710	2016	1	2015,12,0500054589;2015,12,0500054590	否			
16	支付长江油运原油二程运费	JLSH	30年	FQ-1710201601040005	1710	2016	1	2016,01,2300000004	是	4	2016-1	
17	支付宁波港898HK-N2/3、HLSZ-093-15031、919HK-...	JLSH	30年	FQ-1710201601040006	1710	2016	1	2016,01,2300000002	是	9	2016-1	
18	付中化兴中004HK-N港建费	JLSH	30年	FQ-1710201601040007	1710	2016	1	2016,01,2300000001	是	5	2016-1	
19	付上海铁路局南京货运中心栖霞山北站铁路运费	JLSH	30年	FQ-1710201601040008	1710	2016	1	2016,01,2300000000	是	6	2016-1	
20	扬州苏中安防公司南京分公司维修理费	JLSH	30年	FQ-1710201601040009	1710	2016	1	2016,01,5100000029	是	7	2016-1	
21	扬州苏中安防公司南京分公司维修理费	JLSH	30年	FQ-1710201601040010	1710	2016	1	2016,01,5100000012	是	8	2016-1	
22	泰州宏泰市政工程公司维修理费	JLSH	30年	FQ-1710201601040011	1710	2016	1	2016,01,5100000016	是	10	2016-1	
23	财企直联收款，回单编号20160040279209	JLSH	30年	FQ-1710201601040013	1710	2016	1	2016,01,1400000000	否			
24	财企直联收款，回单编号20160040295731	JLSH	30年	FQ-1710201601040014	1710	2016	1	2016,01,1400000001	否			
25	财企直联收款，回单编号20160040350571	JLSH	30年	FQ-1710201601040015	1710	2016	1	2016,01,1400000002	否			
26	财企直联收款，回单编号20160040340241	JLSH	30年	FQ-1710201601040016	1710	2016	1	2016,01,1400000003	否			
27	财企直联收款，回单编号20160040448336	JLSH	30年	FQ-1710201601040017	1710	2016	1	2016,01,1400000004	否			
28	财企直联收款，回单编号20160040309174	JLSH	30年	FQ-1710201601040018	1710	2016	1	2016,01,1400000146	否			
29	南京久耐石化工程公司维修理费	JLSH	30年	FQ-1710201601050001	1710	2016	1	2016,01,5100000021	是	1	2016-2	
30	南京久耐石化工程公司维修理费	JLSH	30年	FQ-1710201601050002	1710	2016	1	2016,01,5100000019	是	2	2016-2	

图 2-24　原始凭证归档整编示例图

2.．纸质文件处理

纸质文件整编工作全部由共享公司完成，共享公司根据业务办结时间对纸质文件进行整编装盒工作。

整理工作包括：

(1) 纸质凭证装盒

财务共享公司兼职档案员将原始纸质凭证按凭证扫描时间顺序分册装

订，不打印匹配记账凭证，每个原始凭证按照主件+附件的方式进行整理。盒号以"年"为单位大流水，盒内附每盒卷内目录+记账凭证与纸质原始凭证索引表，实现双向索引。

（2）登记库位信息

兼职档案员将盒号及原始凭证的盒内序号登记到共享自助系统，这些著录信息会在共享自助系统电子档案归档时一并归档到档案系统。在共享公司与档案部门交接纸质原始凭证时，档案部门不拆盒，档案部门在档案系统中著录对应每盒的库房位置，完成纸质档案上架工作。会计凭证归档整理流程见图2-25：财务共享业务会计凭证归档整理流程图。

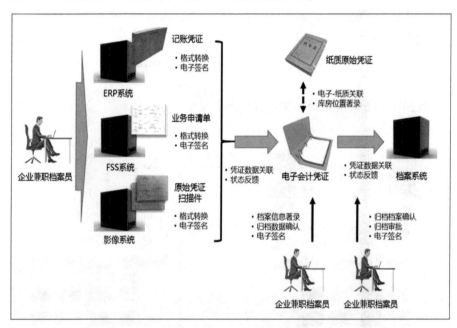

图2-25　财务共享业务会计凭证归档整理流程图

（八）电子档案保管方案

电子档案要求具备真实性、完整性和可用性，如何防止计算机系统中的电子档案被篡改以及计算机物理损坏导致档案丢失，是档案保管的基本要求。系统利用数字签名保障文档在保管过程中不被篡改；利用定期"四性"巡检保证数据的安全可靠；利用异质异地保存的方式保证数据不会因为硬件的损坏导致数据的丢失。

1. 档案数据监控

在档案数据保管过程中，对任何操作进行留痕并生成相关日志，如：借阅、查询、导入、导出等；对于电子档案的管理区别于传统管理模式对硬件的一些要求，而是遵照对机房的安全、服务器监控、系统安全等相关的管理规范；除此之外，档案管理人员还需定期对档案数据进行"四性"扫描检查，保证数据真实性、完整性、可用性及安全性。

2. 电子档案在线备份

为了满足档案长久保存的需要，系统建立完善的数据备份恢复机制，保证系统的平稳运行和数据安全。

在数据库存储方面：基于 Always-On 功能实现主备数据同步，数据滞后时间约为 1—3 秒

OSD 存储：基于 RBD mirroring 功能实现主备数据备份，数据滞后时间约为 1 分钟。

数据库主备架构见图 2-26：数据库备份架构图。

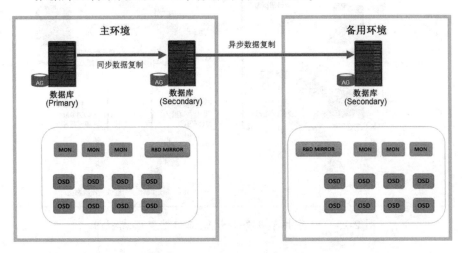

图 2-26　数据库备份架构图

3. 电子档案离线备份

使用公共、公开的格式进行数据的导出，不依赖任何系统和特殊软件，并对离线数据定期检查，确保数据可用。根据国家规定，对离线数据进行多份保存。

通过蓝光光盘对档案数据异质备份，每次备份形成三套光盘，两套光盘在本地存储，一套光盘投递到异地存储。

当系统内数据由于突发原因损坏、丢失、篡改时，确保电子档案安全、可用。

电子档案离线备份流程见图 2-27：异质异地备份流程图。

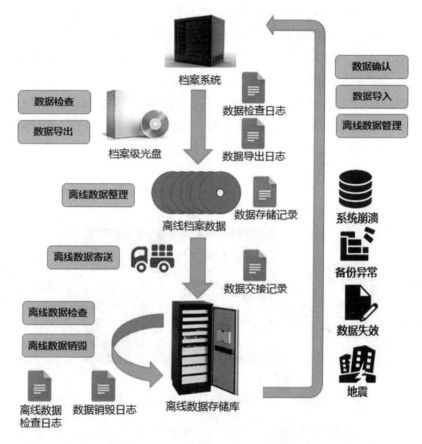

图 2-27　异质异地备份流程图

（九）利用方案

电子档案的利用重点考虑便捷性和安全性两个方面，其中便捷性主要是利用电子文件特点实现随时、随地借阅，同时利用档案之间的数据关联实现不同档案的关联利用；安全性主要是利用数字水印、文档安全、离线审计、档案校验等防护手段防止借阅档案的随意扩散。

1. 档案在线借阅

用户申请在线借阅文件，需要经过审批，审批人员的操作基于 USBKey

进行强身份认证。

由于电子档案借阅安全管理的特殊性，当前系统不提供外部单位在线借阅服务（当前只能提供离线借阅，需要内部用户在线借阅后给外部单位提供打印稿）。内部用户借阅首先要进行用户授权，拥有权限的用户在线借阅档案文件时，所有在线浏览文件都进行日志记录，并将当前用户信息、浏览时间添加到数字水印，可以防截屏、防拍照、防录屏。如遇到档案泄露，可以通过系统日志和显示的用户信息追溯到责任人。

用户在线借阅档案文件的行为，进行详细日志记录。在线借阅及在线借阅审批流程见图 2-28：在线借阅流程，以及图 2-29：用户在线借阅审批流程。

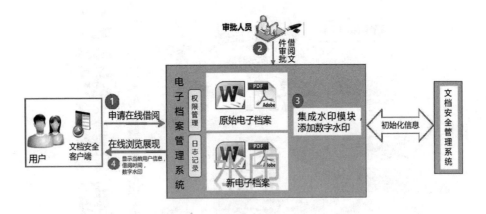

图 2-28　在线借阅流程

图 2-29　用户在线借阅审批流程

2. 离线借阅文件的权限控制

电子档案借阅到个人电脑的电子文件，集成文档安全管理系统的水印模块添加数字水印，同时结合文档安全客户端，实现借阅文件的离线使用权限控制，包括防打印、防截屏、限制阅读期限等。

离线借阅流程见图 2-30：离线借阅流程图。

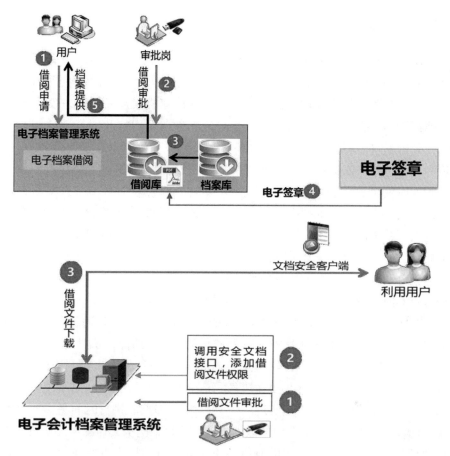

图 2-30 离线借阅流程图

3. 电子档案校验流程

电子档案系统通过验证借阅文件的电子签章，可以对借出的电子档案的真实性、完整性进行校验。系统支持 PDF 格式的电子档案的电子签章校验。

电子档案校验流程见图 2-31：电子档案校验流程图。

图 2-31 电子档案校验流程图

（十）"四性"检测方案

作为以电子文件为核心的电子会计档案管理系统来说，电子文件"四性"管理是重中之重。本次系统建设涉及"四性"管理的相关内容如下：

1. "四性"检查项的确定。项目组依据国家档案局发布的《文书类电子档案检测一般要求》中关于真实性、完整性、可用性和安全性的相关要求，分析了归档环节、移交与接收环节、长期保存环节中需要检测的项目、检测对象、检测依据和方法，细化形成了归档信息包校验、数据校验、业务校验、库藏档案巡检、系统巡检五个"四性"检测检查环节。这些检查环节包括人工检查点和自动检查点，自动检查点又分为一次性检查点和周期性检查点。系统依据这些"四性"检查点开展了后续的巡检工作。其中人工巡检为目前无法通过技术手段自动完成的检查点，待未来技术成熟时，可以转化为自动检查点。由于各业务系统所形成的数据不同、归档形式不同、归档内容不同，所以需要执行不同的"四性"检查功能。

2. "四性"检查实现。所有识别出来的自动检查点，我们均通过依赖注入的方式对其进行了相应的技术实现，每个检查点均有对应的检查方法。后续可以随时根据技术与业务的发展，对这些检查点的执行过程进行优化、扩展与调整。这些"四性"检查点的实现方法不但可在档案系统内使用，还可供归档业务系统使用。

3. 巡检计划制定。以上实现的"四性"检查点的执行时间是需要进行统一调度的。由于档案系统内的数据量庞大，每个电子文件都需要执行几十项"四性"检查点，且执行的时机各不相同，有的检查点要在数据进入档案系统时开始执行，有些可以延后执行，有些需要在档案归档入库的时刻执行，还有的需要每月、每年执行。因此系统中建立了巡检计划机制，各单位用户或系统管理员可灵活的制定巡检计划的执行时机、内容、方式、频率等。

4. 巡检任务执行。以上巡检计划制定完成后，对于可自动执行的巡检项，系统会在指定的时间自动进行后台调度，完成巡检计划的执行；对于需要人工执行的巡检任务，系统提供了巡检结果录入界面；巡检任务的执行结果会体现在系统内电子文件的"四性"检查项更新日志中，系统提供了可视化的"四性"管理查看功能，包括针对不同环节的库藏档案查看总体"四性"检查结果；可以通过逐级钻取，查看每条档案、每个检查项的执行情况，可查看所有检查项的历史巡检记录。

在归档环节及长期保存环节"四性"检查方案见表2-17：财务数据归档环节"四性"检查方案表及表2-18：长期保存环节"四性"检查方案表。

表2-17　财务数据归档"四性"检查方案表

"四性"检测	检测大项	检测项目	检测目的	检测依据和方法	系统实现	检测对象	检测级别	触发方式	触发环节	范围频率	执行方式	报告方式
真实性检测	电子文件来源真实性检测	固化信息有效性检测	保证电子文件的来源真实	系统对归档电子文件中包含的数字签名、数字印章,电子印章,时同戳等技术措施的固化信息的有效性进行验证,如发现固化信息失效,则电子文件被篡改	对归档数据中数字签名的证书有效性进行验证,若不符合规范,则进行错误提示	整编人员	归档电子文件	自动	电子原文	数据校验	逐个	自动
	电子档案元数据真实性检测	元数据数据项数据长度检测	检测元数据数据项数据长度是否符合要求	系统依据 DA/T 46-2009 中的元数据项定义和自定义(检测规则由标准规定或用户自定义): a) 对数据库中电子文件元数据项进行数据项长度检测; b) 对归档信息包中元数据项进行长度检测	对归档数据项预先进行规则定义,在归档解析时,对 xml 进行数据质量校验,确认字段长度符合预定义规则,若不符合规则,则进行错误提示	整编人员	归档电子文件元数据	自动	条目	数据校验	逐个	自动
		元数据项数据类型、字段格式检测	检测元数据项数据类型、字段格式是否符合要求	系统依据 DA/T 46-2009 中的元数据项定义和自定义的元数据项进行自动检测: a) 对数据库中电子文件元数据类型和字段格式进行检测; b) 对归档类型和字段格式的检测	对归档数据项预先进行规则定义,在归档解析时,对 xml 进行数据质量校验,确认字段格式、字段类型符合预定义规范,若不符合规范,则进行错误提示	整编人员	条目	自动	条目	数据校验	逐个	自动

续表

"四性"检测	检测大项	检测项目	检测目的	检测依据和方法	系统实现	检测对象	检测级别	触发方式	触发环节	范围频率	执行方式	报告方式
真实性检测	电子档案元数据真实性检测	设定值域的元数据项数据值符合度检测	检测设定值域的元数据项数据值是否符合值域要求	系统依据 DA/T 46-2009 中的元数据项和自定义的元数据项进行自动检测：a) 对数据库中电子文件元数据项进行值域范围的检测；b) 对归档信息包中元数据项进行值域范围的检测	对归档数据项预先进行规则定义，在归档解析时，进行字段质量校验，确认字段取值在预定义范围内，若不符合规范，则进行错误提示	整编人员	条目	自动	条目	数据校验	逐个	自动
		元数据项数据合理性检测，元数据项数据范围检测	检测元数据项数据值是否在合理范围内	系统依据 DA/T 18-1999 中的著录项目、DA/T 46-2009 中的元数据项和自定义的元数据项进行自动检测：a) 对数据库中电子文件元数据项进行数据质量校验；b) 对归档信息包中元数据项进行合理范围内的检测	对归档数据项预先进行规则定义，在归档解析时对 xml 进行解析并进行数据质量校验，确认字段取值范围在预定义范围内，若不符合规范，则进行错误提示	整编人员	条目	自动	条目	数据校验	逐个	自动
		元数据项数据包含特殊字符检测	检测元数据项数据中是否包含特殊字符	系统依据 GB 18030-2005 和自定义的元数据项进行自动检测：a) 对数据库中电子文件元数据项进行数据质量校验；b) 对归档信息包中元数据项进行包含特殊字符的检测	对归档数据项的特殊字符预先进行规则定义，在归档解析时，进行数据质量校验，确认数据段内没有存在特殊字符集内，若不符合规范，则进行错误提示	整编人员	条目	自动	条目	数据校验	逐个	自动

续表

"四性"检测	检测大项	检测项目	检测目的	检测依据和方法	系统实现	检测对象	检测级别	触发方式	触发环节	范围频率	执行方式	报告方式
真实性检测	电子档案元数据真实性检测	档号规范性检测	检测归档电子文件编制的归档号/档号是否符合规范	系统依据 DA/T 13-1994 和用户自定义的归档号/档号编制规则进行自动检测：a) 对数据库中的归档号/档号进行检测；b) 对归档信息包中的归档号/档号进行检测	对各类档案的档号组成规则进行预定义，在进行赋档号的时候，根据档号规则自动生成档号，使档号符合规范	档案员	归档号/档号	自动	条目	数据校验	逐个	自动
		元数据项数据重复性检测	避免业务部门重复电子归档电子文件	系统依据用户自定义的元数据项（如:档号,文号,题名）进行数据库记录和归档信息包的数据重复性检测	对各元数据取值是否可以重复进行预定义,在业务校验时,对不可重复的字段进行重复性检查,确保取值的规范,若重复则进行错误提示	整编人员/档案员	用户自定义重复检测元数据项	自动	条目	数据校验	逐个	自动
	电子文件内容真实性检测	文件内容数据电子的电子属性一致性检测	保证电子文件内容电子数据电子属性的一致性	系统自动捕获电子文件内容数据的电子文件属性电子文件内容(计算机文件名,文件大小,文件格式,创建时间等),与电子文件属性信息中记录的数据进行比对	对接收电子文件的属性信息(计算机文件名,文件大小,文件格式,创建时间)进行读取,与 xml 的描述信息进行比对,确认文件属性信息一致,符合规范,若不符合规范,则进行错误提示	整编人员	归档电子文件内容数据	自动	电子原文	数据校验	逐个	自动

155◀

续表

"四性"检测	检测大项	检测项目	检测目的	检测依据和方法	系统实现	检测对象	检测级别	触发方式	触发环节	范围频率	执行方式	报告方式
真实性检测	元数据与内容关联真实性检测	元数据是否关联内容数据	保证电子文件元数据与内容的关联	系统依据元数据中记录的文件存储路径自动检测电子文件内容数据的电子文件,如果没有找到对应的电子文件,则进行错误提示	对XML中记录的电子文件原文在电子文库中进行查找,若没有找到对应的电子文件,则进行错误提示	整编人员	元数据关联的电子文件内容数据	自动	电子原文	数据校验	逐个	自动
	归档信息包真实性检测	说明文件和目录文件规范性检测	保证归档信息包组织结构和内容符合归档要求	依据国家有关规定,系统自动检测说明文件和目录文件是否符合规范	对归档信息包组成进行预定义,使业务系统归档数据按照预定义规则进行整理并传输,当对数据校验的时候,若解析及校验数据的时候,则进行错误提示	整编人员	说明文件目录文件	自动	条目	数据校验	逐个	自动
		归档信息包目录结构规范性检测	保证信息包在归档前后完全一致	依据国家有关规定,系统自动检测归档信息包内的文件夹结构是否符合规范	对归档信息包组成进行预定义,使业务系统归档数据按照预定义规则进行整理并传输,当对数据校验的时候,则进行错误提示	整编人员	电子文件文件夹名称 归档信息包目录结构	自动	条目	数据校验	逐个	自动

续表

"四性"检测	检测大项	检测项目	检测目的	检测依据和方法	系统实现	检测对象	检测级别	触发方式	触发环节	范围频率	执行方式	报告方式
真实性检测	归档信息包真实性检测	归档信息包一致性检测	保证信息包一致性归档前后完全一致	系统采用数字摘要对等方式对等方式对等性进行检测。归档信息包前计算归档信息包的数字摘要,接收时重新计算归档前的数字摘要并和归档时的数字摘要进行比对,如果不一致,则归档信息包不符合要求	通过数字签名校验,确保归档数据包在归档过程中一致,若不符合规范,则进行错误提示	整编人员	归档信息包	自动	电子原文	数据校验	逐个	自动
完整性检测	电子文件数据总量检测	电子文件归档件总字数相符性检测	保证归档电子文件数量和实际接收数量相符	系统自动统计电子文件总件数,并和GB/T 18894—2016表A.1《电子文件归档登记表》中登记的归档电子文件数量比对	条目所属电子文件信息在XML文件中进行记录,在归档对xml进行解析时,进行数据条数数量校验,确保电子原文数量相符,若不符合,则进行错误提示	整编人员	电子文件总件数	自动	电子原文	数据校验	逐个	自动
		电子文件归档总字节数相符性检测	保证电子文件字节数和实际接收字节数相符	系统自动统计电子文件总字节数,并和GB/T 18894—2016表A.1《电子文件归档登记表》中登记的归档电子文件总字节数比对	各电子文件原文的字节数在XML文件中进行记录,在归档对xml进行解析时,进行数据字节数大小校验,确保数据大小一致,从而保证电子档案的总字节数一致,若不符合,则进行错误提示	整编人员	电子文件总字节数	自动	电子原文	数据校验	逐个	自动

续表

"四性"检测	检测大项	检测项目	检测目的	检测依据和方法	系统实现	检测对象	检测级别	触发方式	触发环节	范围/频率	执行方式	报告方式
完整性检测	电子文件元数据完整性检测	电子文件元数据必填著录项检测	保证电子文件元数据必填项的完整性	系统依据 DA/T46-2009 中的元数据项和自定义的元数据项进行检测（检测规则来自标准规定或用户自定义）	对归档数据项预预先定义规则定义，在归档时进行XML进行解析时，对归档数据质量校验，确认必填字段有值且符合预定义规则，若不符合规范，则进行错误提示	整编人员	电子文件元数据	自动	条目	数据校验	逐个	自动
		电子文件过程信息完整性检测	保证电子文件过程信息的完整性	系统逐一检查归档电子文件元数据中包含的处理过程信息，如果没有处理过程信息，系统自动提示	归档条目的过程信息在XML文件中单独进行记录，在归档时解析时，将过程信息进行解析并存储档案库中，若不符合规范，则进行错误合规性提示	整编人员	电子文件元数据中的处理过程信息	自动	条目	数据校验	逐个	自动
		电子文件连续性元数据项检测	保证电子文件元数据的连续性	系统依据 DA/T 22-2015 以及用户自定义的具有连续编号性质的元数据项（档号、件内顺序号等）进行连续检测。具有连续编号性质的元数据项是否按顺序编号，是否从指定的起始号开始编号	对各类档案的档号组成规则则进行预定义，在进行赋档号的时候，根据赋档号规则自动生成档号，以确保档号连续，若不符合规范，则进行错误提示	整编人员	具有连续编号性质的元数据项	自动	条目	业务校验	逐个	自动

续表

"四性"检测	检测大项	检测项目	检测目的	检测依据和方法	系统实现	检测对象	检测级别	触发方式	触发环节	范围频率	执行方式	报告方式
完整性检测	电子文件内容完整性检测	电子文件内容数据完整性检测	保证电子文件内容数据完整	用户在系统中打开电子文件内容数据进行人工检测	档案管理员通过系统功能对归档数据抽查记录，并记录抽查结果	整编人员	电子文件内容数据	人工	电子原文	业务校验	抽样	线上完成
		电子文件附件数据完整性检测	保证电子文件内容数据中附件内容不丢失、不遗漏	用户在系统中打开电子文件附件数据进行人工检测	档案管理员通过系统功能对归档数据抽查，并记录抽查结果	整编人员	电子文件内容数据中的附件部分	人工	电子原文	业务校验	抽样	线上完成
	归档信息包完整性检测	归档信息包中元数据完整性检测	保证归档信息包中元数据必填项的完整性	系统依据 DA/T 46-2009 中的元数据项和自定义的元数据项进行的自动检测	电子档案逐条进行归档，电子原文逐个上传，不存在实质的归档数据包		归档信息包中的元数据		条目			
		归档信息包内容数据完整性检测	保证归档信息包中内容数据齐全、完整	系统依据归档信息包元数据中记录的文件数量检测电子文件包中实际包含的电子文件数量，比对两者是否相符			归档信息包		条目			

159

续表

"四性"检测	检测大项	检测项目	检测目的	检测依据和方法	系统实现	检测对象	检测级别	触发方式	触发环节	范围频率	执行方式	报告方式
可用性检测	电子文件元数据可用性检测	归档信息包中元数据的可读性检测	保证电子文件元数据可正常读取	系统自动检测归档信息包中存放元数据的 XML 文件是否可以正常解析、读取数据	在归档时，系统对 XML 进行解析，若无法进行解析、读取，则进行错误提示	整编人员	归档信息包中的元数据	自动	电子原文	数据校验	逐个	自动
		目标数据库中的元数据可访问性检测	保证电子文件元数据可正常访问	系统自动检测数据库是否可以正常连接、数据库中的数据是否可以正常访问同元数据	数据库连接检测，若无法连接，则进行错误提示	整编人员/档案员（共同完成）	数据库中的元数据	自动	基础设施	系统巡检	逐个	自动
	电子文件内容数据格式检测	电子文件内容数据格式检测	保证电子文件内容数据格式符合归档要求	系统依据电子文件内容数据格式归档要求对电子文件内容数据格式进行检测，判断其是否符合 GB/T 18894-2016，GB/T 33190-2016 等标准要求	对归档数据的字段格式及长度进行规范，对规范外数据进行检测提示，并禁止归档。待业务系统或档案系统调整后，解除禁止	整编人员/档案员（共同完成）	电子文件内容数据	自动	条目	数据校验	逐个	自动
	电子文件内容可用性检测	电子文件内容数据的可读性检测	保证特定格式的电子文件内容数据可读	人工打开文件进行检测	档案管理员通过系统功能对归档数据进行抽查，并记录抽查结果	整编人员/档案员（共同完成）	电子文件内容数据	人工	条目	业务校验	抽样	线上完成

续表

"四性"检测	检测大项	检测项目	检测目的	检测依据和方法	系统实现	检测对象	检测级别	触发方式	触发环节	范围频率	执行方式	报告方式
可用性检测	电子文件软硬件环境合规性检测	电子文件软硬件环境合规性检测	保证电子文件信息符合归档要求	系统对电子属性信息中记录的软硬件环境信息进行检测，判断其是否符合归档要求	在归档时，对归档电子原文的格式进行读取，若该格式未在档案系统中进行注册，则进行提示，并禁止归档。注册完成后，解除禁止。	档案员	电子文件元数据中的电子属性信息	自动	电子原文	数据校验	逐个	自动
可用性检测	归档信息包可用性检测	归档信息包中电子文件合规性检测	确保归档信息包的电子文件的可读、可用	系统对归档信息包是否包含特殊压缩算法，是否加密，是否包含不符合归档要求的文件格式等进行检测	对归档电子原文格式进行规范，对规范范围外数据进行提示，并禁止归档	整编人员	归档信息包中的电子文件内容数据	自动	条目	数据校验	逐个	自动
安全性检测	归档信息包病毒检测	系统环境中是否安装杀毒软件检测	检测系统环境是否安装杀毒软件	系统自动检测操作系统是否安装国内通用杀毒软件，如果没有安装进行提示	制定系统病毒检测方案，并由安全组进行病毒检测。制定病毒检测任务，并定期提醒	档案员	系统环境	人工	基础设施	系统巡检	定期	线下完成

161

续表

"四性"检测	检测大项	检测项目	检测目的	检测依据和方法	系统实现	检测对象	检测级别	触发方式	触发环节	范围频率	执行方式	报告方式
安全性检测	归档信息包病毒检测	电子文件病毒感染检测	保证归档信息包没有感染病毒	系统调用国内通用杀毒软件接口，自动检测归档信息包是否感染病毒	制定系统病毒检测方案，并由安全组提供检测工具，定期进行病毒检测。制定病毒检测任务，并定期提醒	档案员	归档信息包	自动	电子原文	数据校验	逐个	自动
	归档载体安全性检测	载体中多余文件检测	检测载体中是否含多余文件	系统对载体进行读取操作，和常载体内是否含有非归档文件	在归档时对xml进行解析时，若存在多余电子文件，则进行错误提示		归档载体	自动	基础设施	系统巡检	定期	自动
		载体读取速度检测	检测载体读取速度是否正常	系统对载体进行读取操作，和常规的读取速度进行比对，判断载体读取速度是否安全可靠	在载体数据读取过程中，对归档数据读取速度显示，判断速度是否正常			人工	基础设施	系统巡检	定期	自动
		载体外观检测	判断载体外观是否正常	人工判断载体外观是否正常	人工对归档载体或离线载体外观进行检测			人工	基础设施	系统巡检	定期	线下完成

续表

"四性"检测	检测大项	检测项目	检测目的	检测依据和方法	系统实现	检测对象	检测级别	触发方式	触发环节	范围频率	执行方式	报告方式
安全性检测	归档载体安全性检测	归档光盘检测是否合格	检测归档光盘是否合格	系统根据DA/T 38-2008的要求对光盘的PIE、POF、BLER等指标进行检测,判断光盘是否合格	人工对光盘的PIE、POF、BLER等指标进行检测,判断光盘是否合格		归档光盘	人工	基础设施	系统巡检	定期	线下完成
	归档过程安全性检测	判断归档过程是否安全、可控	判断归档过程是否安全、可控	按照国家安全保密要求从技术和管理等方面采取措施,确保归档信息包在归档和保存过程中安全、可控	通过档案管理制度、业务归档操作规范及SSL传输加密等技术手段保证归档过程中的安全可控	档案员	系统环境	一次性	管理	制度设计	—	线下

表2-18　长期保存环节"四性"检查方案表

"四性"检测	检测大项	检测项目	检测目的	检测依据和方法	系统实现	检测对象	检测级别	触发方式	触发环节	范围频率	执行方式	报告方式
真实性检测	电子档案固化信息有效性检测	保证电子档案长期保存过程中的真实性	系统对长期保存电子档案中包含的数字摘要、数字签名、电子印章、时间戳等技术措施的固化信息的有效性进行验证,如发现固化信息信息失效,则电子档案被篡改	对长久保存数据中数字签名的证书有效性进行验证,若不符合规范,则进行错误提示	电子档案	电子原文	自动	库藏档案巡检	关键档案必检+抽样	自动	自动	

163

续表

"四性"检测	检测大项	检测项目	检测目的	检测依据和方法	系统实现	检测对象	检测级别	触发方式	触发环节	范围频率	执行方式	报告方式
真实性检测	电子档案数据真实性检测	元数据数据项数据长度检测	检测元数据数据项数据长度是否符合要求	系统依据 DA/T 46-2009 中的元数据项和自定义的元数据项进行规范或或用户自定义）a) 对数据库中电子档案元数据项进行数据长度检测；b) 对保存信息包中元数据项进行长度检测	对长久保存数据中元数据项预先进行数据质量校验，确认字段长度符合预定义规范，则不符合要求则进行错误提示	电子档案元数据	条目	自动	库藏档案巡检	关键档案必检+抽样	自动	自动
		元数据项数据类型、字段格式检测	检测元数据项数据类型、字段格式是否符合要求	系统依据 DA/T 46-2009 中的元数据项和自定义的元数据项进行检测：a) 对数据库中电子档案元数据项进行数据类型和字段格式的检测；b) 对保存信息包中元数据项进行数据类型和字段格式检测	对长久保存数据中元数据项预先进行数据质量校验，确认字段格式、字段类型符合预定义规则，若不符合规范，则进行错误提示			自动	库藏档案巡检	关键档案必检+抽样	自动	自动
		设定值域的元数据项值域符合度检测	检测设定值域的元数据项数据值域符合度是否符合值域要求	系统依据 DA/T 46-2009 中的元数据项和自定义的元数据项进行检测：a) 对数据库中电子档案元数据项值域范围的检测；b) 对保存信息包中数据项值域范围的检测	对长久保存数据中元数据项预先进行数据质量校验，确认取值在预定义范围内，若不符合规范，则进行错误提示			自动	库藏档案巡检	关键档案必检+抽样	自动	自动

续表

"四性"检测	检测大项	检测项目	检测目的	检测依据和方法	系统实现	检测对象	检测级别	触发方式	触发环节	范围频率	执行方式	报告方式
真实性检测	电子档案元数据真实性检测	元数据项数据合理性检测，元数据项数据范围检测	检测元数据项数据值是否在合理范围内	系统依据DA/T 18-1999中的著录项目，DA/T 46-2009中的元数据项和自定义的元数据项进行自动检测：a) 对数据库中电子档案元数据项进行数据质量校验，确认字段取值在预定义范围内的检测；b) 对保存信息包中元数据项值是否在合理范围内的检测	对长久保存数据中元数据项预先进行数据质量校验，确认字段取值在预定义范围内，若不符合规范，则进行错误提示		条目	自动	库藏档案巡检	关键档案必检+抽样	自动	自动
		元数据项数据包含特殊字符检测	检测元数据项数据中是否包含特殊字符	系统依据GB 18030-2005和自定义的元数据项进行自动检测：a) 对数据库中电子档案元数据项数据进行数据字符质量校验，确认数据数据值是否包含特殊字符的检测；b) 对保存信息包中元数据项值是否包含特殊字符的检测	对长久保存数据中的特殊字符集进行数据质量校验，确认数据字段值有无存在特殊字符集内，若不符字符符规范，则进行错误提示		条目	自动	库藏档案巡检	关键档案必检+抽样	自动	自动
		档号规范性检测	检测电子档案编号的档号符合性是否合规范	系统依据DA/T 13-1994和用户自定义的档号编制规则进行自动检测：a) 对数据库中的档号进行检测；b) 对保存信息包中的档号进行的档号进行检测	对长久保存档案的档号组成规则成规则检查，若出现档案不符合规范，则进行错误提示	档号	条目	自动	库藏档案巡检	关键档案必检+抽样	自动	自动

续表

"四性"检测	检测大项	检测项目	检测目的	检测依据和方法	系统实现	检测对象	检测级别	触发方式	触发环节	范围频率	执行方式	报告方式
真实性检测	电子档案内容真实性检测	电子档案内容数据的电子属性一致性检测	保证电子档案内容数据电子属性的一致性	系统自动捕获电子档案内容数据的电子属性信息（计算机文件名、文件大小、创建时间等），与电子档案中记录的数据进行比对	对长久保存档案的电子文件的属性信息（计算机文件名、文件格式、文件大小、创建时间等）进行读取，创建时的一致，与XML描述属性信息进行比对，确认属性信息一致，若不符合规范，则进行错误提示	电子档案内容数据	电子原文	自动	库藏档案巡检	关键档案必检+抽样	自动	自动
	元数据与内容关联真实性检测	元数据是否与内容关联电子档案内容	保证电子档案元数据与内容数据的关联	系统依据元数据中记录的文件内容数据存储路径自动检测电子档案内容数据对应的电子档案，如果没有找到对应电子档案，则进行错误提示	对XML中记录的文件电子原文在OSS中进行查找，若没有找到对应的电子文件，则进行错误提示	元数据关联的电子档案内容数据	条目	自动	库藏档案巡检	关键档案必检+抽样	自动	自动
	保存信息包真实性检测	保存信息包一致性检测	保证信息包在两次检测期间完全一致	系统采用数字信息包的数字摘要比对的方式对保存信息包的一致性对进行检测。入库时系统自动计算并记录保存信息包的数字摘要，检测时重新生成的数字摘要并进行比对，如果不一致，则保存信息包已被修改	对长久保存档案的信息包内容计算数字摘要并和入库时生成的数字摘要进行比对，若验证不通过，则进行错误提示	保存信息包	电子原文	自动	库藏档案巡检	关键档案必检+抽样	自动	自动

续表

"四性"检测	检测大项	检测项目	检测目的	检测依据和方法	系统实现	检测对象	检测级别	触发方式	触发环节	范围频率	执行方式	报告方式
真实性检测	保存信息包真实性检测	电子档案封装包规范性检测	保证电子档案封装包符合DA/T 48-2009要求	系统依据DA/T 48-2009《电子文件封装包的 Schema》附录 B 进行检测	对长久保存档案的XML文件进行数字签名验证,若验证不通过,则进行错误提示	电子档案封装包的结构	条目	自动	库藏档案巡检	关键档案必检+抽样	自动	自动
		电子档案封装包数字签名有效性检测	保证电子档案封装包符合DA/T 48-2009要求	系统读取封装包中的数字签名信息验证其有效性	通过数字签名校验,确保数据包在长久保存过程中一致,若不符合规范,则进行错误提示	电子档案封装包的数字签名信息	电子原文	自动	库藏档案巡检	关键档案必检+抽样	自动	自动
完整性检测	电子档案数据总量检测	电子档案保存件数总件数相符性检测	保证电子档案元数据中记录的数量和实际保存数量一致	系统自动统计某一批次的电子档案总件数,并和元数据中记录的数量比对	不存在此批次信息,不做批次包检验	电子档案总件数	归档批次				自动	自动

续表

"四性"检测	检测大项	检测项目	检测目的	检测依据和方法	系统实现	检测对象	检测级别	触发方式	触发环节	范围频率	执行方式	报告方式
完整性检测	电子档案数据总量检测	电子档案保存总字节数相符性检测	保证电子档案中记录的字节数和实际保存字节数一致	系统自动统计某一批次的电子档案总字节数，并和元数据中记录的字节数的字节数比对	不存在此批次信息，不做批次包检验	电子档案总字节数	归档批次					
	电子档案数据完整性检测	电子档案必填数据著录项检测	保证电子档案必填数据项的完整性	系统依据 DA/T 46-2009 中的元数据项和自定义的元数据项的自动检测（检测规则采用自标准规定或用户自定义）	对长久保存档案的条目字段进行检查，确认必填项是否有值，若验证不通过，则进行错误提示	电子档案元数据	条目	自动	库藏档案巡检	关键档案必检+抽样	自动	自动
	电子档案数据完整性检测	电子档案连续性数据项检测	保证电子档案数据的连续性	系统依据 DA/T22-2015 以及用户自定义的具有连续性质的元数据项（档号、件号等）和起始号规则进行检测。具有连续编号性质的元数据项是否按顺序编号，是否从指定的起始号开始编号	对长久保存档案的连续性编号字段（序号、档号、业务编号等）进行检查，确认其具有值且连续，若验证不通过，则进行错误提示	具有连续编号性质的元数据项	条目	自动	库藏档案巡检	全部	自动	自动

续表

"四性"检测	检测大项	检测项目	检测目的	检测依据和方法	系统实现	检测对象	检测级别	触发方式	触发环节	范围频率	执行方式	报告方式
完整性检测	电子档案内容完整性检测	电子档案内容数据完整性检测	保证电子档案内容数据完整	用户在系统中打开电子档案内容数据进行人工检测	档案管理员通过系统功能对保存数据进行抽查，并记录抽查结果	电子档案内容数据	条目	人工	日常巡检	关键档案必检+抽样	线上完成	自动
		电子档案附件数据完整性检测	保证电子档案内容数据中附件内容丢失、不遗漏	用户在系统中打开电子档案附件数据进行人工检测	档案管理员通过系统功能对长久保存数据进行抽查，并记录抽查结果	电子档案内容数据中的附件部分	电子原文	人工	日常巡检	关键档案必检+抽样	线上完成	自动
	保存信息包完整性检测	保存信息包元数据完整性检测	保证保存信息包元数据填项的完整性	a) 对于普通格式的信息包，系统依据 DA/T 46-2009 中的元数据项和自定义项进行必填项的自动检测；b) 对于 EEP 封装包，还需依据 DA/T 48-2009 附录 C《封装元数据表》对封装元数据中的必填项进行检测	对长久保存档案的条目字段进行检查，确认必填项是否有值，若验证不通过，则进行错误提示	保存信息包中的元数据	条目	自动	库藏档案巡检	关键档案必检+抽样	自动	自动
		保存信息包内容数据完整性检测	保证保存信息包内容数据内容齐全、完整	系统依据保存信息包元数据中记录的文件数量检测保存信息包中实际包含的电子文件数量，比对两者是否相符	对条目下的电子原文数量进行检查，若数量错误，则进行错误提示	保存信息包	电子原文	自动	库藏档案巡检	全部	自动	自动

续表

"四性"检测	检测大项	检测项目	检测目的	检测依据和方法	系统实现	检测对象	检测级别	触发方式	触发环节	范围频率	执行方式	报告方式
可用性检测	电子档案数据可用性检测	保存信息包中数据元的可读性检测	保证电子档案数据可正常读取	系统自动检测保存信息包中存放的 XML 文件是否可以正常解析、读取数据	定期对 XML 进行解析,若无法进行解析读取,则进行错误提示	保存信息包中的元数据	条目	自动	库藏档案巡检	关键档案必检+抽样	自动	自动
		目标数据库中元数据的可访问性检测	保证电子档案数据可正常访问	系统自动检测是否可以正常连接数据库,是否可以正常访问元数据表中的记录	数据库连接检测,若无法连接,则进行错误显示	数据库中的元数据	基础设施	自动	系统巡检	定期	自动	自动
	电子档案内容可用性检测	电子档案内容数据格式长期可用性检测	保证电子档案内容格式符合长期保存要求	a) 依据 GB/T 18894-2016, GB/T33190-2016,DA/T 47-2009 的要求进行自动检测; b) 根据用户定义的长期保存格式策略进行自动检测	对归档数据的格式进行定期检测,若无法进行读取,则进行错误提示;工商不再对特定格式支持时进行记录,并对该格式的档案进行格式转换,新生成档案进行归档保存	电子档案内容数据(包括原文始格式和转换格式)	电子原文	自动	库藏档案巡检	关键档案必检+抽样	自动	自动

续表

"四性"检测	检测大项	检测项目	检测目的	检测依据和方法	系统实现	检测对象	检测级别	触发方式	触发环节	范围频率	执行方式	报告方式
可用性检测	电子档案数据可用性检测	电子档案内容数据的可读性检测	保证特定格式的电子档案内容数据可读	人工打开文件进行检测	档案管理员通过系统功能对归档案数据进行抽查,并记录抽查结果	电子档案内容数据(包括原始格式和转换格式)	电子原文	人工	日常巡检	关键档案必检+抽样	线上完成	自动
	电子档案软硬件环境检测	电子档案保存环境变化情况检测	跟踪电子档案长期保存环境变化情况	系统根据电子档案属性信息中记录的系统环境信息进行自动检测,判断长期保存环境的变化情况	厂商不再对特定文件格式支持时进行记录,对该格式进行转换,新生成档案进行归档保存;厂商不再对特定硬件支持时进行记录	电子档案长期保存环境	基础设施	人工	系统巡检	定期	线下完成	线上录入
	备份数据可恢复性检测	备份数据可恢复性检测	保证备份数据可以恢复	采用专业的备份数据恢复工具检测备份数据是否完好,是否可恢复	形成数据备份方案和离线保存方案,并定期进行数据恢复测试,并记录测试结果	备份数据	基础设施	人工	系统巡检	定期	线下完成	线上录入

续表

"四性"检测	检测大项	检测项目	检测目的	检测依据和方法	系统实现	检测对象	检测级别	触发方式	触发环节	范围频率	执行方式	报告方式
安全性检测	保存信息包病毒检测	系统环境中是否安装杀毒软件检测	检测系统环境是否安装杀毒软件	系统自动检测操作系统是否安装国内通用杀毒软件，如果没有安装进行提示	制定系统病毒检测方案，并由安全组提供检测工具，定期进行病毒检测。制定病毒检测任务，并定期提醒	系统环境	基础设施	自动	系统巡检	定期	自动	自动
		电子档案病毒感染检测	保证保存信息包电子档案数据没有感染病毒	系统调用国内通用杀毒软件接口，自动检测电子档案是否感染病毒	制定系统病毒检测方案，并由安全组提供检测工具，定期进行病毒检测。制定病毒检测任务，并定期提醒	电子档案保存信息包	电子原文	自动	库藏档案巡检	关键档案必检+抽样	自动	自动
	软件系统安全性检测	软件系统安全漏洞检测	检测软件系统安全存在漏洞，杜绝安全隐患	采用专业的漏洞扫描工具检测与电子档案长期保存的计算机系统是否存在安全漏洞	制定系统安全漏洞检测方案，并由安全组提供检测工具，定期进行漏洞检测。制定安全漏洞检测任务，并定期漏洞提醒	系统环境	基础设施	人工	系统巡检	定期	线下完成	线上录入

续表

"四性"检测	检测大项	检测项目	检测目的	检测依据和方法	系统实现	检测对象	检测级别	触发方式	触发环节	范围频率	执行方式	报告方式
安全性检测	保存载体安全性检测	载体读取速度检测	检测载体读取速度是否正常	系统对载体进行读取操作，和常规的读取速度进行比对判断载体是否安全可靠	在载体数据读取过程中，对归档数据进行读取速度显示，判断读取速度是否正常	保存载体	基础设施	自动	系统巡检	定期	自动	自动
		载体外观检测	判断载体外观是否正常	人工判断载体外观是否正常	人工对归档载体或离线载体的外观进行检测	保存载体	基础设施	人工	系统巡检	定期	线下完成	线上录入
	载体保管环境安全性检测	载体保管环境安全性检测	判断载体保管环境是否符合长期保存要求	人工对照国家有关规定，判断磁盘、磁带、光盘等各类载体的保管环境是否符合要求	定期对电子档案保管环境进行检测，形成检测报告	保管环境	基础设施	人工	系统巡检	定期	线下完成	线上录入

（十一）系统建设

1. 建设内容

财务共享模式下的会计档案在线归档与管理是随着信息化发展和新的法规制度制定而形成的新需求，为应对业务流程、岗位职责、档案载体等的变化，需要基于石化平台云等信息化总体要求，结合业务模型研究，以完成系统建设。

2. 系统功能

电子会计档案管理系统是基于"平台+应用"的模式建设。系统充分利用了石化平台云组件服务，包括结构化存储、非结构化存储、文档格式转换、图片处理、电子签名、电子签章、区块链、加解密、离线存储、时间戳、水印、工作流、搜索、统一权限等服务组件。

根据电子会计档案归档范围和归档内容，在业务系统归档时，通过文档转换服务将归档的会计报表、账簿、凭证等电子资料转换成归档要求的PDF格式。

电子会计档案管理系统主要包括：预归档、档案收集、档案管理、档案保存、档案利用五大模块。根据档案管理业务特点，将系统功能切分为通用功能和专用功能，通用功能为多个档案类业务线条可以复用的功能，专用功能满足各档案类对电子档案管理的特有业务需求。在通用功能的基础上定制开发专用功能，能够快速接入新的业务线条进行电子归档。

为满足电子档案管理新增功能：

（1）预归档。实现试点归档业务系统通过接口将归档元数据和归档数据文件统一传输到预归档系统，在预归档系统实现数据的统一整编归档及数据关联；在预归档系统可以实时全面查询归档内容及范；当电子档案系统对归档内容驳回后，系统及时提醒归档人，归档人对驳回内容检查处理后再次归档；实现多监管分类标准归档管理和电子归档数据自动生成，满足财务数据自动化归档；实现归档数据的自动生成，简化归档流程；实现数据归档监控与归档日志管理等功能。

（2）"四性"检查。按照国家"四性"检测标准，在电子文件的收、存、管、用各个环节都通过统一的"四性"检查功能对电子文件进行检查。根据业务系统归档数据定义对归档元数据、归档文件进行"四性"检查，主要包括元数据完整性、归档数据文件完整性、归档数据文件可用性等。如果归档包数据校验失败，则及时反馈归档业务系统，要求业务系统重新归档，如果元数据或数据文件校验异常，则系统对归档数据做异常显示，需要人工检查验证是否需要重新归档。同时系统设立抽检功能，在归档交接前，兼职档案人员须对所有归档数据进行人工抽检，抽检合格后方可进行归档交接。

（3）数据巡检。通过数据巡检功能能够及时发现存储的电子文件是否异常，保证数据在存储过程中的安全。

（4）文档安全。通过水印、控制打印、定时销毁等安全防护措施对脱离档案系统的文件进行安全防护。

（5）异质备份。利用蓝光光盘存储介质，通过定期备份、定期邮寄的方式实现档案数据的异质异地备份。

（6）业务系统背景信息归档。保证数据来源真实有效，通过"四性检测"、区块链、数字签名等技术手段对归档电子文件在预归档、收集整编、档案利用、长久保存等全生命周期各流程环节进行防护，为保证电子文件凭证价值提供了基础保障。

系统功能架构见图 2-32：电子会计档案管理系统功能构架图。

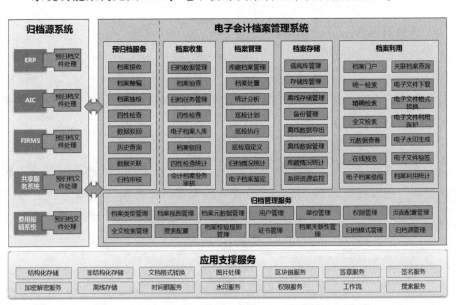

图 2-32　电子会计档案管理系统功能构架图

3. 技术架构

电子档案管理模块技术架构见图 2-33：电子档案管理系统技术架构图。

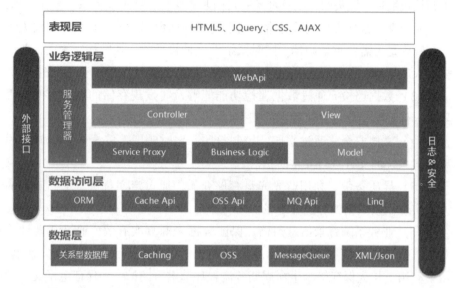

图 2-33 电子档案管理系统技术架构图

如上所示，本系统技术上分为以下几个部分：

（1）表现层

本子系统采用 B/S 结构，使用通用浏览器实现用户界面，使用 HTML5、JQuery、CSS、Ajax 等 Web 技术保证用户界面的通用性、高效性、便捷性和安全性。表现层的通过对用户的业务请求进行封装，调用业务逻辑层，将业务逻辑层的反馈展示给用户。

（2）业务逻辑层

业务逻辑层是本子系统的核心部分，用来处理用户请求的权限验证、数据验证、完成数据添加、修改、删除和查询等。业务逻辑层向上通过 WebApi 实现了和表示层的数据交互，向下通过调用数据访问层完成业务数据的验证、添加、修改、删除和查询等操作。

（3）数据访问层

数据访问层对业务逻辑层的数据操作提供了封装，对业务数据的验证、添加、修改、删除和查询等通用操作提供了统一实现。

（4）数据层

数据层通过关系数据库、缓存、消息队列、XML/Json 文件等多种方式数据层实现了业务数据存储管理，为数据访问层提供了存储基础。

电子档案系统中的所有电子文件存储在统一的非结构化数据存储中心，技术架构见图 2-34：非结构化数据存储中心技术架构图。

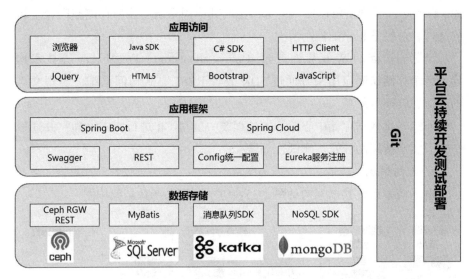

图 2-34 非结构化数据存储中心技术架构

非结构化数据存储中心共分为三层：

（1）数据存储层

数据存储层提供系统的各类数据的存储，并对外提供数据访问接口。

Ceph 集群存储数据文件，以 Ceph RGW REST 的方式对外提供 REST 接口。

SQL Server 数据库存储了系统的参数、集群、租户等基础数据，应用系统以 MyBatis 的方式访问该数据库。

Kafka 是分布式消息队列，存储文档格式转换、图片处理、电子档案系统与非结构化数据存储中心交互等消息。

MongoDB 存储了系统监控指标数据。

（2）应用框架层

以微服务的设计思路，应用框架层将非结构化存储中心划分为多个微服务子系统，各微服务子系统以 REST 方式对外提供服务接口。

系统为各微服务建立统一的 Config 配置中心及微服务注册 Eureka。各个微服务子系统皆使用 Spring Boot + Spring Cloud 技术进行开发，并通过 Swagger 实现微服务的连接测试。

（3）应用访问层

在应用访问层，集群管理员可以通过浏览器对集群、租户进行管理和监控。存储访问管理员可以使用浏览器访问其应用系统创建的存储空间及上传的文件，监控其租户的使用情况。

浏览器访问的 Web 界面通过 jQuery、Bootstrap、FreeMarker 等技术构建。各个存储访问应用系统通过 SDK 或者 REST 方式访问系统，实现文件的存储、转换等服务。

非结构化数据存储中心的开发过程统一通过 Git 进行版本管理，并通过平台云实现持续的开发、测试、部署。

4. 数据架构

电子档案系统数据架构见图 2-35：电子档案系统数据架构图。

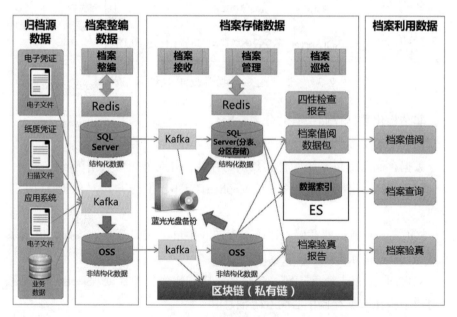

图 2-35　电子档案系统数据架构图

会计电子档案核心数据模型基于以下原则构建：

（1）档案数据模型、操作数据模型、利用数据模型、权限数据模型、长久保存数据模型。

（2）利用 Json 字段实现对未来业务变化（归档数据格式变化）的兼容。

（3）建立基于关系数据库的 SQL 查询和基于搜索引擎的索引查询两种

机制，实现对性能与灵活性的支持。

核心数据模型见图 2-36：核心数据模型架构图。

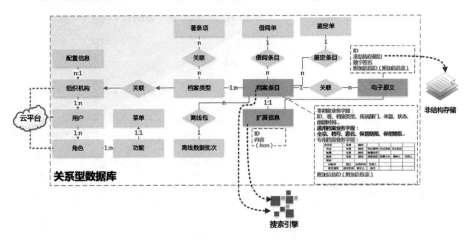

图 2-36　核心数据模型架构图

如图 2-36 所示，电子档案系统数据主要使用关系型数据库存储，同时采用非结构存储、搜索引擎、云平台作为辅助。

（1）关系型数据库

采用关系型数据库存储结构化数据，主要包括电子档案管理相关的业务信息、档案元数据信息、电子原文元数据信息、数字签名信息、权限信息、配置信息、日志信息等。

（2）非结构存储

采用非结构化数据存储中心存储非结构化数据，主要包括电子原文、归档原始报文等信息。

（3）搜索引擎

采用搜索引擎存储档案全文检索索引，使用异构方式对档案元数据和电子原文内容进行存储，提高全文检索响应效率。

（4）平台云

采用平台云提供的通用服务组件存储用户组织权限信息、身份认证信息、工作流程信息等，同时为电子档案系统提供相关安全技术组件支撑。

（5）基于 OAIS 模型进行数据包管理

业务系统负责对产生的数据进行签名，档案系统原样保存，不对接收到的数据进行修改，不破坏签名。

  档案系统按照 SIP、AIP、DIP 三种形式对数据包进行打包处理。

  档案系统附加的信息由档案系统进行签名，确保证据链的连续，每一个档案数据都有数字签名。OAIS 模型数据包管理模式见图 2-37：OAIS 模型数据包示意图。

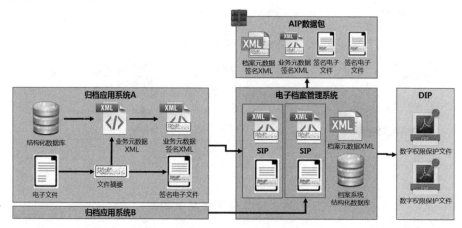

图 2-37 OAIS 模型数据包示意图

5. 系统集成

  电子档案系统集成架构见图 2-38：系统集成架构图。

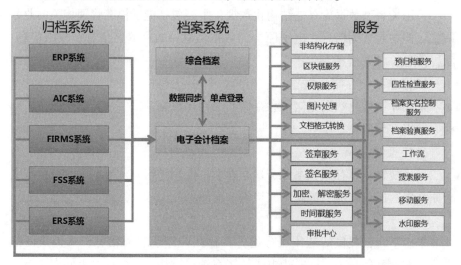

图 2-38 系统集成架构图

  电子档案管理系统的集成方式主要包括服务集成、组件集成和数据集成三种，主要集成对象包括以下四部分：

（1）归档系统集成

向本系统归档的系统包括 ERP 系统（ERP）、财务集中核算系统（AIC）、财务指标报告管理系统（FIRMS）、共享服务系统（FSS）、财务报销系统（ERS），通过服务集成方式归档，将归档请求发送给电子会计档案系统，将归档文件发送给非结构化数据库。

归档接口方案见图 2-39：归档接口方案时序图。

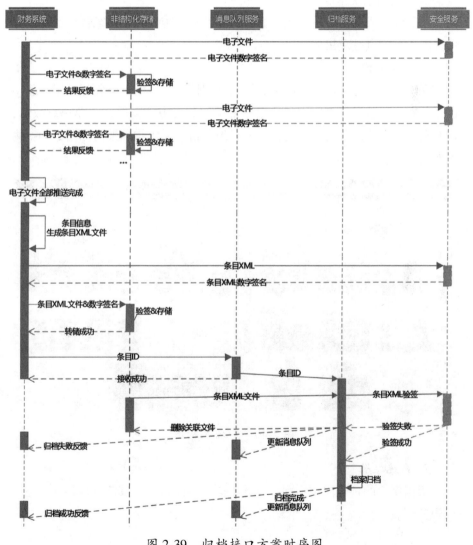

图 2-39　归档接口方案时序图

（2）外部服务集成

本系统使用了多个云平台服务组件，包括全文检索、工作流、用户组织权限、统一身份认证等，这些服务都通过 Web 服务集成。

（3）外部组件集成

本系统还集成使用了电子文件保护、数字签名/验签等组件，这些组件通过直接安装在本系统服务器上实现集成。

（4）档案系统集成

涉及到集成的档案系统包括综合档案管理系统，综合档案管理系统进行数据同步和单点登录集成。

6. 物理架构

系统物理部署架构按照高可靠性原则记性设计，所有服务都是用负载均衡设备进行负载，所有应用和数据库都按照集群方式部署，避免单点故障，档案数据定期使用蓝光光盘进行异质异地备份，系统物理架构见图2-40：物理架构图。

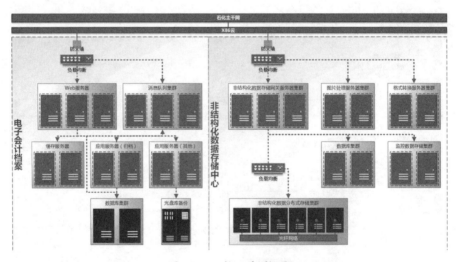

图 2-40　物理架构图

7. 系统权限

根据用户的角色岗位不同，设计不同的使用权限。具体见表2-19：系统权限分配表。

表 2-19 系统权限分配表

序号	角色	部门	职责	涉及的档案业务环节
1	企业兼职档案管理员	企业财务部门	负责财务数据整理及数据归档	档案数据归档
2	企业专职档案管理员	企业档案部门	负责接收会计档案	档案数据接收 档案数据检查 档案日常业务办理 档案业务管理
3	赋权管理员（虚拟岗）	企业档案部门领导	负责角色、用户的权限管理与维护	系统权限管理
4	系统管理员	企业信息部门	负责组织机构、用户的管理与维护	组织机构管理 用户管理
5	总部档案管理员	总部档案部门	负责对档案系统内数据进行巡检	档案数据巡检
6	离线数据管理员	总部档案部门	负责对离线数据进行管理与巡检	档案数据长久保存
7	档案利用人员	企业各部门人员	对档案进行检索及利用	档案利用
8	部门领导	档案部门、业务部门	负责对档案业务申请进行审批	业务审批环节
9	系统资源管理人员	总部档案部门	负责对档案系统的资源进行管理	系统资源维护
10	系统运维人员	企业信息部门	负责对的稳定运行	系统运维支持

从组织层面进行权限管理：①可管理本人负责的数据；②可以管理本单位的数据；③可管理本单位及下级单位的数据；④可管理系统全部数据。

从角色岗位进行权限管理：①档案管理员负责档案数据操作；②权限管理员负责用户授权；③系统管理员负责组织、用户的建立与维护。通过岗位划分实现"三权分立"。

8. 系统实现效果

（1）在线移交

在系统在线移交界面，展示了各归档业务系统的归档情况，包括各系统的归档数、待处理数量、已处理数量、信息包异常情况、数据异常情况、归档批次信息等，并能通过归档时间、归档源、业务主键、信息包 ID 等筛选和查看归档信息，还能对异常数据进行相应处理。系统界面见图 2-41：业务系统归档情况示例图。

图 2-41　业务系统归档情况示例图

（2）接收与检查

在系统接收与检查界面，展示了各类各批次档案的接收与检测情况，包括档案应归数量和已归数量的对应情况、错误数据重新归档情况、数据异常情况、手工抽检情况，并能针对异常、重新归档、抽检进行相应处理。系统界面见图 2-42：档案接收与检查情况示例图。

图 2-42　档案接收与检查情况示例图

（3）"四性"检查

在"四性"检查统计页面，展示了各类各批次档案的"四性"检查情况，并能点击查看逐条档案的"四性"检查详细信息，包括检查项目、检查时间、是否通过、异常信息、检测历史等信息。系统界面见图2-43：批次档案"四性"检查情况示例图。

图 2-43　批次档案"四性"检查情况示例图

（4）电子档案巡检

在电子档案巡检页面，显示了逐条档案的"四性"检查详细信息，包括检查项目、检查时间、是否通过、异常信息、检测历史等信息，并能重新执行巡检任务。系统界面见图2-44：单条档案"四性"检查情况示例图。

图 2-44　单条档案"四性"检查情况示例图

（5）电子档案利用

用户可以通过搜索引擎检索已公开借阅的电子档案，系统会根据用户申请的借阅天数和权限进行借阅申请，审批通过后用户可下载加密保护的电子原文副本。

电子档案检索界面见图 2-45：电子档案检索示例图。

在线借阅界面见图 2-46：电子档案借阅单填写示例图。

档案管理部门借阅统计界面见图 2-47：电子档案利用情况统计示例图。

图 2-45　电子档案检索示例图

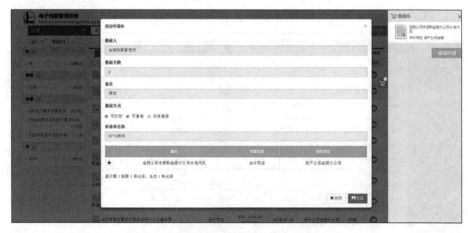

图 2-46　电子档案借阅单填写示例图

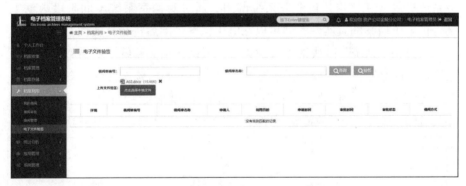

图 2-47　电子档案利用情况统计示例图

（6）电子档案验证

电子档案验证用于对借阅下载的电子原文进行数字签名验签，用户可以填写借阅单号并上传下载的电子文件，验证该电子文件的有效性。系统界面见图 2-48：电子文件验签示例图。

图 2-48　电子文件验签示例图

（十二）其他关键技术解决方案

2018 年 9 月 6 日颁布的《最高人民法院关于互联网法院审理案件若干问题的规定》指出："当事人提交的电子数据，通过电子签名、可信时间戳、哈希值校验、区块链等证据收集、固定和防篡改的技术手段或者通过电子取证存证平台认证，能够证明其真实性的，互联网法院应当确认。"中国石化在内部建立了 5 个节点的区块链私有链，通过区块链对电子文件真实性进行保护，同时为了保证企业电子档案的数据安全避免泄密，在使用区块链技术时，仅在区块链上保存电子档案文件的哈希值及检索必要的档案属性元数据，有效地避免的企业文件泄密。一旦需要对电子档案进行验证时仅需对现有文件计算哈希值并与区块链中对应值进行对比。业务系统及档案系统数据上链示意见图2-49：业务系统及档案系统数据上链示意图。

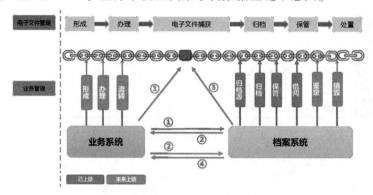

图 2-49　业务系统及档案系统数据上链示意图

区块链作为一个标准服务为各类电子文件进行存证保护，并向各相关业务系统提供API接口，供业务系统调用。通过对档案系统不同阶段数据上链保护电子档案的真实性，并可以在电子档案借阅后进行真实性验证。

通过档案系统与区块链平台的集成，可以在档案系统中对借阅的电子档案进行文件上传并进行校验，如通过校验，则可展示该文件在档案系统中的各类元数据信息，例如题名、归档人、归档时间以及文件"四性"检查日志等相关信息。档案系统区块链验证界面见图2-50：档案系统区块链验证示例图。

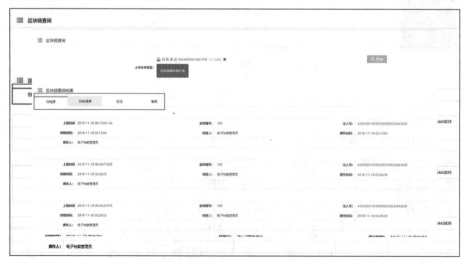

图 2-50　档案系统区块链验证界面示例图

通过区块链与档案系统集成，可以有效对电子文件真实性进行保护的同时实现跨企业电子文件交换及验证。

六、取得的效益

（一）经济效益

1. 节约纸张及耗材

按照本次试点企业（金陵石化）电子文件归档 500000 件/年计算，预计每年减少纸质会计凭证打印 15 万张，减少申请单及电子回单打印用纸 35 万张，节约纸张打印及耗材成本约 15 万元。

结合石化财务共享模式下的电子会计档案管理 144 家直属单位推算，预计每年减少纸质会计凭证打印 2000 万张，减少申请单及电子回单打印用纸 5000 万张，节约纸张打印及耗材成本约 2100 万元。

2. 节约库房面积

按照全石化范围，每年 3.3 万箱纸质档案进行推算，预计每年减少库房新增面积 1155 平米，折合纸质档案保管成本 231 万元。

以纸质档案 30 年的保管期限进行估算，共计节约库房面积 54 万平米，节约管理成本 11 亿元。附计算方法：

纸质档案数量（年）：7000 万张÷300 张/盒÷7 盒/箱＝3.3 万箱；

节约库房面积（年）：3.3 万箱×0.14 平米÷8 层÷50%利用率＝1155 平米；

节约纸质档案管理成本（年）：3.3 万箱×70 箱/元＝231 万元；

纸质档案总数量（30 年）：$\frac{(1+30)\times30}{2}$ × 3.3 万箱 ＝1534 万箱；

节约库房总面积（30 年）：$\frac{(1+30)\times30}{2}$ × 1155 平米 ＝537075 平米；

节约纸质档案管理总成本（30 年）：1534 万箱×70 箱/年＝107380 万元。

（二）管理效益

1. 助力财务共享　业务服务升级

通过试点项目，实现了中国石化财务系统与档案系统的有效融合，为财务共享服务"最后一公里"提供了技术保障，不仅减少了共享公司在归档环节的工作量，而且提高了工作效率，减少了共享公司的投入成本。共享公司可以将更多的工作精力和人员投入到提高财务共享服务质量方面，共享公司能够利用现有资源进行提质增效，全面实现服务升级。

2. 优化档案整编、归档流程

试点项目实现了财务系统电子文件的在线归档、在线整理。将企业财务人员、共享公司人员、企业档案管理人员全部纳入一个统一的处理平台，使得财务系统形成的电子文件从整编到归档的全流程变得清晰化、可视化。电子文件数据的在线传输大大减少了传统纸质凭证物理传输过程中所耗费的人力、物力、财力。也避免了传统纸质凭证传输过程中的数据丢失风险。

3. 保障电子档案的交互可信

电子文件本身"易修改"的特性使得跨组织、跨系统使用电子文件很难被信任，往往需要将电子文件打印输出，加盖形成机构的行政章后使用，社会成本浪费巨大。不同组织、不同系统之间的电子档案的可信性认证是实施电子档案"单套制"管理的核心问题，必须通过技术手段保障电子文件从生成到销毁的全过程都未被修改过，保证电子档案具有法律凭证价值。

"区块链"技术目前已经被验证可以保证跨组织、跨系统数据交互的可信性。试点项目通过使用"区块链"技术，在归档源管理、档案入库、档案巡检和档案借阅4个环节，实现档案数据特征信息入链，利用区块链防篡改、抗抵赖的特性实现电子档案的电子证物价值。

4. 保障电子档案的安全完整

通过对背景信息的归档保存，保证业务系统电子文件在生成时的真实性。归档保存业务系统的相关背景信息，如可研报告、系统建设方案、归档接口集成内容等。如果业务系统调整，其调整方案、归档内容、接口程序等变更资料也要及时补充归档。

通过"四性"检查保障归档数据的完整性。梳理国家颁布的《文书类电子档案检测一般要求》，结合电子会计业务特点，设计开发了不同业务线条所特有的"四性"检查功能，依照接口设计及业务规范，对归档数据的具体内容进行检查。

通过数据巡检，保障电子档案在利用时的可用性。由于档案管理的核心由纸质档案转变为电子档案，档案库房也由传统实体库房变为"电子库房"，物理服务器、云资源、信息系统成为了数据保存的仓库。数据巡检就是对长久保存的电子档案进行定期巡视检查，通过系统自动或人工参与的方式，确保电子档案在档案系统中的可用性。

通过使用数字签名、电子签章、数字水印等成熟的安全技术手段，保障电子档案全生命周期的安全性。在归档发起阶段，向归档业务系统统一颁发数字证书，并对归档数据进行数字签名，确保档案的归档安全；在档案保存与利用阶段，使用数字水印、文档安全客户端，确保档案的利用安全；在档案保存阶段，使用中国石化信息化安全体系对档案数据进行防护，确保档案的存储安全。

5. 保障电子档案的长久保存

任何档案系统都是有生命周期的，一旦现有的档案系统被废止或者升级，系统里保存的档案及元数据必须能被完整导出，并保证导出的电子档案能不依赖于任何信息系统被长久利用。试点项目新建的档案管理系统的核心功能之一就是电子档案的长久保存。通过与业务系统的在线归档集成，业务系统的数据可以通过档案管理系统进行完整且长久有效的存储。通过建立非结构化数据存储中心，对电子档案中的非结构化数据进行专项管理与存储，提高档案数据的存储和利用效率。

基于档案蓝光光盘的存储技术，设计档案数据"异地异质"存储方案，使档案数据可以脱离档案系统长久保存，提高数据抗风险能力。

中国石化作为大型央企，通过试点项目不仅提升了企业电子档案的管理水平，顺应了国家加强电子文件管理的发展战略，在国内具有积极的示范意义。

七、后续打算

（一）深化电子档案法律凭证价值保障体系建设

通过试点项目，中国石化在电子文件归档和电子档案管理方面迈出了重要的一步。但档案凭证价值、归档数据"四性"保障等电子文件管理核心问题仍需深入研究，不断完善。需要在档案可互信、抗抵赖方面加强安全保障，进一步确保电子文件的法律凭证价值。

（二）推广试点工作经验

总结试点项目积累的建设经验，形成了一套业务系统电子文件在线归档和电子档案管理的实施模式。财务线条的无纸化归档工作将在 2020 年底在公司内部推广完毕，不断提升企业电子档案的管理水平。

第三章 江苏核电有限公司电子会计档案管理试点案例

◉ 案例导读

江苏核电有限公司作为全国电子文件归档和电子档案管理首批 33 家试点单位之一，试点项目主要为会计核算系统、供应链管理系统形成的电子文件归档与电子档案管理。

具有以下特点：

一是电子档案管理系统与 ERP 会计核算系统、SRM 供应链管理系统数据互联互通，实现会计核算系统产生会计凭证、费用报销单等财务会计电子文件自动归档，无需人工干预。除纸质发票收据外，均可实现原生电子文件单轨制管理。

二是电子文件直接在电子档案管理系统内进行组卷，自动创建案卷、同步元数据，形成完整的电子档案，并脱机备份。

三是元数据齐全、电子签章运行良好，四性检测功能完整。

四是应用大数据及 AI 等技术，实现电子文件的安全存储、分发利用，并获得 5 项软件著作权登记。

五是根据核电行业的特点，自主编制一套电子文件自动归档的相关技术规范，包括业务系统原生电子文件自动归档需求、电子签章及格式转换接口、元数据、元数据结构、元数据对应规则等 22 份成果文件，形成 4 份电子文件相关企业标准规范。有关成果已推广应用到其他多个业务系统，助推核电事业安全稳定高效发展。

一、试点背景

(一) 企业战略发展需要

江苏核电有限公司 (简称 "公司") 高度重视信息化建设, 将信息化建设作为提升公司管理水平的重要手段, 目前已建立覆盖公司主要业务领域的信息系统, 实现了企业人、财、物等核心业务的集成, 推动了公司主营业务流程的优化、集成和数据共享。随着国务院、工信部先后发布多项推进信息化与工业化深度融合的政策与行动计划, 中国核工业集团有限公司提出建设 "数字核工业" 的战略和要求, 公司积极响应建设数字核电的号召, 逐步开展概念设计、分步建设、试点应用等工作。电子文件作为信息化的产物, 是人与系统的纽带, 做好电子文件的全生命周期管理是公司开展数字核电建设的重要组成部分。

(二) 企业降本增效的必然需要

电子文件的产生与应用随着企业信息化的不断深入而持续发展, 两者呈正相关, 企业信息化程度越高, 电子文件应用范围越广, 企业工作效率越高。当前电子文件归档采取 "双套制" 管理, 将原本已产生的电子文件仍打印成纸质文件由人工进行归档管理, 是电子文件得不到安全保障的无奈之举, 造成人力、财力的大量浪费, 与企业提高效率、降低成本的必然需要不相吻合。

(三) 档案工作本身的发展需要

电子文件在信息系统中产生、流转, 减少输出纸质文件归档, 实现电子文件自动归档, 是档案工作发展需要。试点前电子文件归档是将信息系统产生的电子文件打印出纸质文件进行归档, 在打印保存过程中, 不可避免地丧失部分数据, 造成电子文件真实性、完整性、可用性和安全性 (简称 "四性") 的缺失。另外, 电子文件无法全部输出纸质文件, 纸质文件只能对普通的文本型电子文件进行打印保存。因此, 当前电子文件的管理方式不符合对电子文件管理高效、便捷的要求, 无法满足档案工作本身发展需要。

（四）推进电子文件单轨制管理需要

随着企业信息化程度的提高，电子文件数量日益增长，采取"双套制"归档保存方式，需要大量的档案库房和文档管理人员，企业电子文件归档的压力日益增加，迫切需要推进电子文件单轨制管理。

二、试点目标

（一）总体目标

建立 ERP 会计核算系统、SRM 供应链管理系统与电子档案管理系统的接口，实现财务会计电子文件的自动归档，会计核算系统和供应链管理系统产生的数据互联互通，会计核算系统产生会计凭证等、PDF 版式文件和 XML 信息包，自动归档到电子档案管理系统，文件同步及时完整，元数据完整真实，电子档案管理系统接收后自动组卷，形成电子档案，并存入光盘库中予以备份，实现了电子文件从收集、整理、移交、保管、利用的全过程管理。

项目完成后，除保留原始发票收据外，其他文件如记账凭证、总账、日记账、明细账、固定资产卡片等文件，可仅保留电子文件，减少纸质文件输出，降低文件打印成本，减少库房空间。同时电子文件自动归档，无需人工干预，简化电子文件收集、整理、归档等操作，减少财务会计档案人员数量，降低人工管理成本。

公司电子文件试点项目目标是针对 ERP 会计核算系统等核心业务系统，通过技术手段，实现与电子档案管理系统自动归档集成。建立 ERP 会计核算系统自动归档接口，通过多种方式，灵活地实现不同业务系统的数据自动化归档集成。完善电子档案管理系统，制定相应管理策略，实现对电子文件的在线自动收集。实现对移交电子文件的四性检测，通过技术和管理相结合的方式，保证电子文件在收集、移交、检测、整理和电子档案保管、利用、迁移、移交等过程中操作的不可抵赖性、数据存储的完整性、用户身份的真实性。

（二）具体目标

1. 业务层面

实现记账凭证、会计账簿、会计报表及部分其他会计资料的电子归档，逐步取消纸质归档，优化会计核算系统电子文件归档业务流程，实现业务流与文件流的全面融合、相互引用和自动归档，建立文档、信息、财务部门密切配合的协同工作机制，实现电子文件的全程管理，减少人工干预，提升企业管理效率。

2. 技术层面

实现公司财务会计电子文件全过程管理，在归档范围、归档整理、归档格式、四性检测、元数据管理、档案利用等方面取得成效，明确相关项目技术指标，见表 3-1：电子文件试点项目主要技术指标。

表 3-1　电子文件试点项目主要技术指标

序号	技术指标	项目实际参数
1	元数据数量	参考国家及行业标准，确定财务会计文件同步元数据数量不少于 80 个。
2	文件同步时间	财务会计文件的抽取频率原则上以当前会计期间的前 3 个期间为准。
3	文件同步数量	财务会计相关流程结束后，文件全部同步到电子档案管理系统。
4	四性检测	建立完善的四性检测机制，从归档移交、接收、长期保存 3 个环节进行检测，四性检测项不少于 20 个。
5	电子签章	在集团统一建设的 CA 体系下，建立本地的子 CA、签章服务、时间戳服务。
6	XML 封装	对归档电子文件元数据采用 XML 封装的形式一并归档到电子档案管理系统。

3. 规范层面

完善公司财务会计业务与档案管理业务流程，制定统一的财务会计电子档案归档管理、元数据管理、接口管理技术规范。试点过程中，梳理和完善电子文件归档范围、归档过程，确定各项业务的操作规范，确保财务会计电子文件四性检测技术落地，同时进行元数据管理、基于大数据的电子档案利用等研究，实现财务会计电子档案的全过程管理，确保财务会计电子档案质量符合国家要求，为后续推广应用奠定基础。

三、试点系统介绍

公司经过持续的应用系统规划、建设，建立了覆盖主要业务领域的信息系统，形成了以 SAP 软件为核心的企业资源管理平台（ERP）、以 FileNet 软件为核心的电子档案管理系统（ECM）、以 PI 软件为核心的电站实时数据管理平台（PI）、以 Enovia 软件为核心的信息资源整合平台（MDM），实现了企业人、财、物等核心业务的集成，推动了公司主营业务流程的优化、集成和数据共享。公司信息系统的覆盖度及集成度，信息化整体应用水平和信息化治理水平位居集团前列，信息化已成为公司管理水平不断提升的重要抓手，为公司各项业务的有序开展提供支撑。公司信息化建设在卓越绩效现场评审、同行评估中多次被评为"强项"。见图 3-1：公司四大基础应用平台示意图。

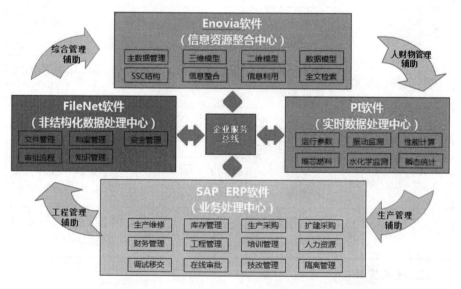

图 3-1　公司四大基础应用平台示意图

公司电子档案管理系统已于 2012 年 4 月上线运行，经过不断优化，该系统能够满足生产运营、工程建设、市场开发的文档管理要求，能够从文件采集、生效控制（编制、校核、审核、会签、批准）、文件存储、文件归档、文件利用等全生命周期管理，能够通过灵活的分类对文件进行组织，充分发挥文档价值。

作为公司核心业务系统，ERP 系统实现了对人力资源管理、培训管理、财务管理、物资管理、仓储管理、维修管理、工程项目管理、工程采购合同管理、工程移交管理、工程隔离管理、工程改造管理等业务的管理，ERP系统还提供了众多应用接口，以便其他业务系统的正常运行。2012 年基于 SRM 供应链管理系统和 ERP 会计核算系统，实现了对供应链管理过程的全覆盖，包括采购需求提报、采购需求审批确认、立项审批、商务计划、合同取号、采购寻源、合同签订、招投标管理、供应商管理、财务会计管理等一系列的价值链过程。此外，其他核心业务系统，例如经验反馈系统、统一门户系统、在线学习系统、生产管理信息系统均起到了重要的作用。ERP 会计核算系统、SRM 供应链管理系统是业务的重要支撑，产生大量原生的电子文件，是公司电子档案的重要来源。大量的业务系统投入运行，随之产生的电子文件管理成为文档管理人员的关注焦点，见图 3-2：公司应用系统概览总图。

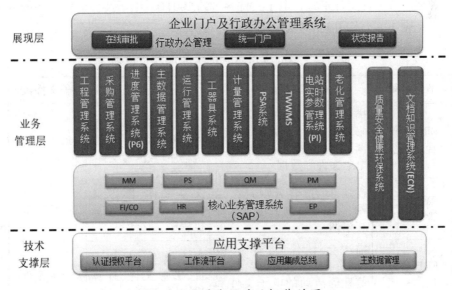

图 3-2　公司应用系统概览总图

公司 ERP 会计核算系统、SRM 供应链管理系统、电子商务平台、状态报告等核心业务系统均在业务的全过程中形成了大量的电子文件，见图 3-3：ERP 会计核算系统及相关系统概览。

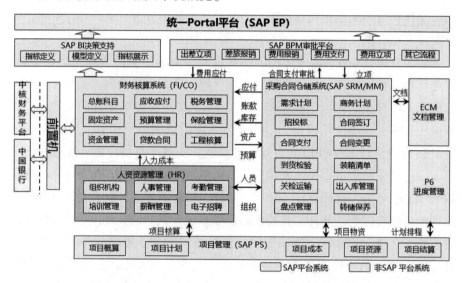

图 3-3　ERP 会计核算管理系统及相关系统概览

据不完全统计，试点前试点系统形成电子文件约 571 万份、300 余种文件种类、数十种文件格式、电子文件容量约 200TB。电子文件的应用系统分布，见表 3-2：核心应用系统电子文件分布情况。

表 3-2　核心应用系统电子文件分布情况

信息系统	电子文件种类	电子文件格式	电子文件数量
ERP 生产管理系统	描述人事、组织、项目、维修、计划、设计、采购、施工、调试、移交、隔离等活动的电子文件和数据	文本文件、图像文件、影像文件、计算机程序、数据库文件	90 万余件
SRM 供应链管理系统	描述采购、商务、物资、运输、仓储等活动的电子文件和数据	文本文件、图像文件、影像文件、计算机程序、数据库文件	6 万余件
ERP 会计核算系统	描述会计、保险、资金、投资、资产、账目、库存、预算信息等活动的电子文件和数据	文本文件、图像文件、影像文件、计算机程序、数据库文件	50 万余件

续表

信息系统	电子文件种类	电子文件格式	电子文件数量
ECM 电子档案管理系统	描述收发信函纪要、收发公文、管理程序、技术程序、技术文件、澄清变更文件、不符合项、设计审查、记录报告、商务合同、财务会计、特种介质、图书资料等活动，描述档案管理的案卷、卷内文件,档案编研等相关管理活动的电子文件和数据	图像文件、图形文件、影像文件、多媒体文件、计算机程序、数据库文件	300 万余件
状态报告系统	描述经验反馈、良好实践、监督监查等活动的电子文件和数据	计算机程序、数据库文件	8 万余件
大修综合信息系统	描述大修计划、大修进度、大修项目、各专业工作等活动的电子文件和数据	文本文件、图像文件、影像文件、计算机程序、数据库文件	2 万余件
在线学习系统	描述在线课程、课程安排、考试安排、调查问卷、培训资料管理、教学视频管理、培训教材管理等活动的电子文件和数据	图像文件、图形文件、影像文件、声音文件、多媒体文件、计算机程序、数据库文件	4 万余件
工控系统	描述从工控系统中采集的涉及工业控制系统运行状态的电子文件和数据	文本文件、图像文件、图形文件、影像文件、声音文件、多媒体文件、计算机程序、数据库文件	80 万余件

（一）系统功能

公司基于 SAP 平台建立了 SAP FI/CO 财务系统、网上费用报销系统及全面预算管理系统，通过统一的财务管理系统，实现生产经营全过程的资金流、物流、信息流的集成和数据共享，保障企业管理工作标准化、规范化、精细化、高效化。通过与 SAP 其他业务模块的紧密衔接，形成公司核心业务管理系统，有效实现公司目前以及未来集团管控模式下对财务信息化需求的支持，提升企业的财务管控能力，达到统一规划与管理的战略目标，全面满足财务管理的需求。

会计核算系统涉及资产管理、总账管理、收入成本管理、应收应付管理、预算管理、报表管理等，见图3-4：会计核算系统业务流程。

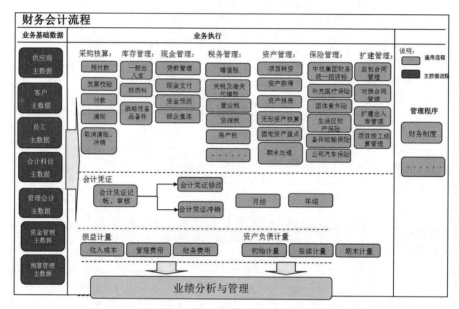

图 3-4　会计核算系统业务流程

（二）数据量

2011 年，公司 SAP FI/CO 财务系统上线以来，已形成 50 余万件文件，涉及会计、保险、资金、投资、资产、账目、库存、预算信息等业务流程产生的电子文件和数据。

（三）文件类型

公司 SAP FI/CO 财务系统产生文件类型主要包括会计凭证、会计账簿类、财务报告类、其他会计资料，存储格式主要包括文本文件、图像文件、数据库文件等，经自动归档后，文件以 PDF 格式保存，少量附件以 Word 格式保存，便于长期保存和查阅利用。财务会计相关文件类型如下：

1. 会计凭证类：原始凭证、记账凭证。

2. 会计账簿类：总账、明细账、日记账、固定资产卡片。

3. 财务报告类：月度、季度、年度财务报告。

4. 其他会计资料：银行存款余额调节表、银行对账单、纳税申报表。

四、试点工作步骤

(一) 项目准备阶段

公司正式成立电子文件试点项目专项组，确定项目的组织架构、人员和职责。专项组负责制定项目的总体计划、项目实施计划。此阶段共完成以下工作：

1. 明确项目目标和实施策略

项目专项组编制《江苏核电有限公司电子文件归档及电子档案管理试点项目实施方案》和《电子文件试点相关功能项目技术规格书》，明确项目的实施目标、实施范围和实施策略，并确定整体实施日程和实施顺序，完成总体项目计划。为了最大限度地减低项目风险，保证项目质量，项目专项组按季度将工作目标进行分解，确定每季度的工作任务和输出成果。见下表 3-3：季度分解工作目标。

表 3-3　季度分解工作目标

时间	工作任务	输出成果
2017 年第一季度	1. 向中国核电、核工业档案馆汇报项目实施计划。 2. 编制项目实施方案。 3. 邀请专家评审项目实施方案。	1.《江苏核电有限公司电子文件归档及电子档案管理试点项目实施方案》 2.《江苏核电有限公司电子文件归档和电子档案管理试点项目实施方案评审意见》
2017 年第二季度	4. 外出调研,编制调研报告。 5. 开展项目需求分析,编制业务蓝图设计报告。 6. 内部评审业务蓝图设计报告。	3.《江苏核电有限公司电子文件归档及电子档案管理试点项目调研报告》 4.《江苏核电有限公司电子文件试点项目蓝图设计报告》
2017 年第三季度	7. 业务系统与电子档案管理系统自动归档开发。 8. 部署电子签章。 9. 电子文件归档功能测试。 10. 上线运行。	5.《江苏核电有限公司电子文件试点项目系统测试报告》 6.《商务合同类文件元数据对应规则》 7.《财务会计类文件元数据对应规则》

时间	工作任务	输出成果
2017年第四季度	11. 向核工业档案馆报送电子文件试点项目验收请示。 12. 上线后发现问题的整改。	8.《商务合同类电子文件元数据规范》 9.《商务合同类电子文件数据结构规范》 10.《财务会计类电子文件元数据规范》 11.《财务会计类电子文件数据结构规范》 12.《电子签章及格式转换接口技术规范》 13.《信息系统原生电子文件归档标准化需求》 14.《江苏核电有限公司电子文件试点项目集成方案》 15.《江苏核电有限公司电子文件试点项目四性检测保障技术规范》
2018年第一季度	13. 吸取其他单位电子文件试点项目验收经验。 14. 迎接国家档案局组织的电子文件试点项目验收。	16.《江苏核电有限公司电子文件试点项目工作总结报告》 17.《江苏核电有限公司电子文件试点项目技术总结报告》

2. 确定项目运作机制

为保障试点项目有序开展，公司统筹规划，成立试点项目专项组（简称项目组），项目组每两周召开一次试点项目定期交流会，根据实际情况召开试点项目专题会，每季度编制试点项目进展报告，及时向国家档案局、核工业档案馆、中国核电等上级单位，汇报工作进展，建立沟通协调机制，确保试点项目完成预定目标。

2017年1月24日，项目组召开首次交流会，向项目组成员介绍项目背景、实施内容、实施计划、沟通机制。项目组分为领导小组、项目管理办公室、业务组、系统技术架构和开发组，明确各自主要职责，见表3-4：项目职责分工表。

表 3-4　项目职责分工表

项目组织	主要职责
领导小组	1. 掌握项目的大方向和全局，解决项目过程中的重大决策性问题，负责项目资源的协调 2. 负责项目重大变更的评估和批准
项目管理办公室	负责计划、组织、指导和协调项目组的工作，并在适当的时候，负责项目组内部和其他有关方面的相互沟通，主要职责如下： 1. 确认工作计划，推进工作开展 2. 参加业务组沟通及流程讨论会议，审阅并确认相关项目交付物 3. 与业务处室保持良好沟通，配合协调跨组、跨部门、跨单位的相关事宜 4. 负责日常管理和工作计划的推进协调 5. 参与系统设计及解决方案的研讨，保持良好的项目沟通和质量进度控制 6. 确保项目交付品质量，组织各组提交阶段成果报告 7. 管理项目变更及变更过程
业务组	业务组对相关部门及单位进行访谈，明确试点项目所涉及的功能需求现状，及对未来信息系统的功能需求： 1. 在对现状及系统需求进行确认后，对未来业务流程进行设计，并根据设计的业务流程，进行系统配置 2. 组织系统测试工作，并对最终用户进行培训 3. 系统上线后，参与系统的运维支持，并进行相关的知识转移 4. 在项目进展中，定期向项目管理办公室进行汇报，保证系统设计的标准化，确保小组工作进展符合项目总体进度要求
系统技术架构和开发组	1. 负责系统架构审查和方案设计 2. 负责项目程序编写任务的技术分析和工作安排 3. 负责客户化开发和测试工作

2017 年 3 月 21 日，公司印发《关于成立企业电子文件试点项目专项组的通知》（苏核发〔2017〕139 号），从组织资源上保障项目开展。本项目建立的组织机构设立为三级，领导小组统一决策，下设项目管理办公室，具体与文档业务组、商务业务组、会计业务组和系统技术架构和开发组对接工

作，各个小组的组员由文档、信息、财务、商务技术骨干组成，见图 3-5：电子文件试点项目专项组架构图。

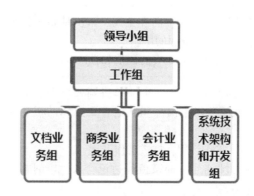

图 3-5　电子文件试点项目专项组架构图

3. 确定项目实施方案

2017 年 3 月 16 日至 17 日，公司电子文件归档及电子档案管理试点方案研讨评审在田湾核电站现场召开。研讨评审会议由核工业档案馆组织，专家组一致认为江苏核电试点项目信息化基础较好，覆盖了工程建设和生产运营各个领域，试点项目的成功实施，将对其他企业具有重要的指导意义。同时，专家组建议在项目实施过程中，进一步加强组织管理和资源保障、做好外部对标调研，细化项目实施关键技术难点，力争项目早日结项，并通过验收。

（二）需求调研阶段

公司多次调研相关单位经验，并基于公司现有的业务流程，开展需求分析，确认试点项目相关的流程文档及相关开发事项功能说明书。

2017 年 4 月 12 日，公司财务处牵头，信息文档处参加，赴北京人保财险调研会计档案自动化管理，重点调研本项目关注的电子化凭证关联关系、元数据与版式化要求等问题。从调研结果来看，北京人保财险早已实现了会计档案的无纸化归档，走在行业前列，该单位是在《企业电子文件归档与电子文件管理指南》发布之前验收单位，公司需要对照新要求，继续进行调研。

2017 年 6 月 27 日，核工业档案馆、公司信息文档处和财务处相关人员，赴北京中石油集团公司总部调研电子会计档案试点工作经验。中石油总部精心组织了会议，安排中石油集团办公厅、集团档案处、集团财务部、集团信息管理部以及电子会计档案项目组参与交流，参会人员提前准备调研内容并进行详细解答。中石油辽宁销售公司作为中石油在辽宁省负责销售的全资子公司，会计核算业务通过 ERP 和 FMIS 系统来开展，相关经验值得借鉴。

（三）方案设计阶段

项目组根据业务需求调研的结果，转化为开发需求，邀请财务处参与业务需求和蓝图设计讨论，确定试点项目的技术难点和技术解决方案，并确定最终的设计方案，项目组定期进行内部交流。

2017 年 3 月 22 日，召开企业电子文件试点项目组双周例会（第 1 次），讨论后续工作计划，明确工作内容，落实责任人，经过内部讨论，结合实施方案研讨评审意见，细化技术实现要求，修订《江苏核电有限公司电子文件归档及电子档案管理试点项目实施方案》，编制《江苏核电有限公司电子文件归档及电子档案管理试点项目第一季度进展报告》。

2017 年 4 月 6 日，召开企业电子文件试点项目组双周例会（第 2 次），对近期工作进行检查和后续工作内容进行部署。项目组重点讨论了《ERP会计核算系统与 ECM 自动归档业务蓝图设计报告》，要求会计业务组、文档业务组、系统技术架构和开发组根据各自的职责和项目组成员特长进行分工，确保最终签署的蓝图设计报告内容经过相关责任人签字认可。

2017 年 4 月 20 日，召开企业电子文件试点项目组双周例会（第 3 次），对近期工作进行检查和后续工作内容进行部署。项目组重点讨论调研报告的内容，对当前影响工作开展的关键问题进行了决策。会议明确，后续财务会计归档范围由财务处按照实际情况来划分，影像系统的扫描文件纳入归档范围。各业务领域的元数据按照实际情况具体分析，重点关注关键元数据信息。公共元数据由信息文档处负责分析，业务元数据由业务处室负责分析。归档格式按照 PDF/A+XML 格式考虑，尽量满足国家标准对电子文件四性检测要求。

2017 年 5 月 16 日，召开企业电子文件试点项目组双周例会（第 4 次），对电子文件四性检测、电子签名技术，蓝图设计报告中有关商务和会计的归档范围和保管期限，业务调整内容进行重点讨论。

2017年6月9日，召开企业电子文件试点项目组双周例会（第5次），讨论《ERP会计核算系统与ECM自动归档业务蓝图设计报告》待完善内容，对后续工作内容进行部署。

2017年6月12日，信息文档处内部对电子文件四性检测、电子签名技术组织专题讨论。

2017年6月15日，信息文档处内部对电子文件元数据和归档流程进行专题讨论。

2017年6月20日，信息文档处和财务处召开电子文件财务领域专题讨论，分析财务业务变革点。

2017年6月29日，召开企业电子文件试点项目组双周例会（第6次），根据赴中石油电子文件调研报告，分析公司需要加强业务功能点，并讨论形成试点项目编制计划，见表3-5电子文件试点项目文件编制计划。

表3-5　电子文件试点项目文件编制计划

序号	阶段	文件名称
1	项目准备阶段	《电子文件试点相关功能项目技术规格书》
2	项目需求阶段	《江苏核电有限公司电子文件归档及电子档案管理试点项目实施方案》
3	项目需求阶段	《江苏核电有限公司电子文件试点项目蓝图设计报告》
4	项目需求阶段	《商务合同类电子文件元数据规范》
5	项目需求阶段	《商务合同类文件元数据对应规则》
6	项目需求阶段	《商务合同类电子文件数据结构规范》
7	项目需求阶段	《财务会计类电子文件元数据规范》
8	项目需求阶段	《财务会计类文件元数据对应规则》
9	项目需求阶段	《财务会计类电子文件数据结构规范》
10	项目需求阶段	《江苏核电有限公司电子文件试点项目文件归档范围及保管期限表》
11	项目需求阶段	《江苏核电有限公司电子文件归档存档格式规范》

续表

序号	阶段	文件名称
12	项目需求阶段	《江苏核电有限公司电子文件归档和电子档案管理过程规范》
13	系统实现阶段	《电子签章及格式转换接口技术规范》
14	系统实现阶段	《江苏核电有限公司电子文件试点项目四性检测保障技术规范》
15	系统实现阶段	《江苏核电有限公司电子文件试点项目集成方案》
16	上线准备阶段	《江苏核电有限公司电子文件试点项目测试报告》
17	上线准备阶段	《江苏核电有限公司电子文件试点项目用户手册》
18	上线准备阶段	《江苏核电有限公司电子文件试点项目培训教材》
19	试运行阶段	《江苏核电有限公司电子文件试点项目验收结项报告》
20	试运行阶段	《江苏核电有限公司电子文件试点项目技术总结报告》
21	试运行阶段	《江苏核电有限公司电子文件试点项目工作总结报告》
22	项目验收阶段	电子文件试点项目验收汇报 PPT、系统演示脚本
23	验收后推广	《信息系统原生电子文件归档标准化需求》

（四）系统实现阶段

公司通过自主设计、自主开发完成电子文件试点任务。开发人员根据季度分解的工作目标倒排工作计划，确保在预定的时间内完成试点任务，并根据方案设计的结果在系统层面进行落实，包括系统配置、系统报表开发及增强开发。开发完成后根据公司系统测试脚本，对系统配置的结果和开发结果进行单元测试、集成测试。2017 年第三季度完成试点任务中电子文件工作台、电子文件四性检测、元数据配置等开发。2017 年第四季度对上线后的试点项目进行系统运维，收集典型问题，处理相应缺陷，并按计划开发新流程，见表 3-6：系统开发节点进度表。

表 3-6 系统开发节点进度表

时间	系统开发情况
2017.7.10— 2017.7.14	1. 开展财务会计文件分类体系的分析与建模工作,对比整理试点前后差异项清单。 2. 与开发人员沟通记账凭证接口需求和业务数据接口需求。 3. 开展会计账簿功能需求的详细设计,编制相应的设计文件。
2017.7.17— 2017.7.21	4. 完成财务会计文件分类体系的分析与建模工作,整理试点前后差异项对比清单。 5. 完成 ECC 与 FTP 的连接程序验证。 6. 完成 BPM 上费用报销流程数据在 FTP 的存储验证和简要接口数据监控功能开发。 7. 完成电子签章的服务验证,明确电子签章图片加盖位置和存取时间。
2017.7.24— 2017.7.28	8. 文档管理人员提供版式文件的电子签章图片。 9. 开发 ECM 归档模块相关功能,初步完成基础类设计。 10. ECC 版式文件的生成技术验证成功,完成记账凭证接口服务的设计程序开发。 11. BPM 版式文件的生成技术验证成功,完成费用报销流程的接口服务的设计程序开发。 12. 基本完成电子签章服务、电子签名服务、签名验证服务的开发,需要继续优化。 13. 7 月 28 日召开专题会议,讨论证书、签名等相关基础架构设置问题。
2017.7.31— 2017.8.4	14. 信息文档处提供测试使用的 CA 证书、私钥等信息。 15. 根据确定的电子签章图片、位置等相关规则对相关服务接口进行了完善。 16. 完成独立的电子签章服务、签名验证服务的完善,部署到测试环境。 17. 基本实现 ECM 的会计凭证对应电子文件和电子案卷的自动生成功能。 18. 基本完成 ECC 记账凭证接口服务开发。 19. 基本完成 BPM 费用报销流程的接口服务,形成了接口设计说明文件。

续表

时间	系统开发情况
2017.8.7— 2017.8.11	20. 完成 ECM 电子文件工作台的条码功能开发。 21. 开展条码为移动使用服务的设计与开发。 22. 开展 ECM 四性检测的相关功能开发和界面设计。 23. 开展 BPM 差旅立项和费用报销等相关财务流程的服务接口的设计与开发。 24. 开展 SRM 采购计划审批流程相关服务接口的设计与开发。
2017.8.14— 2017.8.18	25. 通过费用报销流程对会计凭证及附属业务凭证的自动归档过程的功能进行测试,总体功能完整。 26. 根据测试结果对 ECM 财务会计文件的归档模块和电子文件工作台相关功能进行完善。 27. 完成 ECM 电子文件工作台的打印条形码功能的开发和测试。 28. 完成签名和签章服务在新的测试服务器上的部署。 29. 完成四性检测的页面开发,开展相关检测功能开发。
2017.8.21— 2017.8.25	30. 继续开展 ECM 四性检测的相关功能开发和完善。 31. 根据测试结果,对 ECM 归档模块和电子文件工作台功能继续完善。 32. 完成 BPM 借款流程的接口开发,开展其他流程的接口开发工作。 33. 完成 SRM 采购计划审批流程相关服务接口的设计与开发。
2017.8.28— 2017.9.1	34. 完成四性检测全部功能开发,实现对手工检测项目的记录。 35. 开展商务类电子文件的元数据建模和基础类的开发。 36. 开展 ECM 合同会签流程形成的电子文件元数据的自动归档的功能开发。 37. 开展 SRM 商务计划流程相关接口开发,完成版式化 PDF 文件的自动生成功能。
2017.9.4— 2017.9.8	38. 完成 ECM 合同会签流程形成的电子文件元数据的自动归档的功能开发。 39. 完成 SRM 商务计划流程相关接口的开发。 40. 通过合同会签流程对商务合同文件的自动归档过程的功能进行测试,总体功能完整。 41. 根据测试结果对 ECM 的商务合同文件的归档模块和电子文件工作台相关功能进行完善。

续表

时间	系统开发情况
2017.9.11— 2017.9.15	42. 完成 SRM 招标请示方案审批流程、最终供方确定审批流程、合同会签审批流程、合同支付验收会签审批流程、合同支付会签审批流程开发工作。 43. 完成 SRM 商务计划接口开发和对应采购计划单电子文件的自动归档功能。 44. 完成四性检测功能测试验证。
2017.9.18— 2017.9.22	45. 完成合同会签流程结束后产生指定内容到 ECM，自动创建合同案卷。财务会计、合同商务默认值调整。商务合同各个流程与案卷关联逻辑确认和开发。 46. 试点项目验收请示发核工业档案馆和中国核电，转呈国家档案局。
2017.9.25— 2017.9.30	47. 9 月 27 日完成财务会计类费用报销流程自动归档上线，将 2017 年 1 月至 6 月费用报销流程产生数据同步到 ECM，共有 446 条数据，每条会计凭证自动形成 1 卷，自动完成组卷工作。 48. 商务合同类文件按照文件当日生成后，每日自动同步到 ECM，以 9 月 27 日晚上上线时间为界限，新产生商务文件，自动同步到 ECM 电子文件工作台，按照既定自动归档规则，自动建立案卷级条目及其卷内文件。财务会计和商务合同电子文件四性检测、自动归档通过技术验证。
2017.10.7— 2017.12.30	49. 开展试点项目第二阶段，集中力量开发会计报表、会计账簿、固定资产卡片的自动归档。 50. 完成 Fusion 文档中心针对新增字段的显示页面配置。 51. 完成高级查询中业务字段的查询页面配置。 52. 完成 ECM 详情页面调整。 53. 完成总账发生额及余额汇总表的生成功能开发。 54. 完成财务报表录入及自动产生电子文件和档案的功能开发。 55. 完成差旅报销等流程的相关 BPM 服务接口。
2018.1.1— 2018.1.31	56. 完成税费支付流程的 BPM 服务接口开发。 57. 完成 ECC 总账余额汇总表调整和 BPM 上 6 支流程接口开发。 58. 对新开发功能进行业务澄清和功能测试。 59. 完成 2017 年度 7943 份财务会计电子文件、2180 份商务合同电子文件归档。

（五）上线准备阶段

项目组通过集成测试，发布到生产系统，编写用户操作手册、进行最终用户培训、用户接受测试、数据初始化工作。完成系统切换前的准备工作，使系统顺利切换。包括以下工作内容：

1. 向生产系统传输

2017 年 9 月，项目组通过集成测试，并开始为系统上线准备相应的数据。

2. 用户培训和测试

项目组编写用户操作手册，组织公司文档管理人员、财务会计人员进行用户培训，介绍会计核算系统与电子档案管理系统自动归档功能对接后的变化，指导用户正确使用系统的自动归档模块。并组织用户进行系统测试，对试点项目开发的功能进行验证。

3. 用户权限配置

系统管理人员对用户权限进行配置，采用身份认证技术，统一用户认证和权限管理功能，保护系统内的文件不被非法存取和破坏，保证授权用户合法操作，对系统中的重要行为进行审计跟踪。对电子文件工作台采用权限控制策略，根据财务会计文件和商务合同文件类型的不同，分为查看和修改两类权限，并严格遵循"除非工作需要，绝不授权"的原则，严格按照其工作职责进行授权，通过精准授权，实现不同用户查看、修改权限，控制文件的知悉范围，确保文件的安全。

4. 上线切换计划

项目组制定上线切换计划和紧急备份计划，为系统上线做好准备，并作好突发情况的应对措施。

5. 数据迁移及质量确认

项目组对系统内的数据进行迁移，并对数据进行抽查确认，确保系统内数据的有效性。

（六）试运行阶段

项目组在系统试运行期间以及正式上线切换后的六个月内，处理系统试运行和上线后发现的问题。这一阶段包括以下工作：

1. 上线后系统运维

指定专人负责试点项目上线后的运维支持，与文档管理人员及时沟通，对上线后发现的问题，及时进行处理。

2. 项目评估回顾

对试点项目的功能、实施方案、技术架构、安全管理等方面进行评估回顾，由项目组负责，文档业务组、会计业务组、系统技术架构和开发组配合，召开专题讨论会。

3. 项目持续改进

及时收集文档管理人员和开发人员的反馈意见，组织开发人员和文档管理人员进行讨论，确定优化的方案，对实现的功能不断优化。

4. 制定改进计划

针对发现问题，由项目负责人召集项目组成员讨论，制定改进计划，明确各组任务和改进完成时间。

5. 评估并跟踪培训

编制用户手册，组织商务合同处和财务处文档管理培训，现场演示操作步骤，并对培训情况进行跟踪，抽查 ECM 内商务合同和财务会计文件的归档情况。

（七）项目验收阶段

2018 年 2 月 27 日，国家档案局在连云港组织专家对江苏核电有限公司电子文件归档和电子档案管理试点项目进行了验收。专家组听取了试点项目工作总结和技术总结汇报，观看了供应链管理系统、会计核算系统、电子档案管理系统自动归档演示，审阅了项目形成的相关技术文档和标准规范，通过质询和讨论，形成如下验收意见。

1. 试点单位按照试点方案，有序推动试点工作开展，完成了 7943 份财务会计电子文件、2180 份商务合同电子文件归档，编制了试点项目工作总结报告及技术总结报告，形成了元数据规范、元数据结构规范、电子签章及格式转换接口技术规范、电子文件归档标准化需求等成果文件 22 份，完成了试点工作任务。

2. 试点工作实现了供应链管理系统、会计核算系统电子文件在线归档，归档范围合理，归档过程规范，元数据齐全，开展了四性检测。

3. 建立了档案部门、业务部门、信息化部门密切配合的协同工作机制，优化了电子文件归档业务流程，创新了元数据展示方式，实现了业务流与原生文件流的全面融合、相互引用和自动归档，促进了核电行业对记录文件全过程安全审查及管控，对推动核电企业电子文件归档及电子档案管理具有典型示范意义。

专家组同意该试点项目通过验收。建议后续进一步扩大试点成果在核心业务系统的应用。

（八）项目后续开发阶段

在验收阶段，验收专家组针对试点项目提出了各种合理化建议，希望公司针对这些建议，在项目后续阶段逐步完善，总结试点项目工作经验并扩大应用范围。将试点成果取得成效最大化，解决全国其他单位存在的相似问题，主要建议如下：

1. 重视试点项目中存在的问题。结合《文书类电子档案检测一般要求》（DA/T 70—2018），进行适应性修改。使用电子签章可以保证电子文件的真实性，但归档后可能面临签章不可读的情况，需要提前研究。PDF格式虽然应用广，但非国产软件，要考虑做好接收OFD格式文件的准备等。

2. 采纳评审专家的合理意见。评审专家对公司整个试点过程提出了一些建议，公司应根据试点项目实际情况消化吸收，并采纳合理意见。

针对验收专家提出的合理化建议，公司领导高度重视，对电子文件四性检测、元数据管理、版式化文件等进行专题讨论，提出公司要深化电子文件管理研究，重点开展电子文件长期保存及单轨制研究等。

（九）项目推广阶段

试点项目选取了具有代表性的ERP会计核算系统和SRM供应链管理系统，实现了财务会计、商务合同电子文件自动归档，并通过建立电子签章、电子文件四性检测机制，保证了电子文件的真实性、完整性、可用性和安全性，对推动核电企业电子文件管理具有典型示范意义。

1. 内部推广

试点项目的成功经验以及形成的相应技术成果，尤其是信息系统原生电子文件归档标准化需求，可以指导公司新增、优化改进的业务系统，包括大修日报系统、运行值班系统、状态报告系统等自动归档需求。

2018年3月，工程公司施工管理系统与公司电子档案管理系统实现自动对接、分发。完成中国核电设备可靠性管理系统与公司电子档案管理系统自动对接、分发。

2018年4月，优化财务会计归档流程，将会计核算系统中会计档案自动归档同步时机由人工定期触发，改为系统流程审批结束自动归档。

2018年7月，编制大修日报系统原生电子文件自动归档需求说明书，在开发大修日报系统的同时，开发归档接口，完成接口开发。

2018年9月，编制安全质量平台原生电子文件自动归档需求说明书，完成原生电子文件版式化文件的验证，系统上线后即可自动接收系统生成的文件。

2018年12月，编制运行值班系统电子文件归档业务蓝图设计，确定运行值班系统业务流程产生的文件种类、元数据及归档设计，在系统开发之初确定归档要求。

2. 接待外部交流

电子文件试点项目是公司自主设计、自主开发、具有完全知识产权的项目，技术具有可复制性，接待多家单位对试点项目调研交流。

2018年3月，受连云港市档案局邀请，电子文件试点项目负责人向连云港市档案局介绍公司电子文件管理经验，详细介绍试点项目的设计方案、技术方法等。

2018年4月，核工业档案馆组织相关单位在北京召开中核集团电子文件归档研讨会，公司介绍电子文件试点工作经验。

2018年5月，宁德核电对公司电子文件试点项目进行调研。

2018年9月，公司承办核能行业协会第五期文档管理信息化培训，参会代表65名，公司专题介绍电子文件管理经验。

2018年9月，公司接待山东海阳核电、海南核电文档信息化调研交流。

2018年11月，公司接待中国石油国际勘探开发有限公司文档信息化调研交流。

2018年11月，公司接待福清核电文档信息化调研交流。

2018年12月，公司电子文件试点项目负责人参加第九届中国电子文件论坛，作为15名报告人之一，在中国科技会堂向600余名参会代表，介绍公司文档信息化创新实践，重点介绍电子文件管理经验。

2019年3月，中国电建西北院来公司开展电子文件调研。

2019年8月，北京联合大学、北京门头沟税务局来公司开展音视频管理、电子文件管理调研。

2019年11月，秦山核电来公司开展电子文件管理调研。

五、关键解决方案

(一) 管理流程方案

试点项目主要实现会计核算系统形成财务会计文件归档全过程管理和电子档案管理，见图3-6：财务会计电子文件自动归档总体过程图。

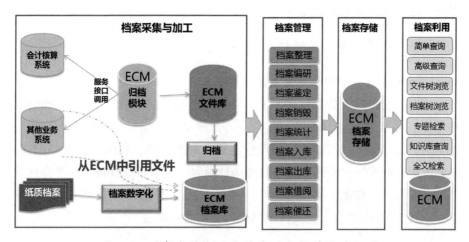

图3-6　财务会计电子文件自动归档总体过程图

1. ERP 会计核算系统根据归档的数据要求，开发对应的对外服务接口供会计核算系统统一归档模块调用。会计核算系统需对元数据内容进行控制，会计核算系统的对外服务接口，应检查元数据要求的必需字段。对于会计凭证应提供 PDF 版式文件和明细数据。对于固定资产卡片信息，电子档案管理系统每年从会计核算系统中，集中抽取上一年度已经折旧提完的固定资产卡片信息及其元数据。对于账簿、报表以及其他纸质凭证，由会计档案人员在电子档案管理系统中手工上传电子文件后，人工输入或自动产生相应的元数据。

2. 会计核算系统提供的接口应将 PDF 版式文件和附件上传至指定的中间 FTP 服务器，并在接口返回对应路径并通过 SHA-256 算法生成实体文件对应的数字摘要。摘要信息作为校验码将作为接口的返回数据之一。

3. 电子档案管理系统上的统一归档模块负责从会计核算系统中抓取数据，对于未版式化的业务文件，则调用版式转换服务进行转换。对于版式化的 PDF 文件，需要增加电子签名，电子签名信息需要包括电子文件的元数据以及 XML 信息包中的电子签名段。

4. 电子档案管理系统统一归档模块根据接口的返回，获取内部自包含的元数据、附件信息、摘要检验数据。根据这些信息，一方面对 FTP 上对应的档案进行 SHA-256 算法校验。对失败的档案标识进行整理，并在归档模块中提示错误信息给管理员。另一方面，根据归档元数据的 Schema 要求，对元数据内容进行检查，检查必填字段和域值控制等。如发现问题，在归档模块中提示错误信息给管理员。

（二）归档范围及存储格式

1. 财务会计文件归档范围及保管期限表

根据《会计档案管理办法要求》（中华人民共和国财政部国家档案局第 79 号令）以及其他档案法规标准、公司管理要求，项目组对财务会计类文件类别、文件清单、组成方式、保管期限、来源系统、载体类型进行梳理，主要包括会计凭证、会计账簿、财务会计报告、其他会计资料。其中会计凭证包含附件种类较多。另外线下产生文件，以 PDF 格式作为数字化副本保存，见表 3-7：财务会计类文件归档范围及保管期限表。

表 3-7　财务会计类文件归档范围及保管期限表

文件类别	文件清单	组成方式	保管期限	来源系统	载体类型	备注
会计凭证	记账凭证	主件	30 年	SAP	电子	
	外来原始凭证	附件	30 年	线下	纸质	收据、发票、银行回单等
	其他自制原始凭证	附件	30 年	线下	纸质	
	原始凭证粘贴单	附件	30 年	SAP	电子	
	费用报销单	附件	30 年	SAP	电子	
	借款申请单	附件	30 年	SAP	电子	
	费用支付表	附件	30 年	SAP	电子	
	暂收及代收款支付申请	附件	30 年	SAP	电子	

文件类别	文件清单	组成方式	保管期限	来源系统	载体类型	备注
会计凭证	差旅费报销单	附件	30 年	SAP	电子	
	差旅费立项单	附件	30 年	SAP	电子	
	生产立项单	附件	30 年	SAP	电子	
	扩建立项单	附件	30 年	SAP	电子	
	合同支付会签单	附件	30 年	ECM	电子	
	扩建合同支付会签单	附件	30 年	ECM	电子	
	税费解缴支付表	附件	30 年	SAP	电子	
会计账簿	总分类账	主件	30 年	SAP	电子	
	明细账	主件	30 年	SAP	电子	
	日记账	主件	30 年	SAP	电子	
	固定资产明细表	主件	30 年	SAP	电子	
	无形资产明细表	主件	30 年	SAP	电子	
财务会计报告	月度、季度、半年度财务会计报告	主件	10 年	线下	纸质	
	年度财务会计报告	主件	永久	线下	纸质	
其他会计资料	银行存款余额调节表	主件	10 年	线下	纸质	
	银行对账单	主件	10 年	线下	纸质	
	纳税申报表	主件	10 年	线下	纸质	

公司文件密级分为国家秘密（秘密、机密、绝密）、商业秘密（核心商密、普通商密）、工作秘密、内部公开、外部公开。其中工作秘密，只有授权用户才能访问电子文件详细元数据和电子文件，非授权用户只能看到条目部分信息，不能访问详细元数据及其电子文件。财务会计文件密级为工作秘密，保密期限一般为 15 年。

2. 财务会计文件存储格式

财务会计文件存储格式采用 PDF 格式，在实现文档格式转换的同时，在转化后文档的指定页面中插入水印和背景，水印和背景支持图形、图像和文字的组合描述。对转换后的版式文件自动添加符合密码技术应用规范要求的电子印章和数字签名。

试点项目在启动之初，对 OFD 格式和 PDF 格式进行了比较，认为 OFD 是一个基于 XML 和压缩技术的电子文件格式，比起 PDF 格式中的有特定含义的字节序列，OFD 文件包内的 XML 文本文件更容易被辨认和理解，从而也使得 OFD 文件更容易被利用。但是，OFD 还处于初步制定阶段，而 PDF 则是过去十多年里保存、交换静态和丰富图像文档的首选格式，因此试点项目仍选择 PDF 格式作为本次项目的版式化文件。

下面是对 OFD 和 PDF 不同维度比较，见表 3-8：OFD 和 PDF 比较结果。

表 3-8　OFD 和 PDF 比较结果

比较内容	OFD	PDF
文档描述与存储方式	采用了具有良好扩展性和移植性的 XML 来描述文档数据，并以多个文件打包的方式来存储数据。	衍生自 PostScript，可以说是 PostScript 的缩小版，采用文本和二进制相结合的方式描述，PDF 将文字、字型、格式、颜色和独立于设备和分辨率的图形图像等封装在一个文件中。
存储结构	OFD 采用"容器+文档"的方式描述和存储数据。容器是一个虚拟存储系统，将各类数据描述文件聚合起来，并提供相应的访问接口和数据压缩方法。	PDF 文件是以 Object 为基本单位组成，由文件头、正文、交叉引用表以及尾注构成。
递增更新	以 XML 为单位存储页面，因此只要对页面有更新，就需要修改 .xml 文件，所以不能实现完全的递增更新。因为 OFD 是以 Zip 打包方式形成的，因此递增的实现还需要依赖于 Zip 算法。	支持增量修改模式，无需修改原文内容，只需在文件尾追加内容及相应的交叉引用表就可以。PDF 这种支持不断追加的修改方式，便于少量修改和提高效率。

续表

比较内容	OFD	PDF
压缩方法	采用 Zip 打包方式对文档内容进行压缩，对于图像，则支持 BMP、JPEG、TIFF、PNG 等，支持这些图像所使用的压缩算法。	支持多种压缩编码方式，对所有文字和 PostScript 运算采取 LZW 压缩，对图像则可根据图像数据的适宜情况采取 JPEG、JPEG2000 、ZIP 、CCITT G3/G4 、RLE 、Flate 、JBIG2 等多种压缩以达到最好的压缩效果。
安全控制	可借助 XMLSignature 算法实现安全控制。	PDF 支持密码加密（RC4 40-128、AES128、AES 256）和证书加密以及数字签名，支持各种不同级别的安全性控制。可根据各种不同电子出版物的安全性要求进行不同级别的安全设置。
技术门槛	支持版式技术的基本集，技术门槛较高，使用范围较少。	技术成熟，使用范围广泛，技术门槛较低。

记账凭证主要采集会计核算单位、记账本位币、系统凭证号、摘要、会计科目、借方金额、贷方金额、制单人等信息，生成 PDF 版式文件，自动归档后，传入电子档案管理系统，见图 3-7：财务会计文件版式化示意图。

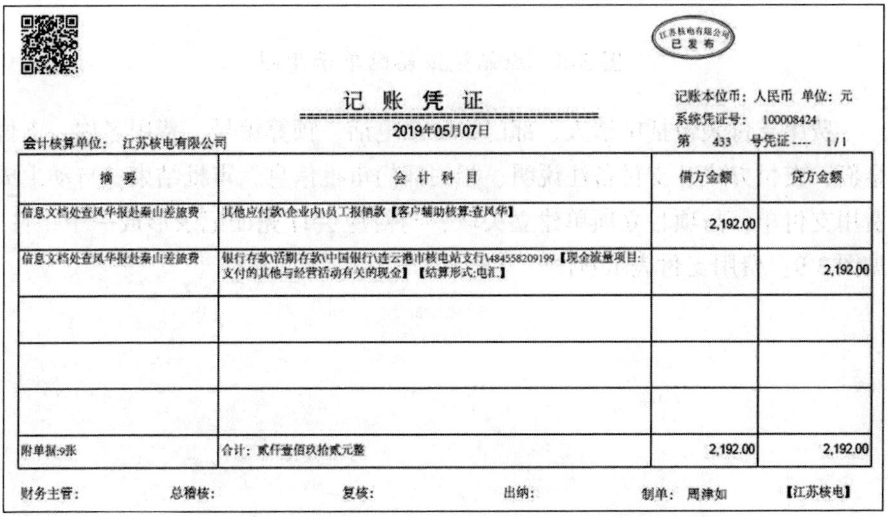
江苏核电有限公司 已发布

记 账 凭 证

2019年05月07日

会计核算单位：　江苏核电有限公司

记账本位币：人民币　单位：元
系统凭证号：　100008424
第　433　号凭证---- 1/1

摘　要	会 计 科 目	借方金额	贷方金额
信息文档处查风华报赴秦山差旅费	其他应付款\企业内\员工报销款【客户辅助核算:查风华】	2,192.00	
信息文档处查风华报赴秦山差旅费	银行存款\活期存款\中国银行\连云港市核电站支行\484558209199【现金流量项目:支付的其他与经营活动有关的现金】【结算形式:电汇】		2,192.00
附单据:9张	合计：贰仟壹佰玖拾贰元整	2,192.00	2,192.00

财务主管：　总稽核：　复核：　出纳：　制单：周津如　【江苏核电】

图 3-7　财务会计文件版式化示意图

原始发票张贴在原始凭证粘贴单指定区域，不能覆盖报销单号及其条形码，原始凭证粘贴单，自动抓取会计核算系统中申请人姓名、部门、员工号、报销单号，报销单与立项单建立关联，报销人提交报销申请后，形成原始凭证粘贴单，见图 3-8：原始凭证粘贴单示意图。

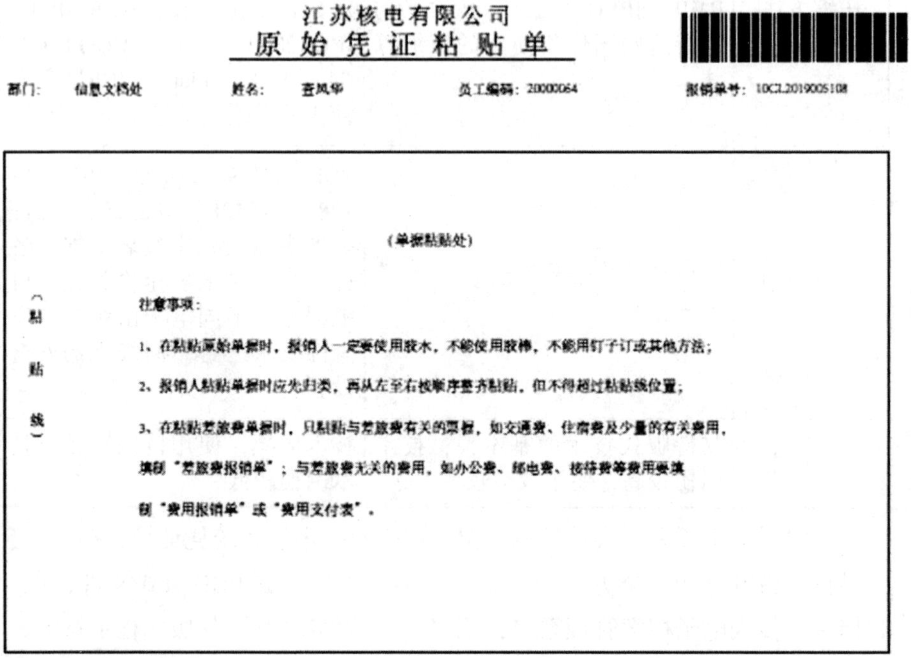

江苏核电有限公司

原始凭证粘贴单

部门：信息文档处　　姓名：营风华　　员工编码：20000064　　报销单号：10CL2019005108

（单据粘贴处）

（粘贴线）

注意事项：

1、在粘贴原始单据时，报销人一定要使用胶水，不能使用胶棒，不能用钉子订或其他方法；

2、报销人粘贴单据时应先归类，再从左至右按顺序整齐粘贴，但不得超过粘贴线位置；

3、在粘贴差旅费单据时，只粘贴与差旅费有关的票据，如交通费、住宿费及少量的有关费用，填制“差旅费报销单”；与差旅费无关的费用，如办公费、邮电费、接待费等费用要填制“费用报销单”或“费用支付表”。

图 3-8　原始凭证粘贴单示意图

费用支付表包括申请人、部门、联系电话、预算编号、费用名称、支付金额、支付方式、支付备注说明、相关部门审批信息，审批结束，自动生成费用支付单，与项目立项单建立关联，与对应会计凭证记录形成一个组件，见图 3-9：费用支付表示意图。

费用支付表

编制日期：2017年07月05日　　　　申请单号：ZF2017001861

业务申请部门	处室：	政治工作办公室	申请人：	陈程捷	员工编号：	20161501
	联系电话：	35032	处室负责人：	程开喜	预算工程师：	徐威
	预算编码：	01071301	CBS：	——		
	费用名称	其他				
	支付金额	(人民币大写) 捌仟壹佰陆拾元整 ￥：8,160.00				
	支付方式	□ 支票　☑ 电汇　□ 冲借款　□ 其它　□ 现金　(交款人：　　　)				
	支付备注	为落实"两学一做"学习教育活动，弘扬核工业精神，购买《彭士禄传》供各支部学习参考。该书介绍了核工业人的杰出代表彭士禄院士的生平，记录了核工业发展的光辉岁月，让员工了解核工业拓荒者的事迹。采购该书200本，单价68元，合计13600元，实付8160元，折扣详见附件。				

归口管理部门	处室负责人： 程开喜　2017-07-06	预算工程师： 徐威　　2017-07-06
财务处	处室负责人： 吕永胜　2017-07-07　(代 邹禹明)	经办人员： 周津如　2017-07-07
审批	业务申请部门主管领导： —— 归口管理部门主管领导： —— 财务主管领导： —— 总经理： ——	

图 3-9　费用支付表示意图

（三）系统接口

财务会计相关流程形成的电子文件需要自动归档到电子档案管理系统的归档模块中，本项目中称之为"业务档案归档接口服务"。这个接口的服务提供方为电子档案管理系统，服务消费方为 ERP 会计核算系统，其中 ECC 平台，是指 SAP 企业核心组件，全称 SAP Enterprise Central Component，简称 ECC；SAP BPM 是指 SAP 面向业务流程管理为中心的组成部分，全称 Business Process Management，简称 BPM，见表3-9：会计核算系统归档接口。

表 3-9 会计核算系统归档接口

序号	平台	接口	接口功能说明
1	ECC	记账凭证	返回元数据的值清单以及 PDF 版式文件和以 XML 格式存储的记账凭证明细数据，版式化样式参照现在 SAP ECC 中打印凭证的样式。
2	ECC	会计账簿	提供总账、明细账、日记账等账簿的信息，提供元数据，PDF 版式文件和以 XML 格式记录完整的原始信息结构。
3	ECC	固定资产卡片	提供固定资产卡片的元数据和以 XML 格式记录完整的原始信息结构。
4	ECC	接口数据统计接口	返回对应数据在对应时间段里的数量统计以及关键字段清单，用作核对。
5	BPM	各类业务流程接口	提供相应业务流程的业务单据的元数据、XML 结构文件、PDF 版式文件以及流程的附件。
6	BPM	接口数据统计接口	返回对应数据在对应时间段里的数量统计以及关键字段清单，用作核对。

会计核算系统归档接口具体流程如下：

1. 会计核算系统根据归档元数据要求，通过内部开发的功能模块，获取元数据信息，会计核算系统自身需对元数据内容进行控制，例如对于必需字段的检查，对于域值控制的检查等。此外，还一并产生 PDF 版式文件和 XML 信息包文件。

2. 会计核算系统将每份待归档电子文件的附件（PDF 版式文件和 XML 信息包文件）上传至指定的中间 FTP 服务器。

3. 会计核算系统使用 SHA-256 算法生成每份待归档电子文件的附件的数字摘要。摘要信息作为校验码将作为业务系统调用电子文件归档接口的输入。

4. 在上传到 FTP 的动作确认成功后，会计核算系统主动调用"业务档案归档接口服务"，发送预归档的档案信息，并记录接口调用的返回结果。

5. "业务档案归档接口服务"接收到会计核算系统传递的预归档的档案信息，验证数字签名，获取内部自包含的元数据、附件信息、摘要检验数据。根据这些信息，一方面对 FTP 上对应的档案进行 SHA-256 算法校验。对失败的档案标识进行整理，并返回错误信息到会计核算系统。另一方面，根据归档元数据的 Schema 要求，对元数据内容进行检查，例如对于必需字段的检查，对于域值控制的检查等。如发现问题，将该项事务标识为失败并返回错误信息到会计核算系统。

6. 会计核算系统提供错误处理功能，对于发送错误的信息，能够在手工或者自动的处理后再次发送预归档的档案信息，并记录接口调用的返回结果，直至该条记录预归档成功。

（四）元数据项及捕获节点

1. 财务会计文件元数据项

项目将财务会计类电子文件元数据从概念层次上区分为通用元数据、实体元数据两个域，通用元数据是所有电子文件都具有的元数据，实体元数据域是根据具体的业务而细分的元数据，这些元数据需要体现到电子档案管理系统的文件分类体系和元数据规则表中。

参考《文书类电子文件元数据方案》（DA/T 46—2009）和《核电电子文件元数据》（NB/T 20418—2017），试点项目梳理出财务会计电子文件元数据 86 个，公共类元数据 69 个，见表 3-10：财务会计类文件实体公共元数据。

表 3-10　财务会计类文件实体公共元数据

编号	元数据	编号	元数据
M1-1	文档信息	M1-1-1	项目名称
		M1-1-2	公司代码
		M1-1-3	机组号

编号	元数据	编号	元数据
		M1-1-4	文件题名
		M1-1-5	文件编码
		M1-1-6	文件类型
		M1-1-7	会计年度
		M1-1-8	文件类别
		M1-1-9	归口部门
		M1-1-10	流转状态
		M1-1-11	编制者
		M1-1-12	编制日期
		M1-1-13	校核人
		M1-1-14	校核日期
		M1-1-15	审核人
		M1-1-16	审核日期
		M1-1-17	批准人
		M1-1-18	批准日期
		M1-1-19	登录人
		M1-1-20	登录日期
		M1-1-21	责任者
		M1-1-22	密级
		M1-1-23	保密期限
		M1-1-24	全宗号
		M1-1-25	档号
		M1-1-26	保管期限
		M1-1-27	归档日期
		M1-1-28	载体类型
		M1-1-29	接收方式
		M1-1-30	实体架位号
		M1-1-31	脱机载体编号

编号	元数据	编号	元数据
		M1-1-32	脱机载体存址
		M1-1-33	立卷人
		M1-1-34	立卷日期
		M1-1-35	审核人
		M1-1-36	审核日期
		M1-1-37	接收人
		M1-1-38	接收日期
		M1-1-39	归档状态
M1-2	形式特征	M1-2-1	文件组合类型
		M1-2-2	文件形态
		M1-2-3	件数
		M1-2-4	页数
		M1-2-5	语种
M1-3	电子属性	M1-3-1	格式信息
		M1-3-2	计算机文件名
		M1-3-3	计算机文件大小
		M1-3-4	文档创建程序
		M1-3-5	信息系统描述
		M1-3-6	摘要算法
		M1-3-7	摘要值
M1-4	电子签名	M1-4-1	签名规则
		M1-4-2	签名时间
		M1-4-3	签名人
		M1-4-4	证书
		M1-4-5	证书引证
		M1-4-6	签名算法标识
M1-5	关联	M1-5-1	合同编号
		M1-5-2	立项单号

续表

编号	元数据	编号	元数据
		M1-5-3	报销单号
M1-6	处置信息	M1-6-1	处置责任者
		M1-6-2	处置日期
		M1-6-3	处置类型
		M1-6-4	处置说明
		M1-6-5	处置结果
		M1-6-6	销毁审批者
		M1-6-7	销毁者
		M1-6-8	销毁日期
		M1-6-9	销毁原因

业务类实体元数据 17 个。其中，会计凭证实体元数据 9 个，见表 3-11：会计凭证实体元数据。会计账簿实体元数据 2 个，表 3-12：会计账簿实体元数据。会计报表元数据 2 个，表 3-13：会计报表 3-实体元数据。固定资产卡片类实体元数据 4 个，见表 3-14：固定资产卡片类实体元数据。

具体元数据描述参考项目组编制的《财务会计类电子文件元数据规范》，XML 封装结构化信息的描述，具体参考《财务会计类电子文件数据结构规范》。

表 3-11 会计凭证实体元数据

编号	元数据	编号	元数据
M2-1	凭证编号		
M2-2	会计期间		
M2-3	凭证分录		
		M2-3-1	借方金额
		M2-3-2	贷方金额
		M2-3-3	科目
		M2-3-4	摘要
M2-4	制证人		
M2-5	凭证类型		
M2-6	附单张数		

表 3-12 会计账簿实体元数据

编号	元数据	编号	元数据
M3-1	类型		
M3-2	建账日期		

表 3-13 会计报表 3-实体元数据

编号	元数据	编号	元数据
M4-1	报表日期		
M4-2	报表类型		

表 3-14 固定资产卡片类实体元数据

编号	元数据	编号	元数据
M5-1	固定资产类别		
M5-2	固定资产编码		
M5-3	资产次级编号		
M5-4	固定资产名称		

2. 财务会计文件元数据项捕获节点

试点项目梳理出的 86 个财务会计电子文件元数据,来源于 ERP 会计核算系统和电子档案管理系统,元数据项的捕获节点设置如下:

(1) ERP 会计核算系统捕获的元数据

一是公共元数据,主要包括项目名称、公司代码、机组号、文件题名、文件编码、文件类型、会计年度、文件类别、流转状态、归口部门、编制者、编制日期、校核人、校核日期、审核人、审核日期、批准人、批准日期、登录人、登录日期、责任者、密级、保密期限、立卷人、立卷日期、接收人、接收日期、文件组合类型、文件形态、件数、页数、语种、格式信息、计算机文件名、计算机文件大小、文档创建程序、信息系统描述、摘要算法、摘要值、签名规则、签名时间、签名人、证书、证书引证、签名算法标识、合同编号、立项单号、报销单号。

二是实体元数据,主要包括会计凭证、会计账簿、会计报表、固定资产卡片的所有实体元数据。

（2）电子档案管理系统捕获的元数据

主要包括全宗号、档号、保管期限、归档日期、载体类型、接收方式、实体架位号、脱机载体编号、脱机载体存址、归档状态、处置责任者、处置日期、处置类型、处置说明、处置结果、销毁审批者、销毁者、销毁日期、销毁原因。

3. 财务会计文件元数据封装

项目通过事先确立元数据取值规则，对共性元数据设立默认值，建立不同文件之间对应规则，指定分类结构树和案卷创建规则，让 ECM 自动创建类目分类结构树和案卷信息，形成公司财务会计类电子文件元数据规范，采用对应的结构化描述方法对元数据元素进行描述。对于各类待归档电子文件的元数据结构，采用 XML 封装的形式一并归档到电子档案管理系统。

以财务会计类电子文件中固定资产卡片为例，其 XML 封装的数据结构，由公共元数据和实体元数据组成，此外，增加了固定资产卡片的原始信息数据，其 XML 描述信息，见图 3-10：固定资产卡片的 XML 信息。

```xml
<xs:element name="固定资产卡片原始信息">
    <xs:complexType>
        <xs:sequence>
            <xs:element name="公司代码" type="xs:string" minOccurs="1"/>
            <xs:element name="固定资产类别编码" type="xs:string" minOccurs="1"/>
            <xs:element name="固定资产类别名称" type="xs:string" minOccurs="1"/>
            <xs:element name="固定资产编码" type="xs:string" minOccurs="1"/>
            <xs:element name="资产次级编号" type="xs:string" minOccurs="0"/>
            <xs:element name="固定资产名称" type="xs:string" minOccurs="1"/>
            <xs:element ref="固定资产业务变动信息" minOccurs="1"
maxOccurs="unbounded"/>
            <xs:element ref="固定资产与时间相关的信息"
minOccurs="1"maxOccurs="unbounded"/>
            <xs:element ref="固定资产分配信息" minOccurs="1"
maxOccurs="unbounded"/>
            <xs:element ref="固定资产源信息" minOccurs="1"
maxOccurs="unbounded"/>
            <xs:element ref="固定资产折旧范围信息" minOccurs="1"
maxOccurs="unbounded"/>
            <xs:element ref="固定资产更改记录" minOccurs="1"
maxOccurs="unbounded"/>
        </xs:sequence>
    </xs:complexType>
</xs:element>
```

图 3-10 固定资产卡片的 XML 信息

（五）归档整理方案

1. 财务会计文件同步方式

试点项目包括 ERP 会计核算系统中 SAP ECC 与 SAP BPM 两个平台。电子档案管理系统统一归档模块，按照指定的周期，定时从会计核算系统中主动抽取数据，会计核算系统通过服务的方式，提供凭证的元数据和产生的版式化文件以及 XML 信息包。

从 SAP ECC 抽取记账凭证的元数据和版式化文件。从 SAP BPM 抽取项目所涉及财务业务相关流程的数据，包括业务数据的元数据和版式化文件。两者根据业务流程和会计凭证的关联关系建立关联。由预归档模块进行元数据的组合和 XML 信息包的生成，流程主要为财务共享中心所处理的流程。

账簿在 SAP ECC 开发，以服务的形式提供给电子档案管理系统的统一归档功能模块。由电子档案管理系统定期抽取其元数据产生对应 XML 信息包。电子档案管理系统根据格式要求，调用独立的版式转换服务，获取版式化后的文件并挂接到对应的电子文件之上。

部分财务报告通过线下方式产生，通过电子文件工作台，上传文件，生效后的 PDF 文件首页显示电子签章和二维码，并将元数据项以 XML 信息包形式，作为附件保存。文档基本信息以默认值采集为主，人工填写为辅，包括项目名称、公司代码、文件编码、文件题名、会计年度、文件类别、归口部门、流转状态、密级、保密期限、全宗号、档号、保管期限、载体类型、归档日期、立卷日期等。其他电子属性、电子签名相关元数据，实时获取。见图 3-11：财务报告元数据显示界面截图。

库存现金明细账，主要采集过账日期、会计凭证号、摘要、方向、金额关键字段，形成 PDF 版式文件。见图 3-12：库存现金明细账截图。

固定资产卡片，由电子档案管理系统统一归档功能模块在固定资产折旧提完之后，定期将固定资产卡片信息通过接口抽取到待处理区。电子档案管理系统根据格式要求调用独立的版式转换服务，获取版式化后的文件并挂接到对应的电子文件之上。报表以及其他纸质凭证，由会计档案人员在电子档案管理系统的待处理区中，手工上传电子文件。

财务会计电子文件

文档信息

项目名称	A-1、2号机组	机组号	X	公司代码*	JNPC	文件编码*	FI-JNPC20190100008424
文件题名*	信息文档处查凤华报赴秦山差旅费						
会计年度*	2019	文件类别*	会计凭证	归口部门*	JNPC财务处	流转状态*	生效
编制者	周津如	编制日期	2019-5-7	校核人		校核日期	
审核人		审核日期		批准人		批准日期	2019-5-7
登录人		登录日期		责任者	JNPC财务处	密级	工作秘密
保密期限	15 年	全宗号	419	档号	I-1-2019-05-264	保管期限*	30年
归档日期	2019-5-7	载体类型*	原生电子文件	接收方式	系统同步	实体架位号	
脱机载体编号		脱机载体存址		立卷人		立卷日期	2019-5-7
流程审核人		流程审核日期		接收人		接收日期	2019-5-7
归档状态	已归档						
主件	JNPC20190100008424.PDF 预览						
附录表单	0100008424_2019年5月7日.xml						

形式特征

文件组合类型	单件	文件形态	电子	件数	1	页数	
语种*	中文						

电子属性

格式信息	application/pdf	计算机文件名	JNPC20190100008424.PD	计算机文件大小	40.17KB	文档创建程序	pdf
信息系统描述	SAPECCPRD/SAPBFMPRD	摘要算法	SHA-256	摘要值	4fb71b0f26f296f330baf		

电子签名

签名规则	采用SHA-256算法生成电	签名时间	2019-5-7	签名人	system	签名结果	vVUOrQDlgSn1JTZuBbPy8
证书	LS0tLS1CRUdJTiBDRVJUS	证书引证	http://bpm01.jnpc.com	签名算法标识	1.2.840.113549.1.1.11		

处置信息

会计凭证

凭证编号	0100008424	会计期间	05	借方金额	2192	贷方金额	2192
科目	1002010403;2241010300	制证人	20122288	凭证类型	AB	附单张数	9
摘要	支付的其他与经营活动有关的现金/信息文档处查凤华报赴秦山差旅费:信息文档处查凤华报赴秦山差旅费						

图 3-11　财务报告元数据显示界面截图

江苏核电有限公司 已发布

库存现金明细账

科目：1001010000/库存现金\人民币

期间：2017.01-2017.12
页号：1 - 16
本币名称：人民币

过账日期	会计凭证号	摘　要	方向	金　额
2017-09-06	0100014644	支付的其他与经营活动有关的现金/保卫处邵金罄退通行磁卡押金	贷	100.00
2017-09-05	0100014511	支付的其他与经营活动有关的现金/运行一处李胜利退通行磁卡押金	贷	100.00
2017-09-04	0100014426	支付的其他与经营活动有关的现金/已被9月1782#凭证冲销	贷	100.00
2017-09-04	0100014498	支付的其他与经营活动有关的现金/二二公司李东成等7人退通行磁卡押金	贷	700.00
2017-09-01	0100014370	购买其他存货所支付的现金/OPT张霞山河北中关购入离压油管款	贷	1,567.80
2017-08-31	0100014036	收到其他与经营活动有关的现金/仪控一室单姑峰交工具丢失款	借	87.50
2017-08-31	0100014036	收到其他与经营活动有关的现金/成都有光郭鹏凯交工具赔偿款	借	28.00
2017-08-31	0100014036	收到其他与经营活动有关的现金/成都有光离亮交工具赔偿款	借	130.50
2017-08-31	0100014036	收到其他与经营活动有关的现金/成都有光张翔交工具赔偿款	借	505.40
2017-08-31	0100014036	收到其他与经营活动有关的现金/成都有光王寿梅交工具丢失款	借	61.00
2017-08-31	0100014036	收到其他与经营活动有关的现金/维修一处孙传继交工具丢失款	借	150.00
2017-08-31	0100014025	收到其他与经营活动有关的现金/江苏筹建处任安平交通行磁卡补卡费	借	100.00
2017-08-31	0100014036	收到其他与经营活动有关的现金/仪控一室詹庆平交工具赔偿款	借	76.40
2017-08-31	0100014036	收到其他与经营活动有关的现金/成都有光王维新交工具丢失款	借	86.20
2017-08-31	0100014036	收到其他与经营活动有关的现金/成都有光离飞交工具丢失款	借	6.00
2017-08-31	0100014041	收到其他与经营活动有关的现金/收到调试生产准备处杨杰、万玉晶、张大为、贾岩4人交通行磁卡押金	借	400.00
2017-08-31	0100014028	收到其他与经营活动有关的现金/冲销1905#凭证	贷	400.00
2017-08-30	0100014011	支付的其他与经营活动有关的现金/金辰公司陈星宇、孙兆春退通行磁卡押金	贷	200.00
2017-08-30	0100014002	收到其他与经营活动有关的现金/收到调试生产准备处杨杰、万玉晶、张大为、贾岩4人交通行磁卡押金	借	400.00
2017-08-28	0100013789	支付的其他与经营活动有关的现金/金辰公司王庆艺退通行磁卡押金	贷	100.00
2017-08-25	0100013715	支付的其他与经营活动有关的现金/保卫处姜锦健退通行磁卡押金	贷	100.00
2017-08-23	0100013536	支付的其他与经营活动有关的现金/维修一处张鹏离职退通行磁卡押金	贷	100.00
2017-08-22	0100013462	支付的其他与经营活动有关的现金/培训处李亦寨退通行磁卡押金	贷	100.00
2017-08-22	0100013461	支付的其他与经营活动有关的现金/调试生产准备处孙仲元退通行磁卡押金	贷	100.00
2017-08-21	0100013415	购买其他存货所支付的现金/付邢屹翠山宏鸣影像设计工作室购入亚克力盒款	贷	630.00
2017-08-18	0100013397	支付的其他与经营活动有关的现金/调试管理处万翔退通行磁卡押金	贷	100.00
2017-08-17	0100013176	收到其他与经营活动有关的现金/金辰公司钱澄东、冯如宗等8人交通行磁卡押金及工本费	借	1,360.00
2017-08-17	0100013188	收到其他与经营活动有关的现金/技术支持处马继镰交工具赔款	借	25.00
2017-09-06	0100014686	支付的其他与经营活动有关的现金/培训处赵倩退通行磁卡押金	贷	100.00

图 3-12　库存现金明细账截图

财务会计类文件包括会计凭证、会计账簿、财务会计报告、其他会计资料，会计凭证包含文件清单种类较为复杂，其中记账凭证作为主件，其他文件为附件，形成一个组件。会计账簿、财务会计报告包含相关文件较为简单，其他会计资料不在自动归档范围以内，见表3-15：财务会计类文件组成方式和关联关系。

表 3-15　财务会计类文件组成方式和关联关系

文件类别	文件清单	组成方式	时机	关联性说明
会计凭证	记账凭证	主件	由归档模块调用服务接口	通过档号条形码与原始凭证关联
	外来原始凭证	附件	线下	影像文件作为附件
	其他自制原始凭证	附件	线下	影像文件作为附
	原始凭证粘贴单	附件	由归档模块调用服务接口	以附件形式存在
	费用报销单	附件	由归档模块调用服务接口	以附件形式存在
	借款申请单	附件	由归档模块调用服务接口	以附件形式存在
	费用支付表	附件	由归档模块调用服务接口	以附件形式存在
	暂收及代收款支付申请表	附件	由归档模块调用服务接口	以附件形式存在
	差旅费报销单	附件	由归档模块调用服务接口	以附件形式存在
	差旅费立项单	附件	由归档模块调用服务接口	以附件形式存在
	生产立项单	附件	由归档模块调用服务接口	以附件形式存在
	扩建立项单	附件	由归档模块调用服务接口	以附件形式存在
	合同支付会签单	附件	由归档模块调用服务接口	以附件形式存在
	扩建合同支付会签单	附件	由归档模块调用服务接口	以附件形式存在
	税费解缴支付表	附件	由归档模块调用服务接口	以附件形式存在
会计账簿	总分类账	主件	由归档模块调用服务接口	
	明细账	主件	由归档模块调用服务接口	
	日记账	主件	由归档模块调用服务接口	
	固定资产明细表	主件	由归档模块调用服务接口	
	无形资产明细表	主件	由归档模块调用服务接口	

续表

文件类别	文件清单	组成方式	时机	关联性说明
财务会计报告	月度、季度、半年度财务会计报告	主件	由归档模块调用服务接口	
	年度财务会计报告	主件	线下	

2. 财务会计文件归档方式

为保证凭证的完整性，有原始纸质凭证的记账凭证（例如费用报销）需要打印纸质存档，与附带的原始凭证一起归档，其他的记账凭证可不再打印。

外部原始凭证需要纸质保存并归档，通过财务共享中心处理的流程，外部原始凭证通过影像系统扫描跟原始凭证粘贴单匹配纸质保存，通过原始凭证粘贴单上的业务单据号建立原始凭证与记账凭证之间的关联。ERP 中将该关联关系以元数据字段的形式管理，并通过服务形式提供给电子档案管理系统。

由会计核算系统产生的业务单据以电子化 PDF 文件的格式保存，本项目要求建立其与记账凭证的显式关联，方便在电子档案管理系统的检索调阅。其他手工审批或稽核的业务单据需要保留纸质附件。

会计凭证按件归档。对于存在原始凭证的会计凭证纸质单件装订，粘贴档号条码，按档号顺序号整理成卷盒。固定资产卡片为纯电子化管理，不再纸质打印，在归档方式上参照记账凭证。账簿、报表原则上以电子的方式提供，也可以纸质形式提供，电子档案管理系统提供上传功能。

3. 财务会计文件组卷方式

对于通过系统同步的财务会计类电子文件，自动按照设定的规则，在指定的案卷目录下创建类目，生成相关的案卷元数据，按件形成电子案卷，见表 3-16：财务会计类文件组卷方式说明。

表 3-16　财务会计类文件组卷方式说明

电子会计档案类型	说明	组卷方式
电子记账凭证	在抽取时，返回元数据的值清单以及 PDF 版式文件，版式化样式参照现在 SAP ECC 中打印凭证的样式。	电子档案管理系统自动在抽取完成后将电子记账凭证自动组卷，以公司代码为单位，按所属会计期间、分凭证类型组卷到相应月份。

续表

电子会计档案类型	说明	组卷方式
有纸质原始凭证的电子记账凭证	纸质原始凭证扫描上传到财务共享中心，作为记账凭证附件进行管理。	打印后随实体会计档案一同组卷。利用电子档案管理系统现有的虚拟组卷功能，对纸质会计凭证进行组卷。
会计账簿	ECC 通过服务的形式对外提供总账、明细账、日记账等账簿的信息，提供元数据，PDF 版式文件和以 XML 格式记录完整的原始信息结构。	电子档案自动组卷，组卷到年度，每类一年一卷，每年抽取一次。
会计报表	由财务档案人员在电子档案管理系统手工上传扫描文件，并录入对应元数据信息。	由财务档案人员手工组卷，组卷到年度，每类一年一卷。
固定资产卡片	ECC 提供固定资产卡片的元数据和以 XML 格式记录完整的原始信息结构。由电子档案管理系统调用版式化服务转换成 PDF 文档。	参照会计账簿处理。

文件同步到电子档案管理系统相应的文件分类（商务文件-2 财务会计），同时自动创建档案类目，自动生成案卷。案卷位置为电子档案管理系统-文档中心-案卷-1/2 号机组-I 财务会计-1 会计凭证-2017 年度。见图 3-13：财务会计文件档案类目示意图。

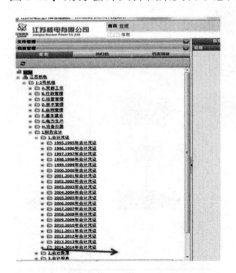

1、自动按照会计年度创建三级类目，以2017年凭证为例
- 类目名称：2017.2017年会计凭证
- 类目编码：2017
- 是否叶子节点：否
- 是否案卷管理：否

2、考虑到每一年度的会计凭证数量大，在年度下创建月度四级类，命名示例为2017年1月

图 3-13　财务会计文件档案类目示意图

会计凭证、会计报表和会计账簿文件编码和自动归档产生的档号规则，见表3-17：会计凭证文件编码和档号规则。

表3-17　会计凭证文件编码和档号规则

文件类型	文件编码	档号规则
会计凭证	取 ERP 生成的凭证编号	I-1-YYYY-MM-NNNN（财务会计-会计凭证-年度-月度-流水号）
会计账簿	取 ERP 生成的凭证编号	I-2-YYYY-NNNN（财务会计-会计账簿-年度-流水号）
会计报表	取 ERP 生成的凭证编号	I-3-YYYY-NNNN（财务会计-会计报表-年度-流水号）

4. 财务会计文件同步方式

财务会计类文件的归档流程分为文件生成、整理编目、移交检查、归档入库等环节，见图3-14：财务会计文件归档流程图。

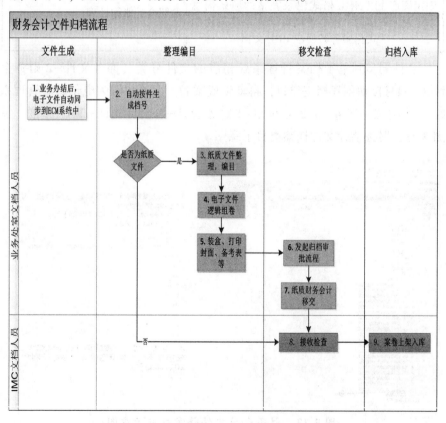

图3-14　财务会计文件归档流程图

财务会计类电子文件归档流程操作，根据不同步骤、角色、处理事项，按照需求说明进行操作，见表3-18财务会计类文件归档流程操作说明。

表 3-18　财务会计类文件归档流程操作说明

步骤	步骤名称	角色	处理事项	需求说明
1	文件生成	业务人员	生成版式电子文件，同步到电子档案管理系统	1. 业务办结后，业务流程产生的电子文件直接同步到电子档案管理系统预归档库，存储在指定文件分类下。文件元数据自动按照设定的规则生成。
2	整理编目	业务处室档案管理员	组卷、粘贴条形码、装盒	2. 自动按件生成对应的电子档案。 3. 对存在纸质原始凭证的记账凭证打印对应的记账凭证页，并按件装订，会计报表按件装订。核对纸质文件及电子文件的完整性、准确性。对于存在纸质文件的电子文件进行核对，对缺失元数据进行补录，对问题数据进行修改。 4. 利用电子档案管理系统虚拟组卷功能，选择盒内纸质文件对应的电子文件，组成虚拟案卷（盒），自动生成并打印归档文件目录、备考表等。 5. 打印出文件的档号（含条形码的信息，条形码内容即为电子文件档案号），按照规范贴在纸质文件上，即完成纸质文件的处理。按照档号顺序排列、装盒。
3	移交检查	业务处室档案管理员	打印清单、归档流程审批	6. 根据已组卷的案卷清单信息，在电子档案管理系统中选择归档审批流程，完成案卷审批。 7. 通过电子档案管理系统提交电子案卷，线下将装好盒的纸质案卷移交到信息文档处。
		信息文档处档案管理员	接收检查	8. 信息文档处对业务处室提交的纸质和电子案卷的完整性、准确性进行接收检查。

步骤	步骤名称	角色	处理事项	需求说明
4	归档入库	信息文档处档案管理员	归档入库	9. 审核完毕，案卷上架入库。

（六）电子档案保管方案

1. 电子档案在线检测

财务会计电子档案自动归档到电子档案管理系统时，执行四性检测时，发现有数据传输异常或信息报错，由文档管理人员通知系统开发人员处理，每年集中对传输电子会计档案传输数据与会计核算系统中业务数据进行一次在线检测，重点核对二者数据的一致性。

2. 电子档案离线存储

试点项目选择蓝光光盘作为离线存储介质，对重要永久的文档数据进行保存。目前公司光盘均为手工管理，保存在特种介质库房中，通过单张盘片检索利用。随着光盘数量的增多，光盘保管、检测、恢复以及利用，通过手工管理已经不能满足需要。结合光盘技术的发展以及电子文件的离线备份趋势，采用蓝光光盘库进行备份管理。蓝光光盘库以工业级光盘刻录存储技术为基础，其内部由高精密的机械和智能控制器组成，通过光盘库管理软件，可对大量光盘数据资源进行高效率、高可靠性的管理和操作，具有自我诊断功能，可通过软件远程检测故障。离线库采用先进的电子标签、自动登录等技术，能够迅速、准确、及时的帮助用户找到需要的数据。采取磁盘阵列在线备份和光盘库离线备份，实现电子文件的安全保管。

3. 电子档案异地备份

《电子文件归档与电子档案管理规范》（GB/T 18894—2016）第9.2.3条规定，"电子档案离线存储介质至少应制作一套，可根据异地备份、电子档案珍贵程度和日常应用需要等实际情况，制作第二套、第三套离线存储介质，并在装具上标识套别。"《CAD电子文件光盘存储、归档与档案管理要求》（GB/T 17678.1—1999）也明确指出，"归档的电子文件至少要一式二套，一套封存保管，一套供查阅利用。必要时，复制第三套，异地保存。"这些规定强调异地备份的必要性，也为异地备份提供法规依据，试点项目采取蓝光光盘进行异地备份。

4. 电子档案长期保存

优化电子档案管理系统的长期保存功能，接收和保存会计核算系统同步归档的电子文件，建立符合国家要求的具有长期保存功能的企业数字档案馆，同时，导出一套脱离电子档案管理系统的电子档案及其案卷级、文件级清单，离线存储到蓝光光盘库及备份服务器中。蓝光光盘库与现有电子档案管理系统，通过接口自动同步电子档案，并对重要及永久保管的电子档案进行数据迁移，存入离线光盘柜中。

（七）利用方案

1. 公司普通用户利用

试点项目实现了财务会计文件的自动归档，文件流程完成后自动归档到电子档案管理系统中，与系统中的其他数据一起提供给公司普通用户利用，用户可在系统中输入查询条件，查询所需要的会计凭证、账簿和报表，无需再到档案库房中查找纸质文件，省心省力，节省用户的宝贵时间。见图 3-15：财务会计文件查询界面。

图 3-15　财务会计文件查询界面

试点项目根据会计核算系统内的报表、账簿、记账凭证、内部原始凭证之间相互关联关系，以记账凭证号为主线，实现了业务数据、电子档案、实体档案的关联，打通全流程，公司用户可以根据记账凭证号等关键字段查询财务会计及其关联文件。见图 3-16：会计核算系统与电子档案管理系统交互示意图。

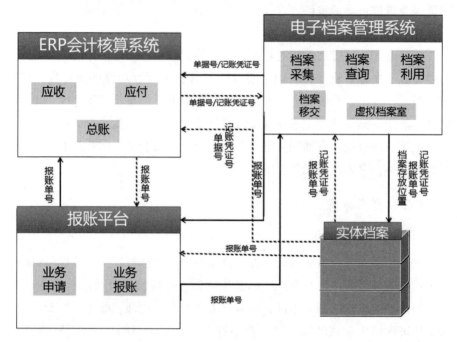

图 3-16　会计核算系统与电子档案管理系统交互示意图

2. 文档及会计人员利用

针对文档管理人员利用，采取权限控制的策略，除与普通用户具备查询功能外，文档管理人员还可申请电子文件工作台的查看和修改权。

根据工作需要，对财务会计文件进行下载、修改等操作，公司严格遵循"除非工作需要，绝不授权"的原则，严格按照其工作职责进行授予，不随意进行授权。通过授权实现不同用户的查看、修改权限，控制文件的知悉范围，确保文件的安全。

电子文件工作台财务会计文档查看和修改权限，建议授权人员为信息文档处相关文档管理人员，财务处处长、科长和相关人员，申请权限人员经财务处处长审批同意，信息文档处业务归口人员确认后，方能增加、删除、调整权限。

电子文件工作台是公司文档管理人员的工作界面，用户进入工作台查看已同步文件清单、查看文件元数据及电子附件、查看四性检测结果、打印档号条码、授权用户可以修改文件。见图 3-17：电子文件工作台界面。

图 3-17　电子文件工作台界面

（八）四性检测方案

电子档案管理系统对电子文件的四性检测进行技术保障，从归档、移交与接收、长期保存三个环节，保证电子档案真实性、完整性、可用性和安全性，下面是针对上述环节分别给出的检测的内容和方案。

对于由系统直接处理的检测项，要求在平台中对于每一项检测要记录时间、检测结果，以查询报表的形式提供给用户。

对于由用户人工操作的检测项，要求对于每一项检测要记录操作人、操作时间、检测结果，以查询报表的形式提供给用户。

对元数据的检测，依据《财务会计类电子文件数据结构规范》，该规范采用 XML Schema 作为信息封装的格式化描述工具，XML Schema 定义了 XML 文档的合法构建模块，定义了可出现在文档中的属性、哪个元素是子元素、子元素的次序、子元素的数目、元素是否为空或者是否可包含文本、元素和属性的数据类型、元素和属性的默认值以及固定值。XML 文件的元素可以使用内置的元素类型进行描述，例如 xs：string、xs：decimal、xs：date 分别表示字符串类型、十进位小数、日期类型。minOccurs 可以用来表示元素最少出现的次数，maxOccurs 可以用来表示元素最多可以出现的次数，取值为 unbounded 时表示该元素出现的次数不受限制。

目前，试点项目成果已经在公司得到了实际的推广应用，在电子文件四性检测界面，可以通过文件编码、文件类型、检测结果（通过/不通过）、检测类别、检测项目对自动归档的电子文件进行集中的处理和浏览，见图 3-18：电子文件四性检测界面截图。

239

图 3-18　电子文件四性检测界面截图

1. 真实性检测

（1）电子文件来源真实性检测

表 3-19　电子文件来源真实性检测列表

编号	检测项目	检测目的	检测对象	检测依据和技术要求
GD-ZS -1-1	固化信息有效性检测	保证电子文件的来源真实	归档电子文件	电子档案管理系统对归档电子文件中包含的数字摘要、数字签名、电子印章、时间戳等技术措施的固化信息的有效性进行验证，如发现固化信息失效，则电子文件被篡改。

（2）电子文件元数据真实性检测

表 3-20　电子文件元数据真实性检测列表

编号	检测项目	检测目的	检测对象	检测依据和技术要求
GD-ZS -2-1	元数据项数据长度检测	检测元数据项数据长度是否符合要求	归档电子文件元数据	电子档案管理系统依据《电子文件数据结构规范》中 XML Schema 中元数据项的定义进行自动检测（检测规则来自标准规定或用户自定义）：对归档信息包中元数据项进行长度检测。
GD-ZS -2-2	元数据项数据类型、字段格式检测	检测元数据项数据类型、字段格式是否符合要求		电子档案管理系统依据《电子文件数据结构规范》中 XML Schema 中元数据项的定义进行自动检测（检测规则来自标准规定或用户自定义）：对归档信息包中数据类型、字段格式检测。

编号	检测项目	检测目的	检测对象	检测依据和技术要求
GD-ZS -2-3	设定值域的元数据项值域符合度检测	检测设定值域的元数据项的数据是否符合值域要求	归档电子文件元数据	电子档案管理系统依据《电子文件数据结构规范》中 XML Schema 中元数据项的定义进行自动检测(检测规则来自标准规定或用户自定义):对归档信息包中元数据的值域符合度进行检测。
GD-ZS -2-4	元数据项数据合理性检测,元数据项数据范围检测	检测元数据项数据值是否在合理范围内		电子档案管理系统依据《电子文件数据结构规范》中 XML Schema 中元数据项的定义进行自动检测(检测规则来自标准规定或用户自定义):对归档信息包中元数据的数据值是否在合理范围内的检测。
GD-ZS -2-5	档号规范性检测	检测归档电子文件编制的归档号/档号是否符合规范	归档号/档号	电子档案管理系统依据业务规则中对档案号的规则要求对归档信息包中的档号规则进行检测。
GD-ZS -2-6	元数据项数据重复性检测	避免业务部门重复归档电子文件	用户自定义重复性检测元数据项,比如档号等	电子档案管理系统依据业务规则中对档案号的规则要求对归档信息包中的档案、文件编码做唯一性检测,如不唯一需要提示并记录。

(3) 电子文件内容真实性检测

表 3-21 电子文件内容真实性检测列表

编号	检测项目	检测目的	检测对象	检测依据和技术要求
GD-ZS -3-1	电子文件内容数据的电子属性一致性检测	保证电子文件内容数据电子属性的一致性	归档电子文件内容数据	电子档案管理系统自动捕获电子文件的附件文件的电子属性信息(计算机文件名、文件大小、文件格式、创建时间等),与 XML 信息包中对附件文件的信息记录的数据进行比对,检测结果提示并记录。

（4）元数据与内容关联真实性检测

表 3-22　元数据与内容关联真实性检测列表

编号	检测项目	检测目的	检测对象	检测依据和技术要求
GD-ZS -4-1	元数据是否关联内容数据	保证电子文件元数据与内容数据的关联	元数据关联的电子文件内容数据	电子档案管理系统依据元数据中记录的文件存储路径自动检测电子文件的内容数据，如果没有找到对应的电子文件，则进行错误提示。

（5）归档信息包真实性检测

表 3-23　归档信息包真实性检测列表

编号	检测项目	检测目的	检测对象	检测依据和技术要求
GD-ZS -5-1	归档信息包文件结构的规范性检测	保证 XML 信息包的结果符合规范	XML 信息包的结构	电子档案管理系统自动检测 XML 信息包的结构是否与《电子文件数据结构规范》的要求一致。检测结果提示并记录。
GD-ZS -5-2	XML 归档信息包一致性检测	保证 XML 信息包在归档前后完全一致	归档信息包	电子档案管理系统采用数字摘要（SHA256 算法）比对等方式对归档信息包的一致性进行检测。归档前计算归档信息包的数字摘要，通过接口传输到电子档案管理系统后，在接收时重新计算数字摘要并和归档前的数字摘要进行比对，如果不一致，则 XML 归档信息包不符合要求,检测结果提示并记录。

2. 完整性检测

（1）电子文件数据总量检测

表 3-24　电子文件数据总量检测列表

编号	检测项目	检测目的	检测对象	检测依据和技术方案
GD-WZ-1-1	电子文件归档总件数相符性检测	保证归档电子文件数量和实际接收数量相符	电子文件总件数	电子档案管理系统统计接收的文件数量跟业务系统侧发送的文件数量进行对比。
GD-WZ-1-2	电子文件归档总字节数相符性检测	保证归档电子文件字节数和实际接收字节数相符	电子文件总字节数	电子档案管理系统统计接收的文件字节数跟业务系统侧发送的文件字节数进行对比。

（2）电子文件元数据完整性检测

表 3-25　电子文件元数据完整性检测列表

编号	检测项目	检测目的	检测对象	检测依据和技术方案
GD-WZ-2-1	电子文件元数据必填著录项目检测	保证电子文件元数据必填项的完整性	电子文件元数据	电子档案管理系统根据《电子文件数据结构规范》中 XML Schema 中元数据项的定义，检测元数据必填项是否有值。检测结果提示并记录。
GD-WZ-2-2	电子文件过程信息完整性检测	保证电子文件过程信息的完整性	电子文件元数据中的处理过程信息	电子档案管理系统根据《电子文件数据结构规范》中 XML Schema 中元数据段的定义，对于必须有的元数据段检测是否包含内容，检测结果记录并提示。
GD-WZ-2-3	电子文件连续性元数据项检测	保证电子文件元数据的连续性	具有连续编号性质的元数据项	电子档案管理系统对的具有连续编号性质的元数据项（凭证号、档号、件内顺序号等）和起始号规则进行检测。具有连续编号性质的元数据项是否按顺序编号，是否从指定的起始号开始编号。

（3）电子文件内容完整性检测

表 3-26　电子文件内容完整性检测列表

编号	检测项目	检测目的	检测对象	检测依据和技术要求
GD-WZ-3-1	电子文件内容数据完整性检测	保证电子文件内容数据完整	电子文件内容数据	用户在电子档案管理系统中打开电子文件内容数据进行人工检测，系统支持记录检测操作的日期、操作人、检测结果。
GD-WZ-3-2	电子文件附件数据完整性检测	保证电子文件内容数据中附件内容不丢失、不遗漏	电子文件内容数据中的附件部分	用户在电子档案管理系统打开电子文件附件数据进行人工检测，系统支持记录检测操作的日期、操作人、检测结果。

（4）归档信息包完整性检测

表 3-27　归档信息包完整性检测列表

编号	检测项目	检测目的	检测对象	检测依据和技术方案
GD-WZ-4-1	归档信息包中元数据完整性检测	保证归档信息包中元数据必填项的完整性	归档信息包中的元数据	电子档案管理系统根据《电子文件数据结构规范》中 XML Schema 中元数据项的定义，检测元数据必填项是否有值。检测结果提示并记录。
GD-WZ-4-2	归档信息包内容数据完整性检测	保证归档信息包中内容数据齐全、完整	归档信息包	电子档案管理系统依据 XML 归档信息包元数据中记录的文件数量检测传输过来的数据中实际包含的电子文件数量，比对两者是否相符。

3. 可用性检测

（1）电子文件元数据可用性检测

表 3-28　电子文件元数据可用性检测列表

序号	检测项目	检测目的	检测对象	检测依据和技术方案
GD-KY-1-1	归档信息包中元数据的可读性检测	保证电子文件元数据可正常读取	归档信息包中的元数据	电子档案管理系统自动检测 XML 归档信息包文件是否可以正常解析、读取数据,检测结果提示并记录。

（2）电子文件内容可用性检测

表 3-29　电子文件内容可用性检测列表

编号	检测项目	检测目的	检测对象	检测依据和技术方案
GD-KY-2-1	电子文件内容数据的可读性检测	保证特定格式的电子文件内容数据可读	电子文件内容数据	电子档案管理系统自动检测传过来的附件文件以及 PDF 文件的可读性,检测结果提示并记录。

（3）归档信息包可用性检测

表 3-30　电子文件归档信息包可用性检测列表

序号	检测项目	检测目的	检测对象	检测依据和技术方案
GD-KY-3-1	归档信息包中电子文件合规性检测	确保归档信息包中的电子文件可读、可用	归档信息包中的电子文件内容数据	电子档案管理系统对附件文件以及 PDF 文件是否包含特殊压缩算法、是否加密、是否包含不符合归档要求的文件格式等进行检测,检测结果提示并记录。

4. 安全性检测

（1）归档信息包病毒检测

表 3-31　归档信息包病毒检测列表

序号	检测项目	检测目的	检测对象	检测依据和技术方案
GD-AQ-1-1	系统环境中是否安装杀毒软件检测	检测系统环境是否安装杀毒软件	系统环境	电子档案管理系统自动检测操作系统是否安装国内通用杀毒软件，如果没有安装进行提示，检测结果提示并记录。
GD-AQ-1-2	电子文件病毒感染检测	保证归档信息包没有感染病毒	归档信息包	电子档案管理系统调用国内通用杀毒软件接口，自动检测归档信息包是否感染病毒，检测结果提示并记录。

（2）归档过程安全性检测

表 3-32　归档过程安全性检测列表

序号	检测项目	检测目的	检测对象	检测依据和技术方案
GD-AQ-2-1	归档过程安全性检测	判断归档过程是否安全、可控	系统环境	人工定期检查是否已按照国家安全保密要求从技术和管理等方面采取措施，确保归档信息包在归档和保存过程安全、可控。系统支持记录检测操作的日期、操作人、检测结果。

（九）系统建设

为了应对多项目、多堆型核电建设需要，公司自 2010 年开发实施了电子档案管理系统，2012 年 4 月正式投用，并不断优化，运行良好，电子档案管理系统已实现主要功能为文件管理、档案管理、内容管理、知识管理、流程管理，与生产维修管理系统建立接口关系，试点前尚未实现业务系统原生电子文件向电子档案管理系统自动归档功能，缺乏电子文件四性检测、电子签章及数字签名、文件元数据项不够丰富。自 2017 年启动电子文件试点项目后，对电子档案管理系统进行功能完善，增加与业务系统原生电子文件自动归档标准化接口、补充电子文件元数据、增加电子文件工作台、增加电子文件四性检测功能、增加电子文件电子签章和数字签名等。

1. 电子档案管理系统主要功能

电子档案管理系统是一套整合的企业内容管理系统，它将文档关键业务流程重组和优化，促进文档流和业务流有机融合。将文档一体化的管理理念制度化、规范化、流程化，并固化到电子档案管理系统中，以便满足公司多项目、多堆型文档管理的需要。

电子档案管理系统主要包括内容管理、档案管理、工作流管理，并通过接口技术与 SAP 核心业务模块进行集成，实现了离线安全控制、统一登录、统一用户与权限管理等功能，见图 3-19：电子档案管理系统功能视图。

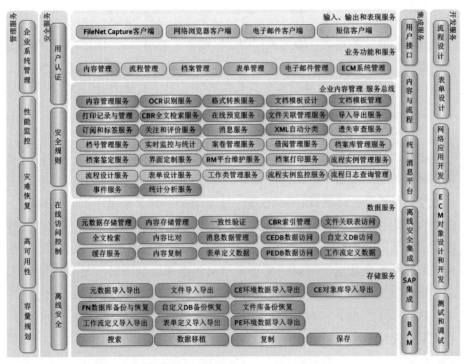

图 3-19　电子档案管理系统功能视图

内容管理模块提供日常文档管理的基本功能，实现文档的添加、删除、检入、检出、下载、打印、移动、链接基本功能，实现文件分类、文件编码、文件模板、文件著录、文件格式转换、文件关联、文件搜索、导入导出、在线浏览、版本控制、文档评价、文件收藏、文档地图功能。

档案管理模块提供了档案管理的主要功能，包括：定制档案类别、档案库管理、档案著录管理、档案的检索与利用，实现了"文档一体化"管理。

工作流模块实现了日常事务的业务流程管理，通过使用 BPM 软件平台和定制化开发，实现了工作事务流程的电子化，提高工作效率。用户可以通过业务流程管理功能实现在线发函或会议纪要、收函或会议纪要、行政发文流程、行政收文流程、公司级管理程序流程、处室级管理程序流程、管理程序变更流程、文件下发流程等。利用工作流平台定义工作的流转路径以及每个步骤的执行者，提供时限提醒管理，业务流统计和监督等完整的业务流管理功能，提供统一的待办工作管理。配合认证和授权组件，实现与授权机制的结合。

电子档案管理系统主要操作对象包括文件管理员、档案管理员、文件分发工程师、系统管理员、业务流程用户，业务流程用户又包括编写人、校核人、审核人、审批人、会签人、批准人等，同时还与 LDAP 系统集成实现统一用户，与 CAS 系统集成实现用户认证管理，与邮件系统集成实现信息发送，与离线安全系统集成实现文档加密和解密功能。

2. 电子档案管理系统技术架构

电子档案管理平台的建设，需要架构稳定、扩展性强的软件平台。经过前期调研与同类产品比较，选择 IBM 的 FileNet 产品作为电子档案管理系统的底层软件平台。IBM FileNet P8 是一个可靠的、可扩展的、高可用性的企业平台，能够捕获、存储、管理、保护和处理文档信息，提高操作效率，降低总成本。同时 FileNet P8 能将业务流程流畅化、自动化，访问并管理所有形式的非结构化数据，实现档案管理自动化，并能够帮助满足合规性的需要。该系统平台所提供的基本模块包括内容引擎（Content Engine）、流程引擎（Process Engine）、应用引擎（Application Engine），见图 3-20：电子档案管理系统总体架构图。

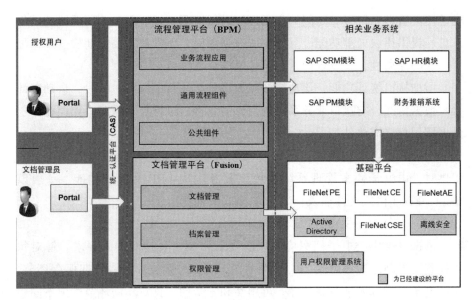

图 3-20 电子档案管理系统总体架构图

3. 电子档案管理系统主要功能改进

（1）增加统一归档模块

电子档案管理系统增加统一归档模块，主要包括增加接口配置信息管理功能、接口监测分析功能、接口统计功能、通用电子文件版式化转换服务功能。

增加接口配置信息管理功能，主要记录需要抓取数据的接口的访问信息，包括对接口分类、接口名称、接口路径、认证信息、抓取周期、是否已提供版式化文件等的维护。主要包括以下内容：①按照接口配置信息，自动调用业务系统的服务接口，获取数据；②对抓取的数据进行校验，如存在问题应提醒用户进行处理，将状态设置为待处理；③如传递数据包含版式化文件的位置信息，则需获取对应文件并进行挂接；④如传递数据不包含版式化文件，则需调用单独的电子文件版式转换服务产生版式文件，并进行挂接；⑤对版式文件调用电子签名服务进行签名，并保存签名信息到元数据；⑥对版式文件、其他附件进行摘要计算，并保存计算结果到元数据；⑦根据接口返回的数据拼接完整的电子文件的 XML 信息包；⑧在元数据确认无误且上述工作完成后，保存在电子档案管理系统中，将对应条目状态置为已保存。

增加接口监测分析功能，该功能用于对会计核算系统及其他业务系统与电子档案管理系统接口之间的交互过程进行监测，接收服务调用返回的结果信息。提供错误处理功能，重新获取数据功能。该模块需要定期检查接口配置信息的连通性，如发现异常，信息反馈给管理员。

增加接口统计功能，该功能按照接口分类，日期段和时间段，自动统计接收数据情况，与接口业务系统的统计信息接口进行自动核对，如存在问题则提醒用户并需要处理。

增加通用电子文件版式化转换服务功能，在业务系统没有版式化 PDF 提供时，由电子档案管理系统调用该服务生成 PDF 文件的功能。一般以 Word、Excel 格式文件输入，以 PDF 格式文件输出。

（2）增加电子文件四性检测功能

依据《文书类电子档案检测一般要求》中对各检测项的要求，针对每项检测要求制定检测对策。从归档环节、移交与接收环节、长期保存环节，保证电子档案真实性、完整性、可用性和安全性，针对不同环节给出不同检测内容和方案，对于由系统直接处理的，要求在电子文件工作台对每项检测内容，记录检测时间、检测结果，以查询报表的形式提供给用户。对于由用户人工检测内容，要求每项检测要记录操作人、操作时间、检测结果，以查询报表的形式提供给用户。

对元数据的检测依据《商务合同类电子文件数据结构规范》和《财务会计类电子文件数据结构规范》，该规范采用 XML Schema 作为信息封装的格式化描述工具，XML Schema 定义了 XML 文档的合法构建模块，定义了可出现在文档中的属性、哪个元素是子元素、子元素的次序、子元素的数目、元素是否为空或者是否可包含文本、元素和属性的数据类型、元素和属性的默认值以及固定值。

（3）增加电子签章服务与数字摘要

项目在集团统一建设的 CA 认证体系下，建立本地的子 CA、签章服务、时间戳服务等。保证签章文件的真实和完整，保证用户能够方便地识别电子签章的有效性。实现电子签名验证和 SHA-256 电子摘要比对，在建立电子文件前，进行调取验证服务，验证电子文件的签名和摘要信息。如果与传递过来的报文不匹配，则说明存在异常。如果验证通过，则自动创建电子文件，并且进行文档验证，当用户下载 PDF 文件后，自动验证电子文件的有效性，是否被篡改并显示证书和签章信息，实现电子签章管理，实现新增、替换、校验等功能。

电子档案管理系统统一归档模块负责从业务系统中抓取数据，对于未版式化的业务文件，则调用版式转换服务进行转换。对于版式化的 PDF 文件，需要增加电子签名。统一归档模块根据接口的返回，获取内部自包含的元数据、附件信息、摘要检验数据。

安全哈希算法（Secure Hash Algorithm）主要适用于数字签名标准（Digital Signature Standard DSS）里面定义的数字签名算法（Digital Signature Algorithm DSA）。该算法的思想是接收一段明文，然后以一种不可逆的方式将它转换成一段（通常更小）密文，也可以简单的理解为取一串输入码（称为预映射或信息），并把它们转化为长度较短、位数固定的输出序列即散列值（也称为信息摘要或信息认证代码）的过程。散列函数值可以说是对明文的一种"指纹"或是"摘要"，所以对散列值的数字签名就可以视为对此明文的数字签名。SHA256 是继 SHA1 出现的算法（属于 SHA-2 类），安全性较 SHA1 更高。SHA256 输出长度为 256bit＝32 字节摘要。

电子签章服务采用自主开发的方式实现，以服务的形式提供给外部系统调用，在电子文件自动归档的过程中，通过程序自动调用，无需人为参与，见图 3-21：电子签章服务调用过程图。

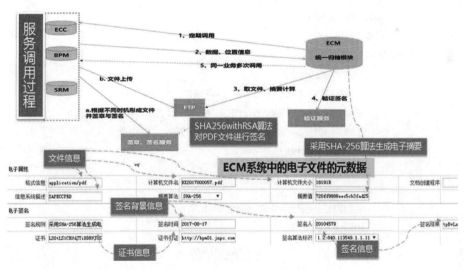

图 3-21　电子签章服务调用过程图

电子签章服务启用后，所加的效果，有一个可视化的"江苏核电有限公司已发布"签章，见图 3-22：电子签章效果图。

摘　要	会 计 科 目	借方金额	贷方金额
信息文档处查风华报赴秦山差旅费	其他应付款\企业内\员工报销款【客户辅助核算:查风华】	2,192.00	
信息文档处查风华报赴秦山差旅费	银行存款\活期存款\中国银行\连云港市核电站支付\484558209199【现金流量项目:支付的其他与经营活动有关的现金】【结算形式:电汇】		2,192.00
附单据:9张	合计：贰仟壹佰玖拾贰元整	2,192.00	2,192.00

财务主管：　　总稽核：　　复核：　　出纳：　　制单：周津如　【江苏核电】

图 3-22　电子签章效果图

点击签章图片，显示出签名的属性，见图 3-23：电子签章属性页面图。

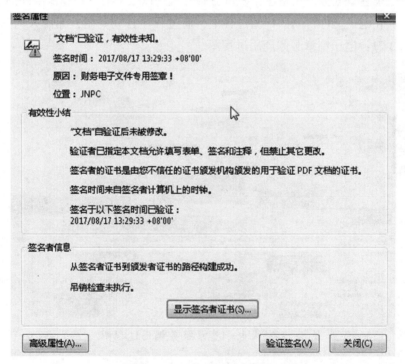

图 3-23　电子签章属性页面图

可以进一步查看电子签章属性，见图 3-24：电子签章属性截图。

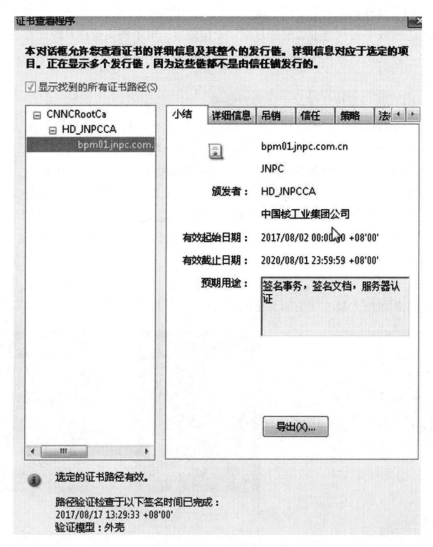

图 3-24　电子签章属性截图

　　电子签名应用到会计核算系统中会计凭证、账簿报表、固定资产卡片各个文件类型的主件，通过会计核算系统自动生成 PDF 文件，传输到电子档案管理系统，自动添加电子签名，但每个主件附带多个附件，是用户自行上传的电子文件，比如原始发票扫描件、报销支持文件，文件左上角生成二维码，不再添加电子签名，主件增加电子签名目的是用于识别该电子文件是通过会计核算系统同步到电子档案管理系统，对文件合法性进行确认。另外，电子档案管理系统电子文件工作台，开放人工维护界面，以便财务管理人员手工上传线下编制电子版财务月报，上传之后，电子档案管理系统增加电子签名，以便识别该文件来自于电子档案管理系统中，对电子文件合法性进行确认。

（4）统一系统认证与文件授权管理

在系统认证上，采用集中的 CAS 认证系统，CAS 认证系统是 Yale 大学发起的一个开源项目，为 Web 应用系统提供一种可靠的单点登录功能，从结构体系看，CAS 包含两部分 CAS Server 和 CAS Client。CAS Server 负责完成对用户的认证工作。CAS Client 负责部署在客户端，通过 CAS Client 实现各应用系统服务器端与 CAS 服务器端的认证信息交互。CAS Server 采用单机模式，运行在 tomcat 中，使用 Spring 框架，以公司 AD 域用户的认证源。对文件进行统一登录认证和集中授权管理，在电子档案管理系统文件级和档案级数据上增加权限信息、文件密级信息，控制打开文件人员权限，只有符合设定权限规则人员才能访问，见图 3-25 CAS 认证系统图。

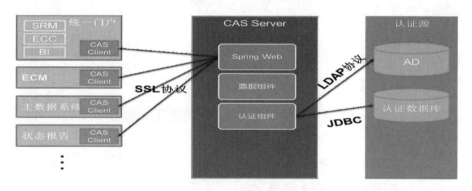

图 3-25　CAS 认证系统图

（5）增加电子文件工作台功能

电子文件工作台主要面向的用户是业务处室档案管理员和信息文档处的档案管理员。用户可以进入工作台查看已同步文件清单、查看文件元数据及电子附件、查看四性检测结果、打印档号条码、授权用户可以修改文件。主要包括以下功能：①显示文件列表，包含同步时间、文件类型、文件类别、文件编码、文件题名、四性检测结果、状态；②按照文件编码降序排列，列表中每个字段均可作为检索项，可以组合查询，用户可以根据需要，自由显示及对该列表进行批量操作；③授权人员可对列表内查询文件进行修改，补充手工四性检测结果等操作；④系统管理员具备配置功能，可以配置默认的字段、排序设置；⑤查询结果可按照显示的列的格式，导出到 excel，方便用户使用；⑥电子文件工作台采用权限控制策略，通过授权实现不同用户的查看、修改权限，控制文件的知悉范围，确保文件的安全。

4. 会计核算系统主要功能改进

会计核算系统试点前，已实现各类财务业务流程在线审批，审批结束生成版式化 PDF 文件，输出纸质文件与原始外来凭证一起纸质归档与利用，电子档案管理系统只是简单输入财务会计文件条目信息，无电子文件附件可利用，查阅财务会计凭证档案，需要财务处提供详细凭证号信息和档案号，信息文档处文档管理人员才能提供纸质档案，为利用带来不便。

试点后，打通会计核算系统与电子档案管理系统接口，开发对外服务接口，供会计核算系统及其他业务系统统一归档模块调用。会计核算系统对财务会计元数据内容进行控制，SAP ECC 的对外服务接口应当检查元数据要求的必需字段的检查。SAP BPM 的对外服务接口应当对业务数据的元数据的要求进行检查。

对于会计凭证应提供 PDF 版式文件和明细数据；对于固定资产卡片信息，ECM 每年从 ECC 中抽取一次上一年度已经折旧提完的固定资产卡片信息，包括元数据。对于账簿、报表以及其他纸质凭证，由会计档案人员在电子档案管理系统中手工上传电子文件后，人工输入或自动产生相应的元数据。相关业务流程的主要元数据和版式化 PDF 文件以及明细信息和附件信息应以服务的形式提供归档模块调用。

会计核算系统提供接口，将 PDF 版式文件及其附件上传至指定的中间 FTP 服务器，并在接口返回对应路径并通过 SHA-256 算法生成实体文件对应的数字摘要，摘要信息作为校验码将作为接口返回数据之一。

六、取得的效益

（一）管理优化，显著提升管理水平

公司形成一套新型的电子文件管理模式，项目明确了会计核算系统电子文件的归档范围和保管期限，确定了元数据的范围、类型和对应规则，并调整会计核算系统和电子档案管理系统的相关功能，实现会计核算系统

原生电子文件的自动归档，整个过程减少人工干预，推动文档管理模式的变革。

电子文件四性检测机制在电子档案管理系统前台可视化显示，采用多重防伪技术，混合利用数字签名、签名验真、PDF/A 格式转换等技术，达到多重防伪，防止篡改的目的，保证电子档案真实性、完整性、可用性和安全性，将国家标准要求落地。

根据核电行业特点，公司自主编制了一套电子文件自动归档的相关技术规范，包括业务系统原生电子文件自动归档需求、电子签章及格式转换接口、元数据、元数据结构、元数据对应规则等多种技术规范。自主研发签章服务和电子文件四性检测并获得两项计算机软件著作权登记，见图 3-26 两项计算机软件著作权证书。

图 3-26　两项计算机软件著作权证书

（二）降本增效，实现可观经济效益

公司通过建立系统间的接口，试点项目实现了财务会计电子文件的自动归档，无需人工参与。电子档案管理系统自动采集元数据，接收后在电子档案管理系统内进行组卷，形成电子档案，并存入光盘库中予以备份，实现了

电子文件从收集、整理、移交、保管的全过程管理，见图3-27：财务会计电子文件管理流程图。

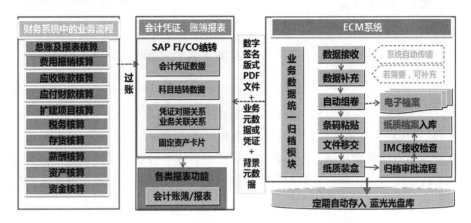

图 3-27　财务会计电子文件管理流程图

项目完成后，除必须保留少量纸质文件外，其他的文件均可只保留电子版，以财务会计类文件为例，其记账凭证，总账，日记账，明细账，固定资产卡片等取消纸质保管，除了原始发票收据外，其他由会计核算系统产生原生电子文件，仅保留电子版。以 2017 年公司 1、2 号机组财务会计文件为例，共归档 28317 件，每年需纸张 9 万张，文档管理人员 3 人，实现电子文件归档后，文档管理人员由 3 人减为 1 人。6 台机组财务会计文件，预计每年可节省人工成本 60 万元（6 人×10 万元/人），节省纸张成本 5.4 万元（27 万张×0.2 元/张），节省库房面积约 9 平方米。以机组运行 40 年计算，6 台机组节省人工和纸张成本 2616 万元［（60+5.4）万元/年×40 年］，节省库房约 360 平方米［9 平方米/年×40 年］。

（三）节能减排，推动生态环境保护

公司实现电子文件试点后，电子文件逐步取代纸质文件，显著降低库房空间和纸质打印需求，保护了生态环境，每年可节约纸张 27 万张，约少砍伐树木 240 棵，40 年少砍伐树木 9600 棵，一定程度上保护了生态环境。同时，财务电子文件自动归档后，用户可在线查询文件，为电站提供快捷便利的文档服务，满足电站对数据和文档的利用，间接推动了生态环境的保护。

七、后续打算

（一）以试点为标杆，扩大公司电子文件试点范围

试点项目实现了会计核算系统与电子档案管理系统的对接，实现了财务会计电子文件的自动归档。试点项目的成功经验以及形成的相应技术成果，《信息系统原生电子文件归档标准化需求》等文件为新增、优化改进的业务系统自动归档提供思路，逐步扩大试点范围，建立各业务系统与电子档案管理系统标准接口，通过元数据对应规则，实现更多业务系统原生电子文件自动归档。

（二）以试点为基础，建立公司大数据档案利用平台

试点项目实现电子文件集成管理，实现对电子档案的规范采集、集中归档、统一管理、长期保存，做到数据规范、安全保密、资源共享。根据试点项目的成果，建立基于大数据档案开发利用平台，满足企业内外部决策的利用需求。

（三）以试点为依据，制定电子文件管理标准体系

试点项目在设计、开发过程中共形成系统接口标准、归档范围、存储格式、元数据、元数据结构规范、原生电子文件管理等规范。项目组不断总结试点项目经验，将技术规范标准化，建立核电领域电子文件管理标准体系，指导企业开展电子文件归档和电子档案管理工作。

（四）以试点为引擎，推动核电文档管理模式变革

试点项目明确了会计核算系统形成电子文件的归档范围和保管期限，确定了元数据的范围、类型和对应规则，并调整会计核算系统和电子档案管理系统的相关功能，建立系统间的接口，实现了会计核算系统形成电子文件向电子档案管理系统自动归档，经过试点，证明会计核算系统形成的电子文件在保证文件真实性、完整性、可用性和安全性的基础上可以实现自动归档，实现电子文件的全过程管理，公司正在开展电子文件长期保存及单轨制研

究，推动文档管理模式的变革。

总之，公司通过试点项目研究、探索及实践，完善了公司电子文件归档和电子档案管理规章制度，解决了公司电子文件管理中技术和管理难题，实现了试点项目的任务目标。通过扩大电子文件试点范围，推广电子文件试点成果，助推核电事业安全稳定高效发展。

第四章 航天信息股份有限公司电子会计档案管理试点案例

● 案例导读

　　航天信息股份有限公司电子会计资料归档和电子档案管理试点工作,以满足实际需求为导向,以追求实际效益为目标,实现了电子会计档案管理系统与财务系统、财务共享中心、费控系统、ERP 系统的深度融合,综合使用数字签名、电子印章、版式文档等技术,大大简化了会计资料归档和会计档案管理的流程,取得了明显的管理效益和经济效益。其试点成果具有如下特点:一是归档操作前置,将相关的归档技术标准和业务规范嵌入 ERP 和费控系统,实现了财务、业务、档案三位一体的全流程电子化。二是电子化比例高,实现了电子档案单套制管理。即实现了记账凭证、账簿、报表及内部产生的业务单据类的原始凭证仅以电子形式归档保存,大大降低了打印耗材成本和人工成本,节约了归档时间,提高了归档工作效率。三是细化了管理层级,将记账凭证、单据、发票分层级管理,使电子发票档案通过关联二次检索变为电子发票档案的直接检索。四是建立发票中心,为发票数据分析提供基础,支持多种方式收集发票及元数据,为发票的大数据分析提供数据来源。五是首家在电子会计档案领域应用 OFD 技术,实现了国标版式文件在会计档案领域的落地。

　　航天信息公司是各试点企业中唯一一家同时拥有税控方案、第三方电子发票平台、企业财税信息化解决方案的单位,试点方案具备很强的完整性、创新性和推广性,其成功经验可供各类企业借鉴。

一、试点背景

　　航天信息股份有限公司(以下简称"航天信息")是中国航天科工集团有限公司(以下简称"航天科工")信息技术板块的旗舰企业,依托航天的技术优势、人才优势和组织大型工程的丰富经验，以信息安全为核心，聚焦信息技术产业领域，重点发展金税、金融、智慧、网信四大产业板块，面向政府、行业、企业信息化市场，提供全面系统、智慧领先的信息技术服务和一体化解决方案，是国家大型信息化工程和电子政务领域的主力军。

根据国家档案局《关于组织开展第二批企业电子会计资料归档和电子档案管理试点工作的通知》（档办函〔2018〕272 号）文件精神，2019 年 2 月，航天信息获批成为国家档案局"企业电子文件归档和电子档案管理第二批试点单位名单"之一，针对不同条件的各类企业，开展全方位的电子会计资料归档和电子会计档案管理试点：

1. 在有会计业务系统和档案管理系统的企业，开展 ERP、会计核算系统的电子会计资料和电子会计档案管理试点。

2. 在没有会计业务系统和档案管理系统的中小企业，开展电子发票手工归档管理试点。

3. 在有会计业务系统和没有档案管理系统的中小企业，开展企业内部形成的电子会计资料手工归档管理试点。

航天信息开展电子会计资料归档和电子会计档案电子化单套制管理试点主要基于以下考虑。

（一）企业战略发展需要

航天信息积极承担国家重点项目建设，顺应数字经济发展，紧跟政策及技术发展趋势，结合自身在税务、信息安全、大数据、云计算、区块链、电子政务等方面的优势，以满足用户需求为基础，积极开展电子会计档案信息化试点工作。通过试点工作，形成了标准、规范、安全，且符合国家档案局要求的电子会计档案一体化解决方案及产品，将进一步拓展航天信息的服务领域，推动企业效益和社会效益的提升。

（二）企业业务发展需要

通过试点工作，一方面推进航天信息的会计档案电子化管理进程，优化整体会计业务流程，简化会计资料整理、归档流程，提高工作效率；减少打印纸质数量，降低耗材成本；减少会计人员配置，降低人工成本；减少纸质档案存储空间，降低存储管理成本。另一方面，实现会计信息集中共享有助于形成安全可靠的电子会计档案系统集成解决方案。

（三）档案工作本身的发展需要

得益于航天科工集团对档案管理工作的重视，航天信息的档案管理规范程度较高，通过定期举办关于档案管理的系列培训，提高各单位的档案管理意识和管理能力，不断加强档案管理规范。随着公司规模的扩大，档案数量不断增长，管理难度不断增大，亟待加强会计档案信息化建设。通过本次试点，实现了会计档案电子化管理，优化档案管理流程、创新档案管理方法、全面提高工作效率、提升企业经济效益，助力公司财务转型。

（四）档案工作所遇到的问题

航天信息具备计算机系统集成一级资质、安全技术防范一级资质、专项工程设计甲级资质以及国家密码产品开发生产许可资质等；但是由于公司规模大，在全国 31 个省、市、自治区和 5 个计划单列市建立了近 40 家省级服务单位、200 余家地市级服务单位、400 余家基层服务网点，信息化环境复杂，集成度高，且多涉及跨组织、跨部门、跨业务，导致电子会计档案业务实施难度大，急需形成标准、规范、统一的电子会计档案管控及系统实施方案。

二、试点目标

（一）总体目标

以满足用户需求为导向，以追求管理效益为目标，开展会计电子资料归档和会计电子档案管理全过程试点，以电子会计档案的真实性、完整性、可靠性和安全性的保障为重点，形成标准规范体系，开发三位一体的电子会计资料和电子会计档案的全程管理系统，做到电子会计资料形成时全程留痕，传输时安全可信，归档时齐全完整，整理时自动简化，交接时四性检测；电子会计档案保存时多种备份，统计时二维呈现，利用时在线出证，销毁时复核鉴定，必要时永久保存。取得电子发票、电子会计档案管理效益等完整配套的试点经验。

（二）"3+2+1"建设目标

1. 建设 3 个系统

A8-ERP 会计资料归档管理系统、A8 费控系统、电子会计档案管理系统。

2. 编制 2 个指南

编制《电子发票手工归档管理操作指南》《企业内部形成的电子会计资料手工归档管理操作指南》。

3. 制定 1 套制度

制定一套航天信息电子会计档案标准规范，形成完整的体系。

（三）完成时间目标

2019 年底前完成四项试点任务，通过国家档案局验收。

1. 电子会计档案管理试点

ERP、会计核算系统的电子会计资料归档和电子会计档案管理试点。

2. 电子发票手工归档管理试点

没有档案管理系统和会计业务系统的中小企业电子发票手工归档管理试点。

3. 电子会计资料手工归档管理试点

只有会计业务系统没有档案管理系统的企业，内部形成的电子会计资料手工归档管理试点。

（四）管理效益目标

1. 提高管理水平

优化公司整体业务流程和会计处理流程，简化会计资料归档流程，开展电子会计档案单套制管理实践，提高会计档案现代化管理水平。

2. 培养专业人才

加强全公司会计档案管理专业队伍建设，培训会计档案管理、技术、业务人才，培养复合型的电子会计档案管理专家，为会计档案管理提供不同层次的人才保障。

（五）经济效益目标

1. 降低打印耗材成本

提升会计档案电子化管理比例，节约打印耗材成本。

2. 提升工作效率

通过流程优化，简化整理、归档流程，提升工作效率。

3. 降低人力成本

按照每个企业 2-3 名会计人员配置，通过会计档案电子化管理，可减少会计人员配置，降低人力成本。

4. 降低存储成本

通过会计档案电子化管理，减少库房面积，降低存储成本。

5. 拓展业务领域

通过试点，形成行业方案及典型案例，为其他企业提供专业产品及服务，拓展公司的业务领域。

（六）社会效益目标

通过会计档案电子化，可以实现以下社会效益目标：

1. 创新用户体验、促进降本增效。
2. 简化工作流程、提升工作效率。
3. 助力财务转型、促进社会协同。

三、试点系统介绍

（一）系统功能

航天信息充分利用自身资源、技术优势，于 2016 年开始陆续研发建设了适用于大型集团型企业供应链管理、财务管理、税务管理、档案管理的及业、财、税、档一体化协同管理应用系统 A8。集团公司通过 A8 管理系统及时掌握下属分子公司的经营状况，实现了集团统一管控，透视经营，强化了各组织间数据共享、业务协同。各分子公司之间通过统一的 A8 信息平台共享信息资源、进行内部交易，优势互补，以适应变化越来越激烈的外部商业环境。

航天信息电子会计档案系统集成解决方案，以 A8 财务共享、A8 费控系统、A8ERP 系统作为电子会计资料来源系统，实现 A8 ERP 系统与电子会计档案管理系统无缝集成，将归档业务前端延伸，实现业务流程再造，通过接口直连，一键完成电子会计资料的归档及后续电子会计档案的保管、利用、长期保存等全生命周期的管理。

目前 90% 以上的电子会计资料均从 A8 系统中生成、采集。见图 4-1：

A8 产品构成图

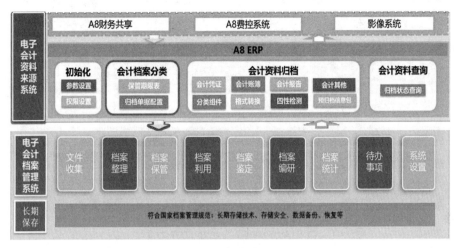

图 4-1　全程管理框架图

1. A8 ERP

A8 ERP 基于航天信息软件 AOS 平台自主研发，支持集团企业多组织架构模式和产业链上下游企业间的业务协同，利用互联网技术有效整合产业链优势资源，实现商务共享、敏捷创新。

A8 ERP 主要由以下子系统组成：

（1）A8 ERP 财务集中核算系统

A8 ERP 财务集中核算系统包括总账、出纳、资产、薪资等模块。

（2）A8 ERP 财务报告系统

支持集团报表、合并报表管理。

（3）A8 ERP 业务管理系统

A8 ERP 系统业务模块主要包括：采购模块、销售模块、库存模块、内部交易模块、存货核算模块、应收模块、应付模块等，通过业务模块的业务单据，可以实现一键生成记账凭证，实现业务、财务、税务一体化。

（4）A8 ERP 归档模块

航天信息 A8 ERP 系统作为电子会计档案来源系统，财务部门在月结完成后，通过 A8 ERP 归档模块，完成电子会计资料（包括凭证、账簿、报告及其他会计资料）的上传操作，实现与电子会计档案管理系统的互联互通，双向交互。见图 4-2：A8 ERP 系统整体架构。

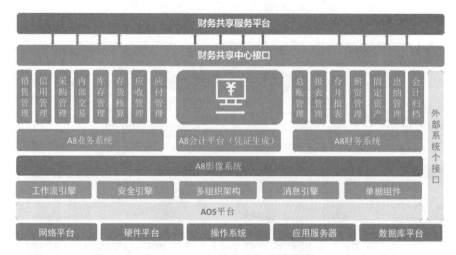

图 4-2　A8 ERP 系统整体架构

2. A8 财务共享

按照航天科工集团《关于全面提升财务治理能力的若干意见》要求，航天信息进行信息化顶层规划，建设了统一的财务共享平台。

A8 财务共享服务平台主要集中处理共享财务相关的作业及运营的管理。前端与业务系统连接，接受业务系统的任务；后端与 A8 ERP 系统连接，自动生成凭证；周边与影像系统、电子档案、银行等系统对接，进行流程再造，并对会计凭证进行标准化、集中化处理，以达到财务业务顺利流转，提升业务处理效率，降低财务管理成本。见图 4-3：A8 财务共享功能架构。

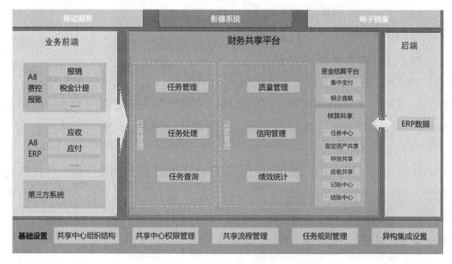

图 4-3　A8 财务共享功能架构

3. A8 费控

A8 费控系统是支持云部署和独立部署的电子化报销管控平台，集中处理集团及分子公司日常费用报销、预算管控、发票管理、办公协同等业务。同时 A8 费控与财务共享及 A8 ERP 无缝集成，通过 A8 费控可打通电子凭据的报销–支付–入账–归档全流程管理。为电子会计资料归档提供完整的数据来源。见图 4-4：A8 费控系统架构。

图 4-4 A8 费控系统架构

试点前已形成各类电子会计资料数据 643 卷 24735 件。

四、试点工作步骤

(一) 试点原则

以满足用户需求为导向，以追求管理效益为目标，开展会计电子文件归档和会计电子档案管理全过程试点，以电子档案的真实性、完整性、可靠性和安全性的保障为重点，形成标准规范体系，开发先进软件系统，建成电子档案资源库，取得电子档案管理效益等完整配套的试点经验。见图 4-5：试点工作总体原则。

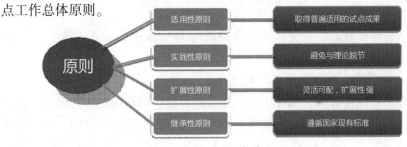

图 4-5 试点工作总体原则

（二）试点组织实施

航天信息试点工作组织实施过程，见图4-6：试点工作专项组。

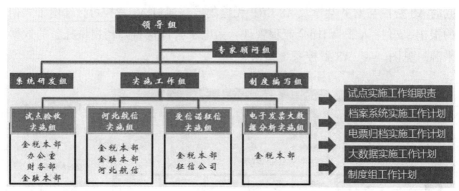

图 4-6   试点工作专项组

1. 强化领导、优化团队

成立试点工作领导小组、项目工作组、实施工作组等，为试点成果提供组织保障。

2. 加强调度、有序推进

领导小组定期试点推进会、双周例会制度、每日项目沟通会等，沟通和管理机制。

3. 标准先行、注重执行

成立制度编写组、规范制度体系，提供制度保障。

五、关键解决方案

（一）管理流程方案

1. 前端延伸，技术业务数据深度融合

创新管理流程，实现会计档案管理流程向 ERP 业务前端延伸，促进技术业务数据深度融合，全面提升会计档案管理效率。

2. 流程再造，纳入标准规范制度体系

管理流程制度保障。梳理电子会计资料形成、归档的流程，把电子会计资料归档及保管期限确定、元数据方案实施及预归档信息包结构、归档数据推送及数字签名节点纳入会计业务流程和会计人员岗位责任，并用标准规范

加以确定，做到了归档业务流程前置，归档责任准确定位。见图4-7：管理流程方案创新。

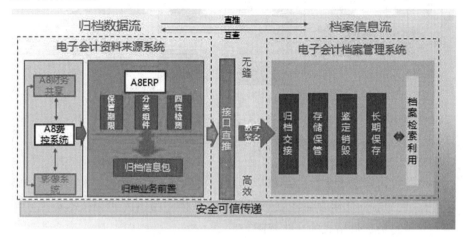

图 4-7　管理流程方案创新

3. 后端控制，岗位管理流程创新固化

通过管理流程创新，并将流程通过信息化手段实现相互融合，满足企业实际的管理要求，岗位及职责规范，实现收集岗、整理岗、保管岗，以及跨库房、跨部门移交的管理等，实现不同岗位系统权限、流程审批及功能权限的隔离。见图4-8：管理流程嵌入系统功能。

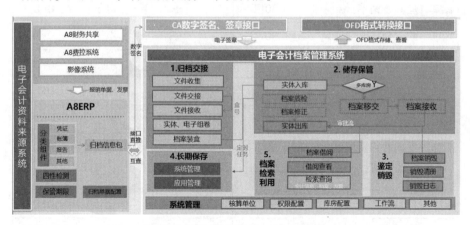

图 4-8　管理流程嵌入系统功能

档案来源系统管理流程方案，见图4-9：前端延伸，规范业务流程，提升效率。

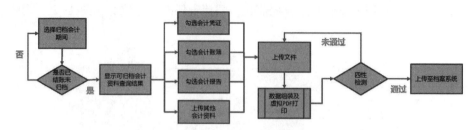

图4-9 前端延伸，规范业务流程，提升效率

(二) 归档范围及存储格式

全国首家在电子会计档案领域采用国标版式 OFD 技术。采用国家版式文件标准格式 OFD 作为会计电子档案存储载体，与国际同类技术标准相兼容，支持各类文件格式的在线查阅。

1. 归档范围

根据企业会计档案管理需求，个性化定制凭证及关联单据的关联。

序号	归档范围	保管期限	来源系统	归档形式	存储格式
一	会计凭证类				
1.21	收款单	30 年	ERP-应收管理	电子	OFD
1.22	应收核销单	30 年		电子	OFD
1.23	收入分摊明细记录	30 年		电子	OFD
1.24	销售发票	30 年		电子	OFD
1.25	其他应收单	30 年		电子	OFD
1.26	付款单	30 年	ERP-应付管理	电子	OFD
1.27	采购费用发票单	30 年		电子	OFD
1.28	采购进项发票单	30 年		电子	OFD
1.29	应付核销单	30 年		电子	OFD
1.30	薪资核算数据	30 年	ERP-薪资管理	电子	OFD
1.31	现金日记账-单行	30 年	ERP-总账管理	电子	OFD
1.32	银行存款日记账-单行	30 年		电子	OFD

序号	归档范围	保管期限	来源系统	归档形式	存储格式
1.33	其他入库单	30 年	ERP-存货核算	电子	OFD
1.34	入库调整单	30 年		电子	OFD
1.35	销售出库单	30 年		电子	OFD
1.36	其他出库单	30 年		电子	OFD
1.37	内部销售出库单	30 年		电子	OFD
1.38	内部采购入库单	30 年	ERP-存货核算	电子	OFD
1.39	采购结算单	30 年		电子	OFD
1.4	出库调整单	30 年		电子	OFD
1.41	采购入库单	30 年		电子	OFD
1.42	业务调整单	30 年		电子	OFD
1.43	发出商品确认单	30 年		电子	OFD
二	会计账簿				
1	总账	30 年		电子	OFD
2	明细账	30 年	ERP-总账管理	电子	OFD
3	日记账	30 年		电子	OFD
4	固定资产卡片	固定资产报废清理后保管 5 年	ERP-固定资产	电子	OFD
三	会计报告				
1	月度财务会计报告	10 年		电子	OFD
2	季度财务会计报告	10 年	ERP-报表管理	电子	OFD
3	半年度财务会计报告	10 年		电子	OFD
4	年度财务会计报告	永久		电子+纸质归档	OFD+纸质
四	其他会计资料				
1	银行存款余额调节表	10 年		电子+纸质归档	OFD+纸质
2	银行对账单	10 年		电子+纸质归档	OFD+纸质

序号	归档范围	保管期限	来源系统	归档形式	存储格式
3	纳税申报表	10 年		电子+纸质归档	OFD+纸质
4	会计档案移交清册	30 年		电子	OFD
5	会计档案保管清册	永久		电子	OFD
6	会计档案销毁清册	永久		电子	OFD
7	会计档案鉴定意见书	永久		电子	OFD

2. 存储格式

全国首家实现存储格式及检索方式的创新，电子会计档案文件存储格式支持按照全宗、凭证、单据、发票四层结构，实现会计文件多层级关联收集、检索及长期保存。见图 4-10：多层级存储结构。

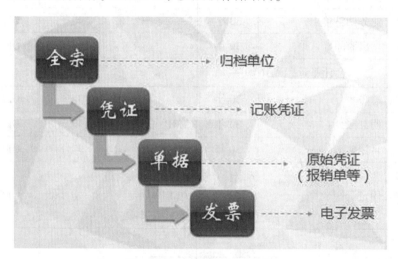

图 4-10　多层级存储结构

从电子会计凭证的元数据方案内容、档号命名规则到预归档信息包结构，从目录数据库结构、检索利用体系到呈现方式，细化了电子会计凭证档案管理层级，实现了记账凭证、报账单据、电子发票不同层级的会计凭证档案由间接检索到直接检索的转变，深化了电子会计凭证档案的检索体系。

（三）接口

接口服务通过用户标识将数据分发至各自会计档案系统，见图 4-11：高度集成的接口方案。

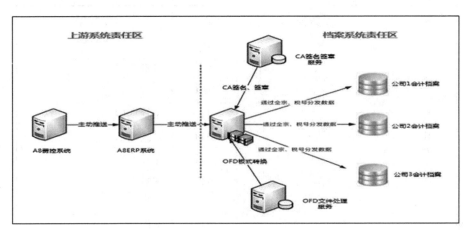

图 4-11　高度集成的接口方案

接口安全机制：通信采用 HTTP SSL（HTTPS）协议传输；采用 CA 证书加密组织身份。

（四）元数据项及捕获节点

1. 元数据项

航天信息试点项目一共规范了 155 项元数据，其中文件实体元数据 151 项，机构人员实体元数据 2 项，业务实体元数据 2 项。

参考 DA/T 46—2009，结合目前企业电子会计资料归档和电子档案管理的实际，将电子文件和电子档案从概念层次上区分为文件实体元数据、机构人员实体元数据、业务实体元数据三个域，每个域包含的元数据元素及其结构规定如下：

文件实体元数据

编号	元数据	编号	元数据
M1	聚合层次		
M2	来源	M3	立档单位名称
		M4	纳税人识别号
M5	电子文件号		

续表

编号	元数据	编号	元数据
M6	档号	M7	全宗号
		M8	门类代号
		M9	年度
		M10	保管期限
		M11	形式
		M12	卷号
		M13	件号
		M14	附件号
		M15	子件号
M16	内容描述	M17	文件组合类型
		M18	文件题名
		M19	文件编号
		M20	文件责任者
		M21	文件日期
		M22	可信时间戳
M23	记账凭证描述	M24	凭证类别
		M25	凭证编号
		M26	凭证日期
		M27	科目显示名称
		M28	摘要
		M29	贷方外币金额
		M30	借方外币金额
		M31	借方金额
		M32	贷方金额
M33	总账 明细账内容描述	M34	账簿类型
		M35	账簿名称
		M36	会计年度
		M37	会计月份
		M38	科目名称

续表

编号	元数据	编号	元数据
M39	日记账内容描述	M40	年
		M41	期间
		M42	登账日期
		M43	科目
		M44	报表名称
M45	固定资产卡片内容描述	M46	资产类别
		M47	卡片标识号
		M48	条码编号
		M49	卡片编号
		M50	资产编码
		M51	资产名称
		M52	规格型号
		M53	数量
		M54	记账日期
		M55	生产日期
		M56	制造商
		M57	资产原值
		M58	制单日期
		M59	预计使用年限
		M60	报表名
M61	资产负债表内容描述	M62	报表名
		M63	时间
M64	利润表内容描述	M65	报表名
		M66	时间
M67	现金流量表内容描述	M68	报表名
		M69	时间

续表

编号	元数据	编号	元数据
M70	银行余额表内容描述	M71	银行账号
		M72	银行名称
		M73	日期
		M74	单位名称
		M75	报表名
M76	银行对账单内容描述	M77	报表名
		M78	科目
		M79	日期
M80	纳税申报表内容描述	M81	报表名称
		M82	税款所属时间
		M83	填表日期
M84	电子属性	M85	格式信息
		M86	计算机文件名
		M87	计算机文件大小
		M88	信息系统描述
M89	数字化属性	M90	扫描分辨率
		M91	扫描色彩模式
		M92	图像压缩方案
M93	电子签名	M94	签名规则
		M95	签名时间
		M96	签名人
		M97	签名结果
		M98	证书
		M99	证书引证
		M100	签名算法标识
M101	存储地址		

续表

编号	元数据	编号	元数据
M102	权限管理	M103	授权对象
		M104	授权行为
		M105	控制标识

机构人员实体元数据

编号	元数据	编号	元数据
M106	机构人员名称		
M107	个人职位		

业务实体元数据

编号	元数据	编号	元数据
M108	业务行为		
M109	行为时间		

电子文件与电子档案元数据汇总子表

编号	元数据	编号	元数据
M110	报账单内容描述	M111	单据编号
		M112	单据类型
		M113	报销日期
		M114	报销人
		M115	创建人
		M116	内容摘要
		M117	实报金额
M118	收付款单内容描述	M119	收付款单类别
		M120	收付款单据编号
		M121	单据日期
		M122	收付款金额
		M123	收付款类型
		M124	供应商名称
		M125	客户名称

续表

编号	元数据	编号	元数据
M126	出入库单内容描述	M127	单据类型
		M128	出入库单号
		M129	日期
		M130	供应商名称
		M131	客户名称
		M132	制单人
		M133	物品名称
		M134	计量单位
		M135	数量
		M136	仓库名称
M137	采购销售发票内容描述	M138	发票类型
		M139	采购发票号
		M140	开票日期
		M141	供应商名称
		M142	制单人
		M143	计量单位
		M144	数量
		M145	单据合计
		M146	销售发票号
		M147	日期
		M148	客户名称
		M149	制单人
		M150	税控发票号码
		M151	税控发票代码
		M152	物品名称
		M153	计量单位
		M154	数量
		M155	单据合计

2. 捕获节点

参照《文书类电子文件元数据方案》（DA/T46）所定义的元数据项，元数据来源主要为业务系统（ERP、费控、财务共享中心等系统）和电子会计档案管理系统，结合本项目会计档案归档范围，形成如下电子会计档案元数据捕获节点方案。

（1）A8 费控、A8-ERP 系统生成及预归档时捕获

如单位名称、税号、组织、归档日期、保管期限、会计分类等、凭证日期、凭证编号、科目代码、科目名称、借贷方金额、外币借贷方金额、摘要、单据编号、单据名称、发票号码、发票代码、开票日期、购销方信息、发票明细、固定资产编号、固定资产名称、账表名称、制单人、审核人等；凭证与单据、发票；凭证与附件的关系类型、关系描述等。见图4-12：凭证元数据。

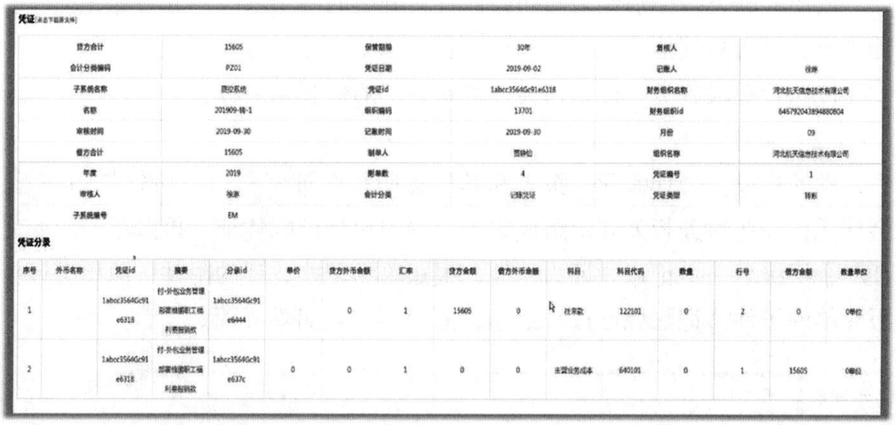

图 4-12　凭证元数据

（2）电子会计档案管理系统中生成或捕获

如全宗号、立档单位名称、文件序号、当前位置、脱机载体编号、脱机载体存址、档案号、档案卷内编号、目录、盒号、存放位置、行为人、状态、时间、描述等。

（五）整理方案

归档整理：将归档会计资料分类、组卷、排列、编号、编目等（归档纸质会计资料还包括修整、装订、编页、装盒、排架。归档电子文件还包括格式转换、元数据收集、归档数据包组织、存储等），使之有序化的过程。

1. 整理原则

（1）归档会计资料整理遵循会计资料的形成规律和会计事项成套的特

点，保持会计事项资料之间的有机联系。

（2）归档会计资料整理应区分不同价值，便于保管和利用。

（3）归档会计资料整理应充分利用计算机技术，最大限度地实现归档整理自动化。

（4）归档会计资料整理应保证纸质和电子会计资料整理协调统一。

2. 基本要求

（1）分类

会计档案采用"年度—形式—保管期限"分类法。

按年度分类：按归档会计资料的形成年度分类。

按形式分类：类别作为归档会计资料分类的一个层级，分会计凭证、会计账簿、报告和其他。

按保管期限分类：按归档会计资料划定的保管期限分类。

（2）组卷

卷的构成：会计账簿、报告和其他类归档会计资料以每份资料为一卷；会计凭证按照财务相关规定组成案卷。卷内包括记账凭证、报账单、原始凭证三个层级。一个记账凭证为一件，报账单为记账凭证的附件，原始凭证为报账单的子件。记账凭证按月组卷，见图4-13：组卷界面。

图 4-13　组卷界面

（3）编档号

档号结构：

账簿、报告、其他三种形式的档号由全宗号—门类代码·年度—形式代码—保管期限代码—卷号构成。

凭证类别的档号由全宗号—门类号·年度—形式代码—保管期限—卷号—件号—附件号—子件号构成。

依据档号构成规则合成档号。

归档纸质会计资料档号与对应的归档电子会计资料档号一致。

归档纸质会计资料要在首页右上端的空白位置标记档号等相关内容，可以用条形码等技术进行标识。

（4）编目

编制文件级目录

a）归档纸质会计资料依据档号顺序、以件为单位编制卷内目录。

b）卷内目录设置序号、责任者、题名、日期、页数、备注等项目。

c）卷内目录表格采用 A4 幅面，页面横向设置。

d）卷内目录除保存电子版本外，还应打印纸质目录并装订成册。装订成册的卷内目录要编制封面。

3. 归档纸质会计资料整理

归档纸质会计资料的整理，主要包括：会计资料修整、装订、编页、和排架等，同时需将纸质档案的装盒信息、上架信息在电子会计档案系统中进行记录，确保纸质档案和电子档案的关联。

4. 归档电子会计资料整理

（1）电子会计资料的整理，应遵循会计档案整理的基本要求，进行电子会计资料的归档分类、组件、排列、编号、编目。

（2）归档电子会计资料不符合归档格式要求的，应转换为国家标准规范认可的版式文件存储格式，如 PDF 或 OFD 格式，同时保留源文件格式作为备查和备存。

（3）元数据的收集按照《电子会计档案元数据方案》的要求执行，采用标准格式（XML 格式）存储记录元数据、描述对象的属性特征，满足整理归档的要求。

（4）预归档信息可采用多层文件夹方式形成完整信息包，逐层记录归档会计文件的组成结构。

（5）电子档案文件夹的构成。

电子会计档案文件夹以档号命名，存放电子会计档案元数据、正文和附件三部分内容；

元数据：以 XML 文件的方式存放每一份电子会计档案的元数据信息；

正文：电子会计资料的主体部分内容，可将多个归档电子会计资料合并成一个文件；

附件：对于部分无法转换或合并的文件，按照一定的顺序置于电子档案文件夹中。

5. 存储要求

（1）建立文件夹

依据档号等标识符构成要素，在计算机存储器中自动、逐级建立文件夹，分门别类、集中有序地存储电子会计档案，并在元数据中自动记录电子会计档案在线存储路径，确保电子会计档案存储文件夹与元数据的唯一关联。

（2）电子会计档案数据存储结构

电子会计资料归档完成后，电子会计档案数据存储结构以档案分类方法为依据，形成电子会计档案信息包。

（六）电子档案保管方案

1. 制定电子会计档案保管制度

（1）制定会计档案保管工作细则

会计档案保管细则相关条款对电子会计档案保管做出了明确的规定，具有实操性。

（2）制定电子会计档案长期保存管理办法

专门制定针对电子会计档案长期保存管理的办法，分总则、电子档案长期保存管理要求、电子档案长期保存数据管理、附则等共四章二十一条，对电子会计档案长期保存做出规定。

2. 建立电子会计档案长期保存系统

建立电子会计档案长期保存系统，系统功能具备保存策略、存储环境、备份载体、元数据管理及档案导入、文件检测、格式转换、文件迁移、档案提取等功能。见图 4-14：长期保存系统、图 4-15：长期保存系统数据管理。

图 4-14 长期保存系统

图 4-15 长期保存系统数据管理

3. 设置电子会计档案管理数据管理员

（1）会计部门电子会计档案数据管理员

负责本部门电子会计档案接收、保管、利用等工作，保证电子会计档案在本部门保管期间内的有效利用和数据安全。同时具有保管的电子会计档案数据管理权限，使用电子会计档案数据修改、导出、删除等权限需经有关领导批准后方可使用。

（2）档案部门电子会计档案数据管理员

负责会计部门移交的电子会计档案接收、保管、利用等工作，具有保管的电子会计档案数据管理权限，使用修改、导出、删除等权限需经有关领导批准后方可使用。同时，负责的电子会计档案的长期保存、到期销毁等电子会计档案数据操作，严格执行审批制度和操作规程，并做好留痕元数据的归档工作。

4. 设置电子会计档案管理系统三员

（1）三员基本职责

电子会计档案管理系统配备的系统管理员、安全保密管理员和安全审计员，分别负责系统运行、安全保密管理和安全审计工作。

（2）三员配备要求

系统管理员由信息化部门专业技术人员的人员担任，安全保密管理员会计部门的会计档案管理人员担任。安全审计员由保密部门或其他能够胜任安全审计员工作的人员担任。

系统管理员和安全审计员不得由同一人兼任，安全保密管理员和安全审计员也不得由同一人兼任。

系统管理员、安全保密管理员和安全审计员不能以其他用户身份登录系统；不能查看和修改任何会计档案数据库中的信息；不能增删改日志内容。严格执行电子会计档案数据管理制度，见图4-16：系统三员配置。

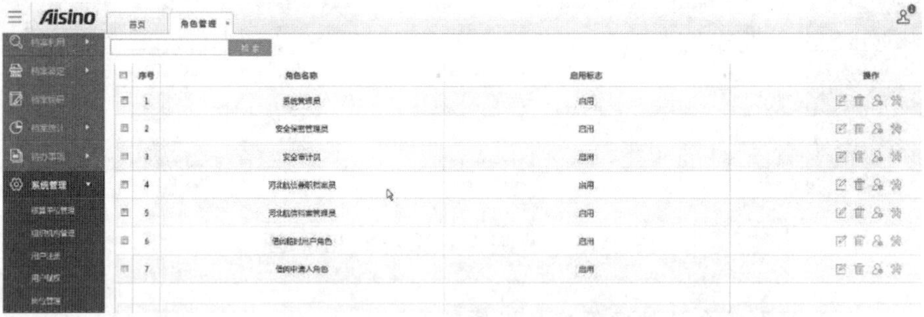

图 4-16　系统三员配置

5. 电子会计档案的安全保管要求

电子会计档案从信息安全和实体安全（主要是指电子档案的存储载体）两个方面对电子会计档案的安全保存提出要求，严格执行安全保密管理制度，落实安全防护措施：

（1）电子会计档案存储载体的保存，选择有利于安全保密管理的介质和场所，配备必要的防火、防潮、防尘、防鼠、防盗、防光、防虫、防水等安全防护措施。

（2）存放在防磁柜，且避免挤压。

（3）存放在远离强磁场、强热源位置，并与有害气体隔离。

（4）环境温度选定范围：在 15℃～27℃；相对湿度选定范围：40%～60%。

（5）电子会计档案信息安全遵循分保和等保的相关规定，从物理层、网络层、系统层、应用层、管理层五个层面进行综合防护。

6. 机房要求

电子会计档案管理系统部署机房符合《电子信息系统机房设计规范》的相关要求。

7. 电子会计档案长期保存

（1）四性检测

电子会计档案长期保存进行电子会计档案及其元数据的"四性"的全面检测。

（2）保存格式

电子会计档案选择适合长期保存的格式，文本类采用 OFD 格式或 PDF。

（3）格式验证

对无法转换的特殊格式进行格式识别和注册，保留特殊格式的软硬件运行环境，并进行格式验证。

8. 抽样检验

在线存储的电子会计档案，系统应自动执行定期的电子文件校验操作，以确保电子会计档案完整、无篡改。

会计档案管理人员也需在系统中对电子会计档案进行定期或不定期人工抽样检查，可通过系统查询筛选出质检对象，对电子档案进行检验。并在系统中登记质检结果，同时生成质检报告。对于质检报告的内容，系统支持提交给相关部门领导审批，对于质检不合格的部分需要提交给相关责任部门执行修正。

脱机存储电子会计档案的磁性载体应当每隔 2 年进行一次抽样检验，抽样率不低于 10%；每隔 4 年转存一次，原载体同时保留，时间不少于 4 年。

9. 异地异质备份

（1）备份策略

制定电子会计档案备份策略并执行，实现异地、异质备份。软硬件环境或存储载体发生重大变化时，对电子会计档案进行迁移，并做好备份工作。

对电子会计档案进行转换、迁移等操作时，执行严密的操作计划，经审批通过后实施并留痕记录，包括操作人员、时间、内容、过程、结果、审批人等信息，列入电子会计档案元数据管理内容。

（2）恢复演练

对于备份的电子会计档案每年至少安排一次恢复演练，对备份的电子会计档案进行数据恢复，确保备份电子会计档案可用。

（七）利用方案

建立会计档案利用规章制度。针对电子会计档案的实际，合理划分会计档案提供利用群体，正确处理利用和保密的关系。

1. 建立会计档案利用规章制度

（1）公司内部利用电子会计档案时，经会计部门负责人批准，并履行登记手续。

（2）外部单位利用电子会计档案时，须持正式信函或相关公文以及证件，说明利用目的和范围，经会计部门负责人、公司负责人批准后方可办理，与利用目的和范围无关的档案不得提供。信函、公文以及证件复制件妥善保管备查。

（3）对于网络查询和利用电子会计档案的，通过防私自拍照、下载等安全保密防范措施监管。

（4）使用会计档案过程中，妥善保管和利用会计档案，确保其安全、完整。

（5）公司保管会计档案的各级机构设立会计档案查询利用情况登记簿，记载利用的时间、目的、内容及使用人、审批人等情况。

（6）公司档案部门建立会计档案利用统计数据库，从多个维度分析利用统计数据，总结会计档案利用的社会效益和经济效益。

2. 在线利用电子档案的管理

利用电子会计档案坚持统一管理、安全保密、方便快捷、服务高效的原则，在线提供电子会计档案利用服务。

（1）档案管理部门履行以下利用职责

● 设立电子会计档案利用接待工作岗位，并明确工作人员；

● 配备专用电子会计档案利用设备，并定期进行维护；

● 在固定场所公开电子会计档案利用须知和工作流程；

- 审核、登记档案利用者相关信息并按要求为其提供相应服务；
- 加强电子会计档案数据库建设，及时储备电子会计档案资源；
- 保证保管、上传和提供的电子会计档案真实、完整、准确。

（2）电子会计档案信息利用范围管控

- 公司内部利用范围控制：会计部门和审计监督等部门及相关人员；
- 外单位利用范围控制：经公司领导批准的外单位的利用。

（3）档案管理部门提供特定、规范的电子会计档案利用场所。

- 为利用者提供电子会计档案利用申请表，并提醒利用者仔细阅读"个人承诺"、签名确认等事项；
- 审核、登记档案利用者身份，对符合利用规定的，及时提供电子会计档案检索、查阅、下载、出具电子会计档案证明、打印等各项服务；对不符合利用规定的，应当告知并说明理由。

（4）档案管理部门提供电子会计档案在线利用服务。

公司各级机构所在地监管部门需异地查阅公司电子会计档案时，由公司当地机构提出申请，经机构领导或会计部门负责人同意办理查阅手续后，监管部门可在线查阅电子会计档案，如特殊需要经批准可提供电子会计档案证明复制件或打印件。见图4-17：电子会计档案在线利用。

图 4-17　电子会计档案在线利用

（5）档案管理部门开展电子会计档案利用数据统计工作，进行电子会计档案利用效益等分析。

（6）以下情况不得提供电子会计档案利用服务

- 利用者未提供有效的身份证件及单位介绍信的；
- 利用者不认可"个人承诺"事项，且拒不签名的；

- 利用者申请的电子会计档案超出其可利用范围的；
- 相关法律、法规明确规定不予提供档案利用服务的。

（7）电子会计档案利用保密规定

档案管理部门及其工作人员，应当按照管理权限、操作流程开展电子会计档案利用服务，不得泄露电子会计档案管理系统的密钥、密码。

（8）电子会计档案提供利用应当严格遵守国家相关保密规定。

利用者应当对所获取的、非公开的电子会计档案的保密、安全负责，不得随意传播、复制，转给他人。

非公开的电子会计档案及其复制件需要携带、寄运或者传输至境外的，按照国家有关规定执行。

（9）违反电子会计档案管理规定的责任

档案管理部门工作人员违反电子会计档案管理规定，有篡改、伪造电子会计档案等情形或者擅自提供电子会计档案的，由相关部门依据法律规定追究相关责任单位及人员的责任。

（八）四性检测方案

由于本次试点采用私有云部署、档案数据在传输过程中使用 CA 签名、签章方式加密传输，从硬、软件环境保障了数据传输过程中的安全；同时电子会计档案的管理采用"三员分立"等管理制度，人员权责划分明确，档案移交时增加系统及人工审核机制，加之电子档案的专有"四性检测"从系统保障、到制度保障、到人的管理做到全面的管控与监督。

1. 四性检测技术手段

电子文件四性检测工具主要用于保障电子文件归档以及电子档案移交、接收和长期保存过程中电子档案的真实性、完整性、可用性和安全性。系统可分别在归档环节、移交接收环节、长期保存环节对电子档案进行真实性、完整性、可用性和安全性这四个方面的检测。

（1）规则设置

系统可配置检测元数据项，系统支持根据实际归档元数据增添检测项；支持对文件类型、文件头进行校验设置。见图 4-18：四性检测规则设置、图 4-19：档案借阅。

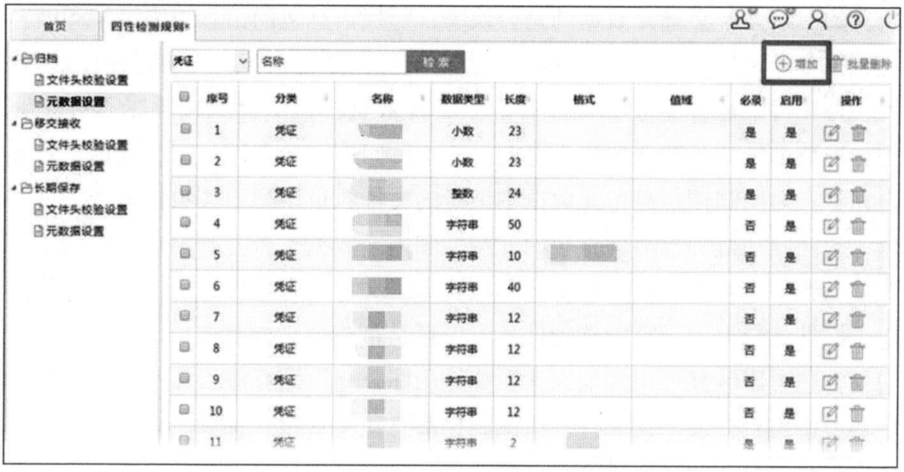

图 4-18　四性检测规则设置

图 4-19　档案借阅

（2）检测环节

系统分别在归档环节、移交接收环节、长期保存环节设置了四性检测。其中，归档环节由于涉及实体档案，因此环节的检测为手工检测。移交接收环节和长期保存环节为系统自动检测。

● 归档环节

收集归档环节的四性检测主要基于《DA/T 70—2008 文书类电子档案检测一般要求》中相关规定，主要通过检测归档的电子文件中的固化信息是否有效；元数据是否符合元数据方案要求，包括数据长度、类型、格式、值域以及元数据项赋值是否合理；电子属性信息与电子文件元数据中记录的信息的一致性；元数据中记录的文件存储位置与电子文件内容数据的实际存储位置的一致性；必选元数据的是否缺失；归档信息包的信息组织结构和内容是否符合已定的规则；检测归档的信息包与业务部门发送的信息包的一致性；检测每个经济业务事项必有电子文件数量；检测元数据项是否齐全完整，连续编号的元数据项是否有漏号；检测归档电子文件的内容数据是否齐全完整；对照归档信息包元数据中记录的文件数量检测内容数据是否齐全完整；对照归档范围检测信息包的元数据和内容数据是否符合要求，检测电子文件元数据是否可以被正常访问、检测电子文件内容数据打开、浏览；检测电子属性元数据中记录的软硬件环境信息是否符合归档要求；检测归档信息包是否包含影响其可用性的因素，如使用非公开压缩算法、加密等；检测系统环境中是否安装杀毒软件；检测归档信息包是否包含计算机病毒；检测载体内是否含有非归档文件；通过外观、读取情况等判定载体是否安全、可靠；针对光盘，检测其是否符合 DA/T 38—2008 的有关要求，检测归档信息包在归档和保存过程中是否安全、可控。

• 移交与接收环节

移交与接收环节是对移交信息包进行检测，四性检测时要参考《电子档案移交与接收办法》中的有关规定，具体的检测内容和项目与归档环节基本一致。见图4-20：四性检测报告。

四性检测报告

编号	S0010012019103100011	标题	201811-银行存款余额调节表	全宗号	001001
载体编号	723935214360325735	载体数字摘要	ae34230fea768dde776ef542277f6f77	分类	其他
提交部门	财务部	提交时间	2019-10-31	提交人	ying
接收部门	航信	接收时间	2019-10-31	接收人	01174
检测类型	归档	系统检测时间	2019-10-31	人工检测时间	2019-10-31
检测人	01174	检测结果	通过		

系统检测内容					
序号	检测项目	载体	封装包	元数据	电子文件	说明
1	真实性	通过	通过	通过	通过	
2	完整性	通过	通过	通过	通过	
3	可用性	通过	通过	通过	通过	
4	安全性	通过	通过	通过	通过	

人工检测内容					
序号	检测项目	载体	封装包	元数据	电子文件	说明
1	真实性	通过	通过	通过	通过	
2	完整性	通过	通过	通过	通过	
3	可用性	通过	通过	通过	通过	
4	安全性	通过	通过	通过	通过	

图 4-20　四性检测报告

• 长期保存环节

长期保存环节是对保存信息包进行检测，系统支持制定检测策略进行定期的四性检测，检测策略的设置包括：电子档案长期保存过程中电子档案的封装格式、元数据与内容数据的关联方式、存储路径、存储方式、备份策略、各项检测指标、各类电子档案的检测周期、各类电子档案的长期保存格式、访问授权策略和操作流程等。

（3）检测结果

会计档案在通过四性检测后，校验的结果系统保存成 XML 文件，可供下次对比，并可对校验结果生成校验报告。

2. 四性检测管理措施

在配合四性检测技术保障方案的同时，航天信息认真贯彻国家《电子签名法》《企业会计信息化工作规范》《电子文件归档和电子档案管理规范》《会计档案管理办法》《文书类电子档案检测一般要求》等法律、标准规定并细化到试点的相关环节，切实推进电子会计档案真实性保障的实践。

电子文件和电子档案真实性遵循"谁形成、谁负责""谁采集、谁负责""谁校核、谁负责""谁移交、谁负责""谁接收、谁负责""谁保管、谁负责"和"谁提供、谁负责"原则，制定责任制度，明确由电子文件形成部门、电子会计资料归档部门、电子档案部门及相关人员承担电子文件和电子档案真实性、长期性、安全性和可靠性的责任。

为此，航天信息制定了一系列明确企业电子会计资料与电子会计档案真实性保障相关部门和各个岗位的职责规范，以责任制度的形式来反映并通过财务和电子会计资料归档和电子档案管理系统一定量的固化，满足责任可追溯的要求。如：《企业电子会计资料归档和电子会计档案管理办法》《电子会计档案长期保存管理办法》《电子会计档案鉴定销毁制度》《电子会计档案管理系统安全人员管理制度》《电子会计档案管理系统三员管理制度》等，强化责任的落实和制度的固化执行。

（九）系统建设

1. 系统部署方案

（1）前端系统服务

ERP 系统相关业务、核算模块生成的会计文件管理和存储服务。见图 4-21：安全、高效的系统部署方案。

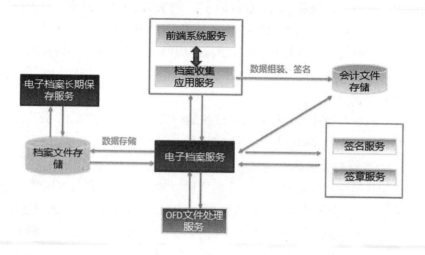

图 4-21 安全、高效的系统部署方案

（2）档案收集服务

将前端系统服务生成的会计文件，按照会计档案之间的关联关系（如会计凭证与关联原始单据、发票等）进行数据组装和签名，之后与电子档案服务进行交互。

（3）电子会计档案服务

接收档案收集服务传来的数据，并自动进行四性检测，合法性检查。

（4）OFD 文件处理服务

电子档案服务接收电子会计档案数据后，调用 OFD 服务，进行文件格式转换，生成 OFD 格式文件。

（5）签名服务、签章服务

生成 OFD 格式文件时，调用航信西部 CA 签名、签章服务，对 OFD 文件进行盖章操作。

（6）电子档案长期保存服务

电子档案服务完成收集、组卷、装盒操作后，对于符合长期保存条件的已归档档案，电子档案服务会调用长期保存服务，定时将已归档会计档案上传到长期保存系统中，进行长期存储和数据备份。

2. 系统集成方案

针对企业在会计档案管理过程中遇到的难题，航天信息电子会计档案解决方案在依照国家档案管理标准的基础上，实现会计档案的无纸化、标准化、规范化和专业化管理，彻底解决了企业在会计档案管理中遇到的困难，实现了会计资料收集、归档整理、提交和会计档案的接收、整理、鉴定、保管、统计、检索、利用、编研的全生命周期管理。见图4-22：系统集成应用方案。

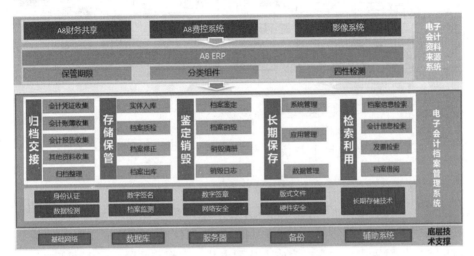

图 4-22　系统集成应用方案

依托于航天信息的信息系统集成一级资质优势，通过试点，形成了航天信息电子会计档案系统一体化集成解决方案，以信息安全技术为基础，通过接口直连方式，电子会计档案系统与 A8-ERP 系统、A8 费控系统、影像系统实现高度应用集成。

业务前端延伸：以航天信息财务共享中心、自主研发的 A8-ERP 系统，A8 费控系统、影像系统等，作为档案数据来源系统。

自主可控、安全可靠：集成航天信息 CA 数字签名、签章技术，身份认证，以及网络、硬件安全技术，保障会计档案安全性。

3. 系统流程方案

（1）接口直连：实现会计档案数据的生成、归档、利用等。

（2）防篡改：采取 MD5 码技术，文件或档案一经篡改，系统自动检测并报告。

（3）四性检测：文件收集、档案移交、长期保存等环节，系统自动进行四性检测，确保真实性、完整性、可用性、安全性。见图4-23：系统核心流程方案

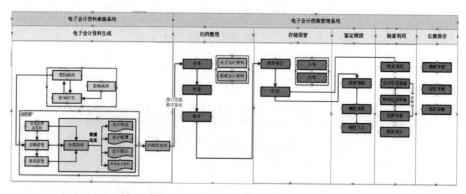

图 4-23 系统核心流程方案

（十）其他关键技术解决方案

1. 电子会计档案系统与 ERP 系统数据交互接口

电子会计档案与 ERP 集成解决方案中数据交互的准确性和效率是影响使用效果的关键技术因素。数据接口采取队列技术，ERP 应用服务上传数据时，按照队列先后顺序，完成入队和出队，实现与前置机应用服务的数据交互后，进行数据组装和签名，然后与电子会计档案服务进行队列传输，并实时返回队列消息，并更新接口双方的数据状态。

2. 电子会计档案集成 OFD 在线查阅技术

采用国家版式文件标准格式 OFD 作为会计电子档案存储载体，面向国内电子文件的处理要求，与国际同类技术标准相兼容。支持 OFD 在线阅读、翻页、缩放、数字水印等功能。集成 OFD 版式文件转换工具，转换成符合国家电子文件长期保存标准的存储数据。实现多种样式的电子文件，如：DOC、XLS、PPT、PDF、WPS、DOT、DPS 、HTML、HTM、JSP、TXT、CEB、各种图片（JPG、PNG、TIF、BMP、GIF）等格式。

3. 电子会计档案系统可信传递技术

支持数据传递、调用过程中采用航信西部 CA 的签名签章、加密技术，全面保障档案数据的真实性、完整性、可用性和安全性。电子会计档案元数据和影像文件在传输、归档、调阅档案文件时，为保证电子档案文件的真实性、有效性和安全性，系统提供发票级数字签名、签章等技术手段保障电子文件防篡改、防盗用。见图 4-24：在线签章 OFD 展示。

会计凭证卷内目录

档号	[illegible]	全宗号	001008	核算单位:	河北航天信息技术有限公司
类别	费控系统	会计期间	201903	保管期限	30年

序号	卷内顺序号	会计期间	凭证字号	借方金额	贷方金额	记账人	制单人	审核人
1	1	201903	[illegible]	[illegible]	[illegible]	[illegible]	[illegible]	[illegible]
2	2	201903	[illegible]	[illegible]	[illegible]	[illegible]	[illegible]	[illegible]

图 4-24 在线签章 OFD 展示

4. 电子会计档案四性检测技术

严格对标中华人民共和国档案行业标准《文书类电子档案检测一般要求 DA /T70》，支持在电子会计档案归档环节、移交与接收环节、长期保存环节对档案数据进行“四性检测”，确保会计档案数据的准确性、完整性、可用性、安全性。

5. 电子会计档案系统防篡改技术

电子会计档案系统针对归档会计文件、已归档会计档案以及档案移交、接收时，采取 MD5 码校验防篡改技术，相关文件一旦经过修改，会生成新的 MD5 码，在进行相关归档、移交、长期保存时，会自动进行校验，并给出检测报告提示文件被修改等信息，确保数据的准确、安全。

6. 电子发票 PDF 版式文件的归档及展示

将电子发票 PDF 版式文件与凭证、单据关联归档，电子会计档案系统针对电子发票 PDF 版式文件进行长期保存，并实现电子发票档案的关联检索和深度利用，通过凭证，关联查询电子发票 PDF 文件。

7. 电子发票、电子会计档案手工归档管理

电子发票手工归档管理以国家已出台有关法律法规和电子文件归档与电子档案管理的规章制度为依据，根据没有电子档案管理系统的中小企业归档电子发票、电子会计资料的需求而制定，为中小企业归档电子发票、电子会计资料提供管理思路和操作指南。详细内容可参见第五章爱信诺征信有限公司案例。

六、取得的效益

（一）极大提高了电子化程度

以航天信息内部试点单位“河北航信”为例，会计档案电子化程度如下：

会计档案分类	电子化率	节约数据
记账凭证	100%	每年减少纸质凭证约 2.5 万件
凭证附件	60%	每年减少纸质凭证约 7.68 万件
账簿、报表	100%	减少纸质账簿 4200 件/年，报表 260 件/年，共 0.45 万件

（二）试点效益分析

通过电子会计档案试点，达到以下效果，见图 4-25：经济效益数据分析。

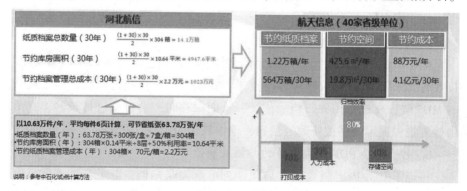

图 4-25　经济效益数据分析

1. 降低会计档案纸质耗材打印成本 70%；

2. 通过提高会计档案电子化管理的比例，节省存储空间 40%；

3. 实现流程优化，节省归档时间，提高归档效率 80%；

4. 按照企业 1—3 名会计人员配置，可降低人工成本 30%；

5. 提高会计档案的安全性 100%；

6. 通过身份认证、签名签章技术、安全存储及备份机制，制度保障等，保障了会计档案的安全性。

（三）试点创新成果

1. 流程再造，纳入标准规范制度管理体系

梳理电子会计资料形成、归档的流程，把电子会计资料归档及保管期限确定、元数据方案实施及预归档信息包结构、归档数据推送及数字签名节点、四性检测纳入会计业务流程和会计人员岗位责任，并用标准规范加以确定，做到了归档业务流程前置，归档责任准确定位。

2. 前端延伸，促进技术业务数据深度融合

电子会计资料归档作为会计业务的最后环节，把归档技术标准和业务规范嵌入 ERP 和费控系统，使电子会计资料归档业务技术数据融为一体。同时，实现 ERP 系统、费控系统与档案管理系统的无缝对接，形成了三位一体的电子会计资料和电子会计档案的全程管理系统。

3. 细化层级，实现电子发票的文件级检索

细化了电子会计资料和电子会计档案管理层级，实现了记账凭证、单据、发票不同层级、不同阶段的直接检索。同时，实现了 ERP 系统与电子会计档案管理系统的信息互查，深化了电子会计档案的检索体系。

4. 首家在电子会计档案领域应用 OFD 技术

首家在电子会计档案领域应用 OFD 技术，面向国内电子文件的处理要求，与国际同类技术标准相兼容。支持 OFD 在线阅读，翻页、缩放、数字水印等功能。集成 OFD 版式文件转换工具，支持各种常规格式文件转换，归档会计资料收集、电子会计档案长期保存时，均采用 OFD 板式文件格式存储。

5. 采用自主研发的签章技术，实现发票级安全认证

会计电子档案元数据和文件在传输、归档、调阅时，为保证电子档案文件的真实性、有效性和安全性，采用航信自主研发 CA 数字签名、签章技术，版式文件增加数字水印，有效保障电子文件防篡改、防盗用，实现了发票级安全认证。

6. 创造了电子发票手工归档管理的实践案例

编制了《电子发票手工归档管理操作指南》，创造了电子发票手工归档管理的实践案例，为没有会计业务系统和档案管理系统的中小企业，开展电子发票手工归档管理提供一种便捷的解决方法和可借鉴的实践经验。

7. 创造了电子会计资料手工归档管理的实践案例

编制了《企业内部形成的电子会计资料手工归档管理操作指南》，创造了企业内部形成的电子会计资料手工归档管理的实践案例，为有会计业务系统但没有档案管理系统的中小企业，开展电子会计资料手工归档管理提供一种便捷的解决方法和可借鉴的实践经验。

七、后续打算

（一）方案总结

1. 系统建设方案

集成解决方案：航天信息作为大型集团企业，信息化水平相对较高，信息环境复杂，拥有集团共享财务中心，ERP 系统、费控系统、影像系统等，本次试点的电子会计档案系统建设，涉及多系统接口集成，如 ERP 系统、A8 费控系统、共享中心、CA 签名签章、OFD 技术、长期存储技术以及私有云部署等。本次试点成功，有助于形成航天信息大企业电子会计档案集成应用方案和经验，培育典型案例，为同类集团企业应用提供经验积累。

2. 系统实施方案

航天信息拥有自主开发的 ERP 系统，专业的研发团队和实施团队，通过本次试点经验，培育一批专业的电子会计档案实施人才团队，形成标准、规范的实施方案和方法论，为后续大型集团企业电子会计档案系统实施项目积累经验。

（二）方案推广

1. 扩大试点成果

通过在航天信息内部"河北航信"试点，形成可复制和推广的系统建设方案和实施方案。

下一步，在试点成功经验的基础上，在航天信息体系内近 40 家省级单位，扩大试点范围和试点成果。

2. 创新管理机制

随着航天信息内部试点范围的扩大，从集团层面，会计档案电子化管理的体制、机制需要不断探索和创新，如何加强电子会计档案的保管、利用、长期存储、档案安全等，是后续工作中需要从顶层重点关注的内容。

（三）方案创新

随着新兴技术的发展，航天信息将充分发挥在税务、信息安全、大数据、区块链等方面的优势，加强新技术与电子会计档案、电子发票业务的结合，后续期待与国家有关部门、行业内相关单位共同合作、展开会计档案、电子发票全面电子化发展的新兴技术方案研究，为行业发展贡献一份力量。

第五章　爱信诺征信有限公司电子会计 档案管理试点案例

● 案例导读

本案例是基于不具备电子档案管理系统的情况下，开展电子发票归档的做法和经验。即利用办公软件作为辅助工具，完成电子发票的手工查验和所开具及接收的电子发票的电子化入账、归档、存储，使之不再打印电子发票归档，实现电子发票档案的单套制管理，满足电子发票档案的利用需求。为中小企业接收、管理电子发票提出了具有普遍性和指导性的行动方案。为后续出台电子发票手工归档的相关政策提供思路。案例包括管理任务、管理设备设施、归档管理责任人、电子发票收集、电子发票查验、建立电子发票档案数据库、归档电子发票的审核、电子发票档案保管、电子发票档案利用、电子发票档案销毁、电子发票档案安全管理 12 个部分。

爱信诺征信公司是航天信息股份有限公司全资控股公司，是一家专业从事大数据企业征信业务的互联网公司。十几年来，公司从事电子政务、电子商务方面的业务资源、数据资源、渠道服务资源管理，综合运用大数据统计分析、关联分析和趋势分析的方法，依托爱信诺企业征信公共服务平台，组建企业信用承诺联盟，向全社会提供公共领域、商务领域和信贷领域的信用服务，以及开展垂直电商和普惠金融等信用关联业务。

一、试点背景

（一）法律法规的支持

1. 电子发票具有法律效力

2015 年 11 月，国家税务总局发布《关于推行通过增值税电子发票系统开具的增值税电子普通发票有关问题的公告》，宣布将增值税发票系统升级版推向全国，并明确增值税电子发票的法律效力、基本用途、基本使用规定等与税务机关监制的增值税纸质普通发票相同。2018 年 8 月 31 日第十三届全国人民代表大会常务委员会第五次会议通过的《中华人民共和国电子商务法》第十四条明确：电子商务经营者销售商品或者提供服务应当依法出具纸质发票或者电子发票等购货凭证或者服务单据，表明了电子发票与纸质发票具有同等法律效力。

2. 电子会计资料可仅以电子形式归档保存

2015 年 12 月，财政部、国家档案局联合发布《会计档案管理办法》提出满足一定条件的，"单位内部形成的属于归档范围的电子会计资料可仅以电子形式保存，形成电子会计档案。"

(二) 国家层面的需要

1. 为电子发票手工归档管理提供可行的方案

在我国平均每天新注册公司上万家，随着使用电子发票的领域逐步扩大，新注册的公司以及注册多年的中小企业接收的电子发票越来越多。此类中小企业处于获取电子发票再打印纸质发票与发票查验明细一并报销的困境，电子发票不但没有减轻负担，而且带来了电子发票打印出纸质发票并行归档的双重压力。通过试点，探索电子发票手工归档管理的路径，为诸多中小企业手工归档管理提供可行的方案，克服电子发票打印出纸质发票进行归档的弊端，为扩大电子发票使用范围，提供电子发票手工归档管理的实践案例。

2. 为电子会计资料手工归档管理提供可行的方案

许多有会计业务系统但没有档案管理系统的中小企业，企业内部形成的电子会计资料（以下简称电子会计资料）仅以电子形式归档保存的需求强烈，通过试点，探索电子会计资料手工归档管理的路径，为有需求的中小企业电子会计资料手工归档管理提供可行的方案，克服电子会计资料打印纸质会计资料并行归档的弊端，为扩大会计档案电子化的范围提供实践案例。

为此，开展电子会计资料及电子发票手工归档管理试点具有重要的战略意义，特别是对扩大电子发票的使用领域具有重大的现实价值。

(三) 企业战略发展需要

企业档案电子化管理是企业档案现代化管理的目标。现阶段，在会计业务纸质资料与电子资料共存情况下，会计资料归档适时跟进会计业务电子化的步伐，是企业现阶段发展的需要，也是企业战略发展的需要。

（四）企业业务发展需要

企业电子会计资料电子化归档管理，可以简化会计业务流程，解放生产力，提高工作效率，降低保管成本，增加管理效益，符合会计档案电子化的发展方向。

（五）档案工作本身的发展需要

在电子发票快速推进的前提下，不管企业规模大小，成立时间长短，都要面对接收电子发票的现实。电子会计资料及电子发票仅以电子形式归档管理是企业会计档案管理的变革，也是企业管理进步的标志。

（六）解决中小企业档案工作存在问题

中小企业在没有档案管理系统的情况下，电子发票归档已成为档案工作上的难题。开展电子会计资料及电子发票手工归档管理试点，没有现成的经验可借鉴，是一项全新的工作，需要打破常规，大胆探索。针对电子发票可随时验证的特点，充分利用已有的软硬件设施，找到一种方便快捷的路径，做好中小企业电子发票手工归档和单套制管理工作，推进电子发票的应用，实现电子发票档案的利用价值。

二、试点目标

（一）总体目标

满足特定的用户需求，开展会计电子资料及电子发票手工归档管理全过程试点，通过有效的管理措施和辅助的技术手段，最大限度地保障电子会计档案的真实性、完整性、安全性和可用性，形成科学、完整、实用的管理方案和实践案例。在企业自身收益的同时，为同类企业提供可借鉴的创新成果。

（二）具体目标

1. 电子发票手工归档管理试点

在没有会计业务系统和档案管理系统的中小企业开展电子发票手工归档管理试点。

（1）编制电子发票手工归档管理操作指南；

（2）提供电子发票手工归档管理实践案例。

2. 电子会计资料手工归档管理试点

在只有会计业务系统但没有档案管理系统的中小企业开展电子会计资料手工归档管理试点。

（1）编制电子会计资料手工归档管理操作指南；

（2）提供电子会计资料手工归档管理实践案例。

（三）完成时间目标

2019 年底前完成两项试点任务，通过国家档案局验收。

（四）管理效益目标

改革会计资料归档方法，开展部分电子会计档案单套制管理实践，积累电子会计资料归档和电子会计档案管理经验，提高会计档案现代化管理水平。

（五）经济效益目标

1. 降低管理成本

节约打印耗材成本，降低存储成本，减少库房面积。

2. 提高工作效率

通过改革会计资料归档方法，不再纸质与电子重复归档，提高工作效率。

（六）社会效益目标

通过试点，形成《电子发票手工归档管理操作指南》和《电子会计资料手工归档管理操作指南》及典型案例，为同类企业提供完整配套的经验，取得社会整体效益。

三、关键解决方案

（一）电子发票手工归档方案

1. 归档管理责任人

电子发票归档工作由立档单位的财务经办人员负责，立档单位的主管会计或会计部门负责人为电子发票归档审核责任人，立档单位档案管理人员为电子发票档案的保管责任人，且出纳人员不得兼管会计档案。

2. 电子发票收集

利用 PC 电脑或笔记本电脑建立电子发票归档数据库，选择不同来源、不同企业开具的电子发票作为实践数据，开展归档电子发票的收集工作。

（1）企业收到的电子发票

①通过电子邮箱获取的电子发票

根据具体情况，定期在收票人邮箱里下载商家发给的电子发票，并用电子发票的"开票时间—发票代码—发票号码"命名 PDF 文件名，存入电子发票归档数据库。

②通过网站下载电子发票

根据具体情况，定期在网站下载本企业作为购买方的电子发票，并用电子发票的"开票时间—发票代码—发票号码"命名 PDF 文件名，存入电子发票归档数据库。

③通过手机 APP 下载电子发票

通过手机 APP 下载本企业作为购买方的电子发票，并用电子发票的"开票时间—发票代码—发票号码"命名 PDF 文件名，存入电子发票归档数据库。

(2) 开具的电子发票

企业开具的电子发票，用电子发票的"开票时间–发票代码–发票号码"命名 PDF 文件名，存入电子发票归档数据库。

3. 电子发票查验

在互联网上登录国家税务总局全国增值税发票查验平台。见图 5-1 增值税查验平台。

图 5-1 增值税查验平台

如上图所示，输入"发票代码""发票号码""开票日期""校验码"
"验证码"，点击查验，界面显示《发票查验明细》，见图 5-2 电子发票查验
结果。

图 5-2 电子发票查验结果

归档责任人对电子发票和发票查验明细的一致性确认后，截屏获取此图
片，并用"开票时间-发票代码-发票号码-查验结果"命名，存入电子发票

归档数据库。

4. 建立电子发票档案数据库

在 PC 电脑或笔记本电脑上，利用电子表格建立电子发票档案数据库。

（1）确定电子发票档案目录数据库结构与著录规则

序号	字段名称	著录规则
1	立档单位名称	构成电子档案全宗的企业名称。一次录入，连续下拉复制使用。
2	纳税人识别号	立档单位（企业）税务登记的唯一代码（社会统一信用代码），一次录入，连续下拉复制使用。
3	门类代号	电子发票档案门类代码由"会计"2 位汉语拼音首字母"KJ"标识，一次录入，连续下拉复制使用。
4	年度	年度是电子发票的形成年度，以 4 位阿拉伯数字标注公元纪年，一次录入，连续下拉复制使用。
5	保管期限	电子发票档案保管期限为 30 年，其保管期限代码为 D30，一次录入，连续下拉复制使用。
6	形式	电子发票形式为会计凭证（PZ），一次录入，连续下拉复制使用。
7	档号	著录与电子发票在同一案卷的会计凭证纸质案卷的档号，由门类号·年度—保管期限—形式（凭证）—卷号，人工著录。
8	电子发票名称	电子发票的名称（如北京增值税电子普通发票），可在电子发票上复制、粘贴到电子发票档案数据库相应行列或参照录入。
9	货物（或应税劳务、服务）名称	电子发票涉及的货物名称，可在电子发票上复制、粘贴到电子发票档案数据库相应行列或参照录入，如有多个，用逗号隔开。
10	购买方	货物购买企业名称，可在电子发票上复制、粘贴到电子发票档案数据库相应行列或参照录入。
11	销售方	货物销售方企业名称，可在电子发票上复制、粘贴到电子发票档案数据库相应行列或参照录入。

序号	字段名称	著录规则
12	发票代码	电子发票上 12 位阿拉伯数字,可在电子发票上复制、粘贴到电子发票档案数据库相应行列或参照录入。
13	发票号码	电子发票上的 8 位阿拉伯数字,可在电子发票上复制、粘贴到电子发票档案数据库相应行列或参照录入。
14	价税合计	电子发票上的价税合计,可在电子发票上复制、粘贴到电子发票档案数据库相应行列。
15	开具日期	开具电子发票的时间,可在电子发票上复制、粘贴到电子发票档案数据库相应行列。
16	记账凭证号	由记账人编制的号码,人工著录。
17	业务单据号	业务单据号,人工著录,可空。
18	电子发票	用于目录与电子发票链接。
19	发票查验明细	用于目录与发票查验明细链接。
20	光盘存放位置	光盘的存放位置,人工著录。光盘确定档案保管库房或档案柜位置后,在查找利用的电子表格目录数据库中补充填写,便于调阅光盘。
21	附注	需要解释和补充说明的事项,人工著录,可空。

（2）归档整理时间

在电子发票入账后,归档整理可以采取每月（季度）一次,第二年第一季度完成全年归档任务的方法进行。

（3）著录目录数据

①按照电子发票档案目录数据库结构,在电子表格设置电子发票目录字段。

②按照著录规则的要求,人工将电子发票中要著录的目录数据录入（或在电子发票上复制、粘贴）到电子表格对应字段中。

③按照电子发票在会计记账时给定的业务单据号和记账凭证号,人工将记账凭证号和业务单据号分别著录到电子表格对应字段中。

（4）人工著录档号

著录与电子发票在同一会计凭证的纸质会计档案案卷的档号，由门类号·年度—保管期限—形式（凭证）—卷号构成。

（5）链接电子发票及发票查验明细

在电子表格的电子发票目录数据库中，分别点击要链接电子发票及发票查验明细条目，依次点击 Excel 表格的插入 插入 ——对象 对象 ——由文件创建 由文件创建 ——显示为图标 ☑显示为图标(A) ——浏览 浏览(B)... ——电子发票归档数据库 ￫ 此电脑 ￫ 桌面 ￫ 电子发票归档数据库 ——归档电子发票（电子发票或发票查验明细） 20180720-011001800311-03303361 或 验证1 ——浏览完成 C:\Users\lenovo\Desktop\电子发票归档数据库\2(浏览(B)... ——确定 确定 ，建立电子发票目录数据与电子发票和发票查验明细一一对应关系，使之电子发票及发票查验明细与其目录成为有关联关系的整体。

5. 归档电子发票的审核

归档电子发票的审核由立档单位会计或相关领导负责，审核工作包括两个方面：

（1）归档电子发票的内容审核

归档电子发票的内容审核主要包括对电子发票档案数据库中一个年度的电子发票目录与链接的电子发票、发票查验明细的一致性审核。

（2）归档电子发票齐全完整的审核

归档电子发票齐全完整的审核主要是对一个年度全部电子发票是否全部归档的审核。

（3）形成电子会计档案登记表

电子会计档案登记表（见附件1）设置的立档单位名称、电子会计档案年度、电子会计档案数量、数据量、载体类型、载体规格由归档责任人填写，审核意见由归档审核责任人填写。并由归档责任人和归档审核责任人分别签字，加盖企业公章，与会计档案年度备考表一并保管。

6. 电子发票档案保管

（1）电子发票数据库刻盘备查

除在 PC 电脑或笔记本电脑保存电子发票档案数据库外，将一个年度的全部电子发票档案数据库，刻录到电子发票档案级光盘（一次性写入光盘两套），与纸质会计档案一并保管备查。

（2）填写光盘说明

按电子档案管理的相关要求填写光盘封面。

①光盘装具封面格式

每套封面分正面和背面。封面采用 0.13mm 厚的彩版纸制作。正面尺寸规格采用 121mm×121mm。背面尺寸格式采用 118mm×151mm，要留有 7mm 的折叠纸舌。

②装具封面标注项目

正面主要填写档案信息，包括立档单位名称、光盘内容、类别、光盘号、保管期限、存入日期。

立档单位名称：企业名称全称。

光盘内容：概括本光盘存储的电子发票的情况。

档案类别：会计档案凭证类的发票。

光盘号：光盘管理目录（见附件 2）内光盘的顺序编号，在同一个目录内不允许出现重复的光盘号。

保管期限：电子发票归档时划定的保管期限。

存入日期：光盘形成的年月日，用 8 位阿拉伯数字编写。

③背面主要填写背景信息，包括光盘类型、文件类别、文件格式、制作时间、制作人、审核人、套别。

光盘类型：填写光盘载体的类型。

文件类别：用英文字母代表电子文件的类型，文本文件用 T，图像文件用 I，同一光盘含有多种类型文件依次填写。

文件格式：PDF 或 OFD 格式、Excel 工作簿。

制作时间：制作光盘文件的时间。

制作人：制作光盘人员的姓名。

审核人：审核光盘人员的签名。

套别：标注光盘为 A 或 B 套。

如果遇到特殊情况需要注明，可在背景信息后边的空栏内填写。

④填写光盘标签面要求

归档光盘的标签面应为可书写型油墨印刷或可打印型油墨。所使用的油墨应通过光盘耐候性试验。

若必须在标签面书写，必须使用专门的"光盘标签笔"（非溶剂基墨水的软性标签笔）。

如通过光盘打印的方法制作光盘标签，应使用支持光盘盘面打印的喷墨打印机，在电脑上排版和操作打印机。

归档光盘禁止使用粘贴标签。

归档光盘的标签面上应印有光盘生产日期、批次及光盘编号。填写光盘封面一律要求用钢笔，字迹要求工整，可用打印机打印。

（3）档案光盘检测

每四年对电子发票档案光盘进行一次检测，发现问题及时处理或重新刻录光盘。

7. 电子发票档案利用

（1）电子发票重复报销审查利用

在复制的电子发票报销前，在利用电子发票数据库内输入电子发票号等任意一项，即可核实此电子发票复制件是否已报销归档。

（2）电子发票档案利用审批

电子发票档案外部利用需要企业领导审批，内部利用由财务负责人审批，并保证利用过程中电子发票档案不被非法篡改。

（3）电子发票档案利用检索

在 PC 电脑或笔记本电脑上，将历年电子发票档案数据库合并成电子发票档案利用总库，方便平时检索利用。

利用电子表格的查找 **查找和选择** 功能，见图 5-3 查找和选择。

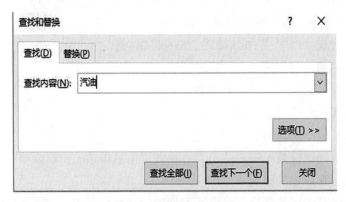

图 5-3　查找和选择

如输入"汽油"关键词，点击 **查找全部(I)** ，界面显示，见图 5-4 查找和替换。

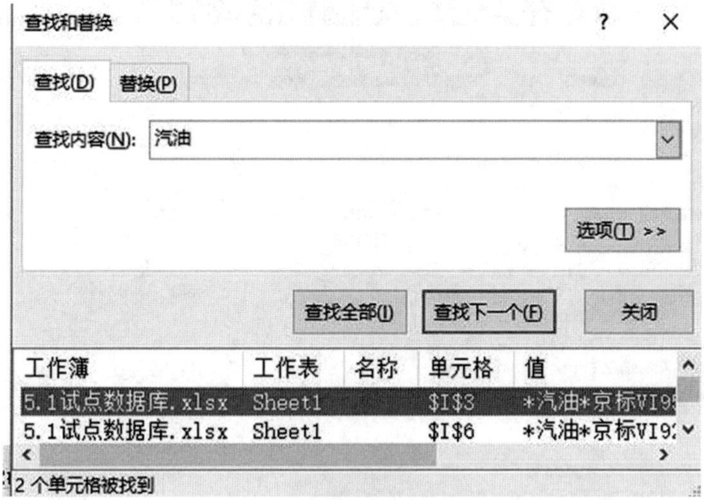

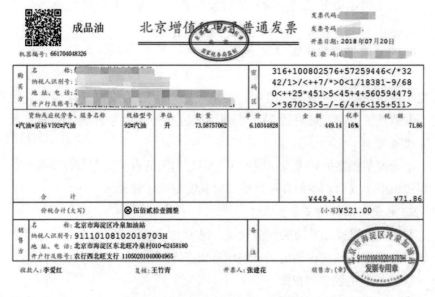

图 5-4　查找和替换

电子发票档案目录数据库中带有汽油关键词的条目全部列表，点击 查找下一个(F) 可继续查看。具体选中条目后可分别查阅电子发票和发票查验明细内容，见图图 5-5 电子发票 PDF 版式文件、图 5-6 电子发票查验结果。

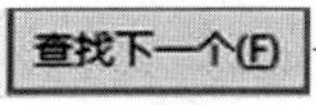

图 5-5　电子发票 PDF 版式文件

图 5-6 电子发票查验结果

（4）电子发票档案复制

在打开的电子发票或发票查验明细上，点击右键可以实现电子发票或发票查验明细的复制、打印，完成电子发票的提供利用流程。必要时，可以再次登录国家税务总局全国增值税发票查验平台，对电子发票进行二次查验。

8. 电子发票档案销毁

成立会计档案鉴定小组，对到期的电子发票档案（一个年度光盘的全部电子发票档案）进行销毁鉴定，提出鉴定对象的销毁或续存意见（附带电子发票销毁清册，见附件3），档案销毁鉴定意见经企业领导审核、批准后方可实施。

电子发票档案的销毁按照国家关于档案销毁的有关规定与程序执行。

销毁电子发票档案的存储介质，对其实施破坏性销毁。

9. 电子发票档案安全管理

利用计算机操作系统的安全机制，保护 PC 电脑或笔记本电脑保存的电子发票归档数据库（包括电子发票档案数据库）的安全。

（1）控制电脑访问权限

通过设置 PC 电脑或笔记本电脑开机密码，限制他人对保存电子发票归档数据库的电脑进行操作。

（2）设置电子发票归档数据库复制权限

①右键单击要设置的文件夹（电子发票归档数据库）- 点击属性按钮，见图 5-7 电子发票归档数据库文件夹。

图 5-7　电子发票归档数据库文件夹

②在弹出的电子发票归档数据库属性窗口，点击安全按钮，接着点击编辑按钮，见图 5-8 电子发票归档数据库权限控制、图 5-9 电子发票归档数据库-属性、图 5-10　电子发票归档数据库权限控制。

图 5-8 电子发票归档数据库权限控制

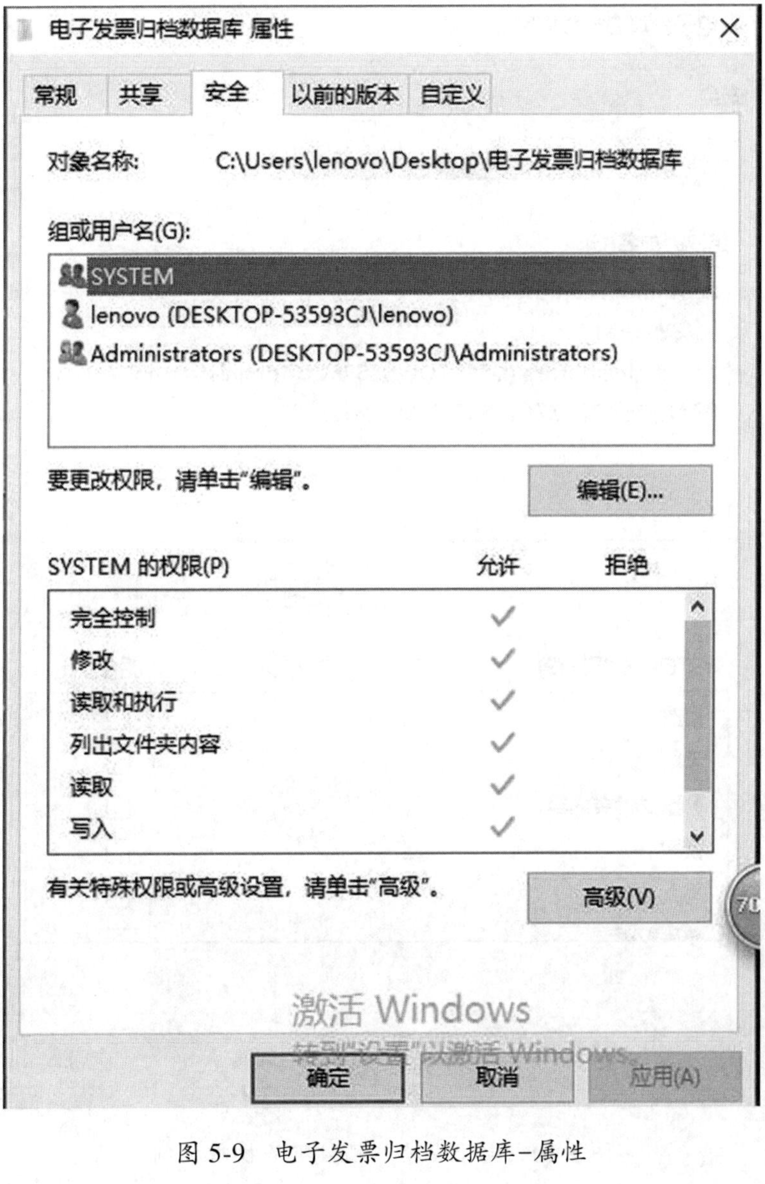

图 5-9　电子发票归档数据库–属性

图 5-10　电子发票归档数据库权限控制

③在组和用户名中选择要限制的用户名，如选择 SYSTEM，然后在下面的权限栏中找到写入，并在写入的拒绝小框中打上勾，然后点击确定按钮，回到电子发票归档数据库属性窗口也点击确定按钮；

④再打开电子发票归档数据库文件夹，并向文件夹中复制粘贴文件已不可能；

⑤通过设置以后，电子发票归档数据库文件夹就被保护起来，其他人就无法更改或向文件夹中写入文件了。

（3）设置电子发票档案数据库权限

①右键单击要设置的文件夹（Excel 表格电子发票档案数据库）- 点击属性按钮，见图 5-11 属性设置。

图 5-11　属性设置

②在弹出的电子发票档案数据库属性窗口，在只读小框中打上勾，点击高级按钮，见图 5-12 属性设置。

图 5-12　属性设置

③在弹出的高级属性窗口，在加密内容以便保护数据小框中打上勾，点击确定按钮，见图 5-13 高级属性设置。

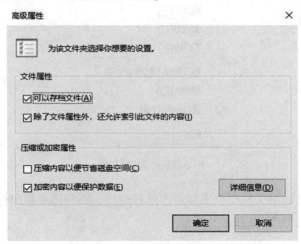

图 5-13　高级属性设置

④在弹出的电子发票档案数据库属性窗口，点击应用按钮，点击确定按钮，见图5-14属性设置应用。

图 5-14 属性设置应用

⑤通过设置以后，这个电子发票档案电子表格数据就被保护起来，其他人就无法改变数据。

（二）电子发票手工归档管理实践成果

爱信诺征信有限公司按照有关要求，选择 PC 电脑安装的通用办公软件及 Excel 表格，作为电子发票手工归档管理的技术支持工具，从多个方面进行了 2019 年 9 月以后电子发票入账、报销及验证和手工收集整理、归档建库、保管利用、存储备份、纸电关联等全流程的实践，验证了有关做法的合理性、适用性，创造了电子发票手工归档管理第一个实践案例。见图 5-15 电子发票档案数据、图 5-16 电子发票版式文件目录。

立档单位名称	纳税人识别号	门类代	年度	保管期	形式	档号	电子发票题名	货物名称	购买方	销售方	发票代码	发票号码	金额（元	开具日期	记账凭证号	报账单号	电子发票	发票查验明细
爱信诺征信有限公司	[illegible]	KJ	2019	D30	PZ	KJ•2019-D	上海增值税电子普通	经纪代理服务•代订机	爱信诺征信有限公	[illegible]	[illegible]	[illegible]	990	20190823	111	15201-GB-2019	9月电子发票pdf\2	确认相符
爱信诺征信有限公司	[illegible]	KJ	2019	D30	PZ	KJ•2019-D	上海增值税电子普通	经纪代理服务•代订机	爱信诺征信有限公	[illegible]	[illegible]	[illegible]	975	20190823	111	15201-GB-2019	9月电子发票pdf\2	确认相符
爱信诺征信有限公司	[illegible]	KJ	2019	D30	PZ	KJ•2019-D	上海增值税电子普通	•运输服务•客运服务费	爱信诺征信有限公	[illegible]	[illegible]	[illegible]	43.33	20190829	125	15201-GB-2019	9月电子发票pdf\2	确认相符
爱信诺征信有限公司	[illegible]	KJ	2019	D30	PZ	KJ•2019-D	上海增值税电子普通	经纪代理服务•代订机	爱信诺征信有限公	[illegible]	[illegible]	[illegible]	978	20190826	94	15201-GB-2019	9月电子发票pdf\2	确认相符
爱信诺征信有限公司	[illegible]	KJ	2019	D30	PZ	KJ•2019-D	上海增值税电子普通	经纪代理服务•代订机	爱信诺征信有限公	[illegible]	[illegible]	[illegible]	978	20190826	94	15201-GB-2019	9月电子发票pdf\2	确认相符
爱信诺征信有限公司	[illegible]	KJ	2019	D30	PZ	KJ•2019-D	上海增值税电子普通	保险服务•其他人身保	[illegible]	[illegible]	[illegible]	[illegible]	30	20190807	94	15201-GB-2019	9月电子发票pdf\2	确认相符
爱信诺征信有限公司	[illegible]	KJ	2019	D30	PZ	KJ•2019-D	上海增值税电子普通	保险服务•其他人身保	[illegible]	[illegible]	[illegible]	[illegible]	30	20190806	94	15201-GB-2019	9月电子发票pdf\2	确认相符
爱信诺征信有限公司	[illegible]	KJ	2019	D30	PZ	KJ•2019-D	北京增值税电子普通	保险服务•中银三星航	[illegible]	[illegible]	[illegible]	[illegible]	30	20190806	94	15201-GB-2019	9月电子发票pdf\2	确认相符
爱信诺征信有限公司	[illegible]	KJ	2019	D30	PZ	KJ•2019-D	上海增值税电子普通	保险服务•其他人身保	[illegible]	[illegible]	[illegible]	[illegible]	30	20190807	94	15201-GB-2019	9月电子发票pdf\2	确认相符
爱信诺征信有限公司	[illegible]	KJ	2019	D30	PZ	KJ•2019-D	北京增值税电子普通	保险服务•中银三星航	[illegible]	[illegible]	[illegible]	[illegible]	30	20190806	94	15201-GB-2019	9月电子发票pdf\2	确认相符
爱信诺征信有限公司	[illegible]	KJ	2019	D30	PZ	KJ•2019-D	上海增值税电子普通	保险服务•其他人身保	[illegible]	[illegible]	[illegible]	[illegible]	30	20190806	94	15201-GB-2019	9月电子发票pdf\2	确认相符
爱信诺征信有限公司	[illegible]	KJ	2019	D30	PZ	KJ•2019-D	北京增值税电子普通	保险服务•中银三星航	[illegible]	[illegible]	[illegible]	[illegible]	30	20190812	56	15201-GB-2019	9月电子发票pdf\2	确认相符
爱信诺征信有限公司	[illegible]	KJ	2019	D30	PZ	KJ•2019-D	北京增值税电子普通	餐饮服务•餐饮消费	爱信诺征信有限公	[illegible]	[illegible]	[illegible]	27.9	20190730	124	15201-GB-2019	9月电子发票pdf\2	确认相符
爱信诺征信有限公司	[illegible]	KJ	2019	D30	PZ	KJ•2019-D	北京增值税电子普通	餐饮服务•餐饮消费	爱信诺征信有限公	[illegible]	[illegible]	[illegible]	206.1	20190730	124	15201-GB-2019	9月电子发票pdf\2	确认相符
爱信诺征信有限公司	[illegible]	KJ	2019	D30	PZ	KJ•2019-D	北京增值税电子普通	餐饮服务•餐饮	爱信诺征信有限公	[illegible]	[illegible]	[illegible]	400	20190903	92	15201-GB-2019	9月电子发票pdf\2	确认相符
爱信诺征信有限公司	[illegible]	KJ	2019	D30	PZ	KJ•2019-D	北京增值税电子普通	餐饮服务•餐饮服务	爱信诺征信有限公	[illegible]	[illegible]	[illegible]	122	20190902	92	15201-GB-2019	9月电子发票pdf\2	确认相符
爱信诺征信有限公司	[illegible]	KJ	2019	D30	PZ	KJ•2019-D	北京增值税电子普通	餐饮服务•餐饮	爱信诺征信有限公	[illegible]	[illegible]	[illegible]	67	20190904	92	15201-GB-2019	9月电子发票pdf\2	确认相符
爱信诺征信有限公司	[illegible]	KJ	2019	D30	PZ	KJ•2019-D	北京增值税电子普通	餐饮服务•餐饮服务	爱信诺征信有限公	[illegible]	[illegible]	[illegible]	114	20190826	91	15201-GB-2019	9月电子发票pdf\2	确认相符
爱信诺征信有限公司	[illegible]	KJ	2019	D30	PZ	KJ•2019-D	河南增值税电子普通	餐饮服务•餐饮服务	爱信诺征信有限公	[illegible]	[illegible]	[illegible]	980	20190804	91	15201-GB-2019	9月电子发票pdf\2	确认相符

图 5-15　电子发票档案数据

名称

图 5-16　电子发票版式文件目录

注：有会计业务系统没有档案管理系统的中小企业，开展电子发票手工归档工作也适用。

（三）企业内部形成的电子会计资料手工归档管理方案

1. 管理设备设施

一般配备 PC 电脑或笔记本电脑，安装通用的办公软件，利用电子表格作为电子会计资料手工归档管理的辅助工具，并使用档案光盘存储电子会计档案。

2. 归档管理责任人

电子会计资料归档工作由立档单位的财务经办人员负责，立档单位的主管会计或会计部门负责人为电子会计资料归档审核责任人，立档单位会计部门档案员和档案部门档案员为不同时期的电子会计档案保管责任人。

3. 电子会计资料归档要求

（1）归档范围

会计业务系统形成的：

● 记账凭证。

● 会计账簿，包括总账、明细账、日记账、固定资产卡片及其他辅助性账簿。

● 财务会计报告，包括月度、季度、半年度、年度财务会计报告。

（2）电子会计资料来源

按照归档范围从会计业务系统导出的电子会计资料。

（3）归档格式

电子会计资料格式为 PDF 或 OFD。

（4）件的构成

● 一份记账凭证为一件。

● 会计账簿和报告以形成时的每份电子会计资料为一件。

（5）归档电子会计资料分类

归档电子会计资料采用"年度—形式—保管期限"分类法。其档号文字表达式为：门类号·年度—形式—保管期限—件号。

（6）编制档号

● 每年归档的全部记账凭证按形成时间顺序，以件为单位分配流水的件号。

● 每年归档的全部电子会计账簿，按形成时间顺序，以件为单位分配流水的件号。

● 每年归档且保管期限相同的会计报告，按形成时间顺序，以件为单位分配流水的件号。

● 档号的代号表达式为：KJ·2018-ZB-D30—0001，见图 5-17 编号档号规则。

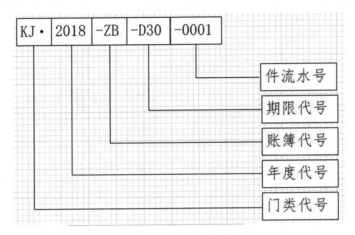

图 5-17　编号档号规则

（7）归档电子会计资料档号命名规则

每一份归档电子会计资料要以档号命名，与电子会计档案目录数据库的档号一致，便于准确挂接。

（8）归档文件夹命名规则

同一年度、同一月份的记账凭证文件放一个文件夹，文件夹命名规则：201910-记账凭证。PDF 文件命名规则：201910-凭证字-凭证号。

同一年度、同一月份账簿放一个文件夹，文件夹命名规则：201910-会计账簿。PDF 文件命名规则：201910-账簿名称-0001（四位流水）。如果有多个名称相同的账簿，可使用四位流水号进行排序命名。如名称不同，则使用"201910-账簿名称"命名。

同一年度、同一月份的报告、其他会计资料文件分别放一个文件夹，文件夹命名规则：201910-会计报告、201910-其他会计资料。PDF 文件命名规则：201910-报表名称。

4. 建立电子会计档案数据表

利用 PC 电脑或笔记本电脑的电子表格建立电子会计档案数据库。选择企业真实的归档电子会计资料作为实践数据，开展归档电子会计资料的归档工作。

（1）确定电子会计档案目录数据库结构与著录规则

序号	字段名称	著录规则
1	立档单位名称	构成电子档案全宗的企业名称。一次录入，连续下拉复制使用。
2	纳税人识别号	立档单位（企业）税务登记的唯一代码（社会统一信用代码）。一次录入，连续下拉复制使用。
3	门类代号	档案门类代码由"会计"2位汉语拼音首字母"KJ"标识。一次录入，连续下拉复制使用。
4	年度	年度是归档电子会计资料的形成年度，以4位阿拉伯数字标注公元纪年。一次录入，连续下拉复制使用。
5	形式	形式为账簿的用（ZB）代码，形式为报表的用（BB）代码。一次录入，连续下拉复制使用。
6	保管期限	归档电子会计资料保管期限为30年，其保管期限代码为D30。一次录入，连续下拉复制使用。
7	档号	著录归档电子会计档案的档号，连续下拉复制和人工著录相结合。
8	归档电子会计资料名称	归档电子会计资料的名称，可复制、粘贴到电子会计档案数据表相应行列或参照录入。
9	时间	时间为电子会计资料形成的时间，可在导出的电子会计资料上复制、粘贴到电子会计档案数据表相应行列或参照录入，如有多个，用逗号隔开。
10	记账人（填表人）	记账或填表人的姓名。
11	审核人	记账或填表审核人的姓名。
12	归档责任人	电子会计资料归档操作的责任人。
13	电子会计资料号	电子会计资料的ID号。
14	光盘存放位置	光盘的存放位置，人工著录。光盘确定档案保管库房或档案柜位置后，在查找利用的电子表格目录数据库中补充填写，便于调阅光盘。

序号	字段名称	著录规则
15	纸电关联	著录归档电子会计资料相对应的纸质会计档案的卷号。
16	附注	需要解释和补充说明的事项,人工著录,可空。

（2）归档整理时间

● 记账凭证

一般在财务人员月结后，按照月度进行记账凭证的整理归档，按形成时间排序。

● 账簿

一般在财务人员月结后，按照月度进行电子会计账簿的整理归档，也可以采取每年一次，第二年第一季度前完成归档任务。

● 报表

一般在财务人员月结后，采取按月进行报表的整理归档，部分报表，如现金流量表，可按季度整理归档，按形成时间排序。

（3）著录目录数据

● 按照档案目录数据表结构，在电子表格设置电子会计资料目录字段。

● 按照著录规则的要求，人工将电子会计资料中要著录的目录数据录入（或在电子会计资料上复制）粘贴到电子表格对应字段中。

（4）分配件号

按编制档号的要求分配流水件号。

（5）人工著录档号项

著录与档号构成相关的各项数据。

（6）按档号构成项合成档号。

5. 归档电子会计资料的审核

归档电子会计资料的审核由立档单位会计部门或相关领导负责，审核工作包括两个方面：

（1）归档电子会计资料的内容审核

归档电子会计资料的内容审核主要包括对电子会计资料档案数据表中一个年度的电子会计资料目录与链接的电子会计资料的一致性审核。

（2）归档电子会计资料齐全完整的审核

归档电子会计资料齐全完整的审核主要是对一个年度全部电子会计资料是否全部归档的审核。

（3）形成电子会计档案登记表

归档电子会计资料登记表（见附件1）设置的立档单位名称、电子会计档案年度、电子会计档案数量、数据量、载体类型、载体规格由归档责任人填写，审核意见由归档审核责任人填写。并由归档责任人和归档审核责任人分别签字，加盖企业公章，与会计档案年度备考表一并保管。

6. 电子会计档案保管

（1）电子会计档案数据刻盘及备查

除在PC电脑或笔记本电脑保存的电子会计档案数据库外，将一个年度的全部电子会计档案数据库，刻录到档案级光盘（一次性写入光盘两套），与相关的纸质会计档案一并保管备查。

（2）填写光盘说明（详见电子发票手工归档相关部分）

7. 电子会计档案利用

（1）电子会计档案利用审批

电子会计档案外部利用需要企业领导审批，内部利用由财务负责人审批，并保证利用过程中电子会计档案不被非法篡改。

（2）电子会计档案利用检索

在PC电脑或笔记本电脑上，将历年电子会计档案数据库合并成电子会计档案利用总库，方便平时检索利用。

利用电子表格的查找 **查找和选择** 功能，见图5-18查找和替换。

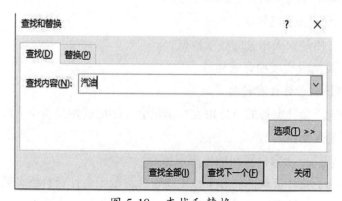

图5-18　查找和替换

如输入"汽油"关键词，点击 查找全部(I) ，界面显示，见图 5-19 查找和替换文件。

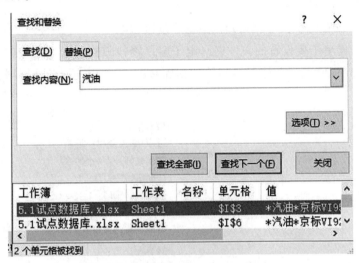

图 5-19　查找和替换文件

电子会计档案目录数据库中带有汽油关键词的条目全部列表，点击 查找下一个(F) 可继续查看。

（3）电子会计档案复制

在打开的电子会计档案，点击右键可以实现电子会计档案的复制、打印，完成电子会计档案的提供利用流程。

8. 电子会计档案销毁

建立会计档案鉴定小组，对到期的电子会计档案（一个年度光盘的全部电子会计档案）进行销毁鉴定，提出鉴定对象的销毁或续存意见（附带电子会计档案销毁清册，见附件 3），档案销毁鉴定意见经企业领导审核、批准后方可实施。

电子会计档案的销毁按照国家关于档案销毁的有关规定与程序执行。

销毁电子会计档案的存储介质，对其实施破坏性销毁。

9. 电子会计档案安全管理

利用计算机操作系统的安全机制，保护 PC 电脑或笔记本电脑保存的电子会计资料归档数据库的安全。具体方法参照《电子发票手工归档操作指南》，如电子发票归档数据库的控制机制：

（1）控制电脑访问权限

通过设置 PC 电脑或笔记本电脑开机密码，限制他人对保存电子会计资料归档数据库的电脑进行操作。

（2）设置电子会计资料归档数据库复制权限

• 右键单击要设置的文件夹（电子会计资料归档数据库）–点击属性按钮，见图 5-20 电子会计资料归档数据库、图 5-21 电子会计资料归档数据库属性。

图 5-20　电子会计资料归档数据库

图 5-21　电子会计资料归档数据库属性

• 在弹出的电子会计资料归档数据库属性窗口，点击安全按钮，接着点击编辑按钮；

• 在组和用户名中选择要限制的用户名，如选择 SYSTEM，然后在下面的权限栏中找到写入，并在写入的拒绝小框中打上勾，然后点击确定按钮，回到电子会计资料归档数据库属性窗口也点击确定按钮；

• 再打开电子会计资料归档数据库文件夹，并向文件夹中复制粘贴文件已不可能；

• 通过设置以后，电子会计资料归档数据库文件夹就被保护起来，其他人就无法更改或向文件夹中写入文件了。见图 5-22 电子会计资料归档数据库权限、图 5-23 电子会计资料数据库权限设置。

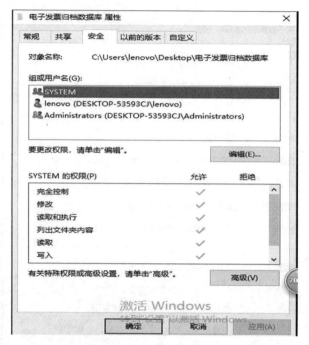

图 5-22　电子会计资料归档数据库权限

图 5-23　电子会计资料数据库权限设置

（3）设置电子会计档案数据库权限

• 右键单击要设置的文件夹电子表格（Excel 电子会计资料档案数据库）- 点击属性按钮；

• 在弹出的电子会计资料归档数据库属性窗口，在只读小框中打上勾，点击高级按钮；

• 在弹出的高级属性窗口，在加密内容以便保护数据小框中打上勾，点击确定按钮；

• 在弹出的电子资料归档数据库属性窗口，点击应用按钮，点击确定按钮，见图 5-24 电子会计档案只读权限控、图 5-25 电子会计档案只读权限控制、图 5-26 电子会计档案文件夹设置、图 5-27 电子会计档案只读权限控制。

图 5-24 电子会计档案只读权限控

图 5-25　电子会计档案只读权限控制

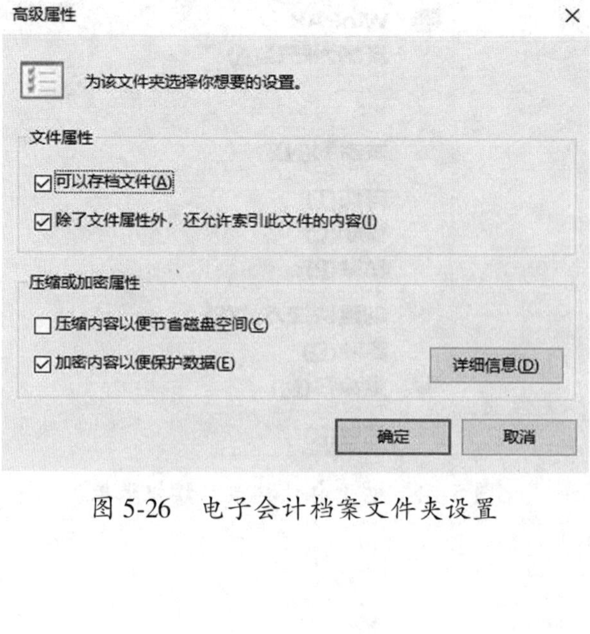

图 5-26　电子会计档案文件夹设置

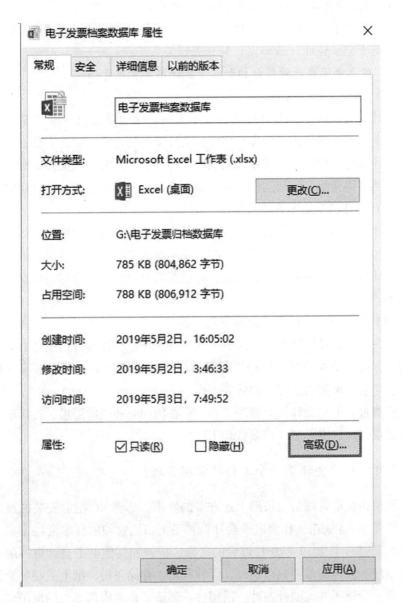

图 5-27　电子会计档案只读权限控制

●通过设置以后，这个电子会计档案的电子表格数据就被保护起来，其他人就无法改变数据。

10. 建立与手工归档的电子发票关联关系

电子发票手工归档管理可参照《电子发票手工归档操作指南》，并与手工归档电子记账凭证（或单据）建立关联关系。

11. 建立电子会计资料归档和电子会计档案管理责任制

（1）归档经办人职责

会计部门归档经办人（或相关技术人员）负责导出会计业务系统应归档的电子会计资料，记录导出归档电子会计资料的过程，明确责任。

会计部门归档经办人按要求完成归档整理后，及时办理交接手续，将电子会计档案移交给会计部门档案员管理，且出纳人员不得兼管会计档案。

（2）会计部门档案管理员职责

会计部门档案管理员负责接收的电子会计档案保管、利用等工作，保证电子会计档案的有效利用和安全，按照要求编制电子会计档案保管清册，对电子会计档案的利用情况进行登记，并定期向公司档案管理部门移交电子会计档案。

（3）档案管理部门会计档案管理员职责

负责电子会计档案接收、保管、利用等工作，保证会计档案的有效利用和安全，按照要求编制会计档案保管清册，对会计档案的利用情况进行登记。参与会计档案的鉴定、销毁等工作。

负责报告电子会计档案管理工作中存在的问题和风险隐患，提出改善意见与建议，促进电子会计档案管理工作。

（四）电子会计资料手工归档管理实践

爱信诺征信有限公司按照上述方案的要求，选择 PC 电脑安装的通用办公软件及 Excel 表格，作为电子会计资料手工归档管理的技术支持工具，从多个方面进行了 2019 年 9 月以后的账簿、报告和其他电子会计资料的手工收集整理、分类编号、归档建库、保管利用、存储备份、纸电关联等全流程的实践，验证了方案的合理性、适用性，创造了企业内部形成的电子会计资料手工归档管理第一个实践案例。见图 5-28 电子会计凭证档案、图 5-29 电子会计账簿档案、图 5-30 电子会计报告档案、图 5-31 其他电子会计档案。

电子会计凭证档案数据库

会计凭证档案

[illegible]	[illegible]	[illegible]	[illegible]	[illegible]	[illegible]	[illegible]	[illegible]	[illegible]	[illegible]	[illegible]	[illegible]	[illegible]	[illegible]	[illegible]	[illegible]	[illegible]	[illegible]	审核人	审核时间	记账人	记账时间	会计凭证PDF链接
1	[illegible]	[illegible]	KJ	2019	10	D30	PZ	KJ-2019-D30-PZ-0001	记-1	2019-10-08	[illegible]		3.50	3.50	[illegible]	[illegible]	2019-10-08	[illegible]	2019-10-08	[illegible]	2019-10-08	201910-会计凭证\201910-记账凭证-1.pdf
2	[illegible]	[illegible]	KJ	2019	10	D30	PZ	KJ-2019-D30-PZ-0001	记-1	2019-10-08	[illegible]	[illegible]	0.00	3.50	[illegible]	[illegible]	2019-10-08	[illegible]	2019-10-08	[illegible]	2019-10-08	201910-会计凭证\201910-记账凭证-1.pdf
3	[illegible]	[illegible]	KJ	2019	10	D30	PZ	KJ-2019-D30-PZ-0001	记-1	2019-10-08	[illegible]	[illegible]	3.50	0.00	[illegible]	[illegible]	2019-10-08	[illegible]	2019-10-08	[illegible]	2019-10-08	201910-会计凭证\201910-记账凭证-1.pdf
4	[illegible]	[illegible]	KJ	2019	10	D30	PZ	KJ-2019-D30-PZ-0002	记-2	2019-10-09	[illegible]		10,198.00	10,198.00	[illegible]	[illegible]	2019-10-09	[illegible]	2019-10-09	[illegible]	2019-10-09	201910-会计凭证\201910-记账凭证-2.pdf
5	[illegible]	[illegible]	KJ	2019	10	D30	PZ	KJ-2019-D30-PZ-0002	记-2	2019-10-09	[illegible]	[illegible]	9,024.78	0.00	[illegible]	[illegible]	2019-10-09	[illegible]	2019-10-09	[illegible]	2019-10-09	201910-会计凭证\201910-记账凭证-2.pdf
6	[illegible]	[illegible]	KJ	2019	10	D30	PZ	KJ-2019-D30-PZ-0002	记-2	2019-10-09	[illegible]	[illegible]	1,173.22	0.00	[illegible]	[illegible]	2019-10-09	[illegible]	2019-10-09	[illegible]	2019-10-09	201910-会计凭证\201910-记账凭证-2.pdf
7	[illegible]	[illegible]	KJ	2019	10	D30	PZ	KJ-2019-D30-PZ-0002	记-2	2019-10-09	[illegible]	[illegible]	0.00	10,198.00	[illegible]	[illegible]	2019-10-09	[illegible]	2019-10-09	[illegible]	2019-10-09	201910-会计凭证\201910-记账凭证-2.pdf

图 5-28　电子会计凭证档案

电子会计账簿档案数据库

会计账簿档案

序号	立档单位名称	纳税人识别号	门类代号	年度	月	保管期限	形式	档号	账簿名称	科目范围	制表人	制表时间	会计账簿PDF链接
1	[illegible]	[illegible]	KJ	2019	10	D30	ZB	KJ-2019-D30-ZB-0001	总账	1001库存现金~6001所得税费用	[illegible]	2019-10-31	201910-会计账簿\201910-总账-0001.pdf
1	[illegible]	[illegible]	KJ	2019	10	D30	ZB	KJ-2019-D30-ZB-0002	明细账	1001库存现金~6001所得税费用	[illegible]	2019-10-31	201910-会计账簿\201910-科目明细账-0002.pdf
1	[illegible]	[illegible]	KJ	2019	10	D30	ZB	KJ-2019-D30-ZB-0003	现金日记账				
1	[illegible]	[illegible]	KJ	2019	10	D30	ZB	KJ-2019-D30-ZB-0004	银行存款日记账		[illegible]	2019-10-31	201910-会计账簿\201910-银行存款日记账-0004.pdf
1	[illegible]	[illegible]	KJ	2019	10	永久	YJ	KJ-2019-YJ-ZB-0005	固定资产明细账	无	[illegible]	2019-10-31	201910-会计账簿\201910-固定资产明细账-0005.pdf

图 5-29　电子会计账簿档案

电子会计报告档案数据库

会计报告档案

序号	立档单位名称	纳税人识别号	门类代号	年度	月	保管期限	形式	档号	报表名称	制表人	制表时间	审核人	审核时间	会计报告PDF链接
1	[illegible]	[illegible]	KJ	2019	10	D10	BG	KJ-2019-D10-BG-0001	月度资产负债表	[illegible]	2019-10-31	[illegible]	2019-10-31	201910-会计报告、201910-其他会计资料\201910-资产负债表.pdf
2	[illegible]	[illegible]	KJ	2019	10	D10	BG	KJ-2019-D10-BG-0002	月度利润表	[illegible]	2019-10-31	[illegible]	2019-10-31	201910-会计报告、201910-其他会计资料\201910-利润表.pdf
3	[illegible]	[illegible]	KJ	2019	10	D10	BG	KJ-2019-D10-BG-0003	月度现金流量表	[illegible]	2019-10-31	[illegible]	2019-10-31	201910-会计报告、201910-其他会计资料\201910-现金流量表.pdf

图 5-30　电子会计报告档案

其他电子会计档案数据库

其他会计资料档案

序号	立档单位名称	纳税人识别号	门类代号	年度	月	保管期限	形式	档号	报表名称	制表人	制表时间	审核人	审核时间	其他会计资料PDF链接
1	[illegible]	[illegible]	KJ	2019	10	D10	QT	KJ-2019-D10-QT-0001	银行存款余额调节表	[illegible]	2019-10-31	[illegible]	2019-10-31	201910-会计报告、201910-其他会计资料\201910-银行存款余额调节表.pdf
1	[illegible]	[illegible]	KJ	2019	10	D10	QT	KJ-2019-D10-QT-0002	银行回单	[illegible]	2019-10-31	[illegible]	2019-10-31	201910-会计报告、201910-其他会计资料\201910-银行回单.pdf
1	[illegible]	[illegible]	KJ	2019	10	D10	QT	KJ-2019-D10-QT-0003	纳税申报表	[illegible]	2019-11-6	[illegible]	2019-11-7	201910-会计报告、201910-其他会计资料\201910-纳税申报表.pdf

图 5-31　其他电子会计档案

附件1

归档电子会计资料登记表

立档单位名称			
电子会计档案年度			
电子会计档案数量		移交数据量	
移交载体类型		载体规格	
审核意见			
归档责任人（签名）		年　月　日	
审核责任人（签名）		年　月　日	
企业公章		年　月　日	

附件 2

电子会计档案光盘管理目录

光盘编号	立档单位名称	光盘存储档案年度	光盘数量	备注

附件 3

电子会计档案销毁清册

序号	立档单位名称	所属年度	题名	规定保管期限	实际保管年限	光盘号	备注

销毁人:(签字)　　　　　　监销人:(签字)　　　　　　批准人:(签字)

四、取得的效益

（一）单位效益

试点企业实现了降低会计档案管理成本和提高会计档案管理效益的预期目标。

（二）整体效益

为全国同类企业开展电子会计资料及电子发票手工归档管理提供了一种有效的管理方案，为扩大电子发票的使用范围提供了一种解决方法，为电子会计资料手工归档管理提供了实践案例。